U0053112

理律法律叢書

陳長文　主編

理律法律事務所　著

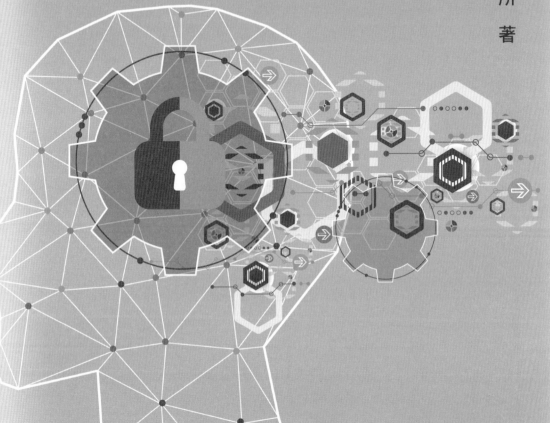

理律智財案例
報導選輯

三民書局

財團法人理律文教基金會
LEE AND LI FOUNDATION

理律法律叢書序

　　1999 年夏，理律法律事務所捐助成立財團法人理律文教基金會。理律法律事務所長期致力於社會與文教公益事務，成立基金會，是為了更有系統、有效率，也更專注、持續地將理律的資源運用到公益事務上，這是理律善盡企業社會責任的具體實踐。

　　理律法律事務所創立於 1960 年間，在數十年提供專業服務的過程中，深感提倡法治觀念的重要性。法治觀念若未根植於社會，不僅守法精神難以落實，立法闕漏、乃至執法失當恐亦在所難免。凡此種種，不僅增加了法律人的負擔，也斲傷了法律的理想與尊嚴；就社會而言，法律制度若非但未能定分止爭，甚且成為公義的障礙，毋寧是極大的諷刺。

　　有感於此，本基金會乃以提倡及宣導法治為宗旨，舉辦或贊助法學教育活動、出版法律知識的系列書籍、設置獎助學金、另獎助學生法學研究暨論文發表、引導法律學生跨領域學習活動，每年並舉辦兩岸「理律盃模擬法庭辯論賽」與「理律盃公民行動方案競賽」等賽事，結合學生課堂上與實務上的學習，多方面協助推廣法治與公民教育，期能有助於培養法律人才的寬廣視野與專業能力。近年來在全球化的強大趨勢下，國際社會的成員無論是國家或個人要取得知識競爭力，勢須在專業人員的教育養成過程中強化國際觀與解決超國界問題的知識和能力，台灣在國際現勢與兩岸發展中更面臨種種挑戰。鑑此，本會著力推動超國界法律學術研討，希望法律人以超越內國法眼光來看待問題，兼顧議題的多重面向，不囿於地域、領域而提出周延的法律見解，體現國際法當中所蘊含的平等尊重或普世價值。

　　在學術界與實務界廣泛投注心力下，法學論著及刊物可謂汗牛充棟，惟社會的演進瞬息萬變，法律議題的新興領域有如雨後春筍，實務變化與特殊案例亦與時俱增，胥賴學術界與實務界本諸學理或經驗分享知識泉源。本基金會藉理律法律事務所同仁提供法律服務歸納的心得，或在大學院所擔任教席、講授法律課程累積的材料，佐以相關法律之最新理論與發展趨勢，集腋成裘，並以

本會舉辦學術活動或贊助專題研究的成果，包含參與活動之賢達精闢的論述，集結成書，列入「理律法律叢書」。

　　理律將累積的知識資源提供予有意熟習相關議題的讀者參考，並藉此拋磚引玉，邀請法律界先進賜教。深盼假以時日，本基金會的努力對於法治的進展有些微助益。

財團法人理律文教基金會　謹識

2020 年 12 月

推薦序 1

　　智慧財產法之認識,除需要智慧財產法學基礎知識之研習外,更有仰賴研究法院實務上案例之必要。惟隨科技進步及社會變遷,智慧財產法律問題不斷推陳出新,新型態的訴訟類型不斷出現,法院裁判越來越多,其裁判內容,牽涉層面既深且廣,是亟待系統化之整理及分析,以利理解及實用。

　　智慧財產法學,相較於傳統民刑事法學,係屬於相對新穎的法學領域,有待更多人投入研究,使智慧財產法規範內涵更為豐富,法律規範體系更加完善。理律法律事務所是著名法律事務所,該所同仁在事務繁忙之餘,就其所蒐集及處理智慧財產法個案之法院裁判,針對商標、專利、著作權及營業秘密等智慧財產訴訟案件,分門別類,進行個案分析,先列出智慧財產法院、最高行政法院或最高法院等之裁判案號,可供查考。之後,分別簡明論述其所涉及法律問題之個案事實發展、智慧財產法院及最高行政法院或最高法院等法院之認定理由及見解,以利讀者快速掌握案情及法院見解。最後,精簡指明其所摘述法院裁判理由中所涉及智慧財產法之原則及法律爭點,作為小結。由此可見,本書之案件事實、法律爭點及法院裁判見解之分析,既可作為研習智慧財產法案例之補充參考書,亦可供學界及實務界更加全面性了解我國智慧財產法實務之發展,其在學理研究及訴訟實務上具有實用性,值得參考及運用。

　　在本書出版之際,得以先睹為快,並受邀撰寫推薦序,深感榮幸及欣喜!茲略述數語,期待讀者像我一樣,能從本書獲取資訊,並有助於智慧財產法知識之增長,特為推薦!

蔡明誠

2020 年 12 月
謹序於司法院

推薦序 2

　　十餘年前，筆者於政府機關服務時，曾任職於經濟部智慧財產局，在智慧財產局局長任內，筆者除致力於建構各項智慧財產權之法律制度，推動專利法、商標法及著作權法等法令之重大修正，以提升我國智慧財產權的保護環境外，也積極推動成立智慧財產培訓學院以及智慧財產法院等。

　　台灣智慧財產權的發展史有數個里程碑，包含 2002 年元月我國正式加入世界貿易組織 World Trade Organization (WTO)、2008 年成立智慧財產權的專責法院——智慧財產法院，以及在 2009 年我國獲得 301 條款的除名等，筆者均有幸躬逢其盛，貢獻棉薄心力。

　　筆者投身智慧財產權領域十餘年間，智慧財產法院的催生工作，應可算是參與最深的重要任務之一。智慧財產法院自 2008 年 7 月成立以來至今逾 12 年，在歷任院長的帶領下，不僅為我國智慧財產權問題的定紛止爭、法律見解的統一及創建，帶來卓著的貢獻，更帶動整體我國智財訴訟品質的優化，不惟智慧財產法院，包括負責終審裁判的最高法院及最高行政法院，也在此期間作出許多精彩的裁判，筆者對此甚感欣慰。

　　針對智慧財產法院、最高法院及最高行政法院就各類智慧財產爭議事件所作成的裁判，國內法律學界、產業界及智財實務界研究雖不乏一些評論，但少見有對之進行持續而長期的觀察整理者。擁有近三百餘名智財專業團隊的理律法律事務所，在過去十餘年裡，每兩個月即蒐集我國智慧財產權各領域之法令新聞、各級法院判決以及主管機關函釋，並挑選其中具有報導價值者，撰寫短文報導，以適時提供智財司法及行政實務的動態資訊，並以其發行的「理律新知」——智慧財產專刊，以饗讀者，尤其，其文章並以中、英、日三種語文發表，且屢獲國際級法律媒體以英文或日文轉載，遂得向全球主要國家讀者，包括跨國企業內部法律及智財經理人員、法律專業人員如律師與專利代理人，甚至法學院之教授與學生，推廣及宣傳我國智慧財產保護的現狀及成效。就此而言，「理律新知」對於建立我國智財保護之國際形象，確實功不可沒。

筆者近日獲悉，理律法律事務所擬將其「智慧財產專刊」中近年來發表過的上百篇智財裁判報導集結成書，並委由三民書局出版，筆者對此樂觀其成，也極樂意於此撰文推薦。

本書所選錄的裁判報導文章，內容涵蓋商標權、專利權、著作權及營業秘密，集各種智慧財產權領域，編者並依各該案例探討的核心事項加以分類，方便讀者檢索及閱讀。書中所有文章均出自理律法律事務所的智財律師、專利師或專業法務人員之手，客觀敘述案件始末及重要法律爭點。與一般法學論著或裁判評析文章不同，本書的文字淺白易懂，未見艱澀法律用語及理論演繹，作者們更畫龍點睛指出值得讀者關注的焦點。藉由閱讀本書，智財法律服務從業人士可掌握近年智財司法實務的演化及趨勢，而智財領域學生或擬報考智財相關國家考試者，也更可由此獲得重要的參考材料。

筆者相信此書籍的出版，除為台灣司法實務發展的軌跡留下記錄外，當可吸引更多有志者投入智慧財產業務或學術研究的行列。

2020 年 12 月

主編序

IP 新知分享，理律人的傳承

「智慧財產」是人類知識產物的成果，無形且具有時代變革性。當今數位科技下，各界探討人工智慧 (Artificial Intelligence, AI) 機器人發明或創作的詩曲可否作為專利權或著作權保護之適格標的；若回顧智慧財產權制度的演進，更能顯現其與時俱進的足跡。先人早有智慧財產概念存在，如雕版印刷術成熟的宋代即有「版權所有，敢有翻印，千里必究」的著作權觀念。近代中國法制關於智慧財產權的規範，始於 1904 年西方列強保護在華外商的時空環境下所頒布之《商標註冊試辦章程》。若以現今法制角度試想過去，古人風靡的臨摹字帖及抄書行為，恐涉及著作重製權；造紙術及火藥等，則因發明時專利權專屬排他的概念闕如，而得以向全世界共享科技成果。為商業交易足以讓人辨識而畫上的標識，可作為商標；依《本草綱目》記載：「豆腐之法，始於漢淮南王劉安」，劉安保有豆腐的製作配方，不啻營業秘密保護的實踐。古人樂於分享知識的精神造就文明快速累積，現今以法律保護創作，則促進產業發展的進步；智慧財產權的脈動，可謂與當代環境及思維息息相關。

理律法律事務所於 1965 年創立之初，即以商標、專利及著作權等智慧財產權為主要執業範圍；儘管逐漸發展出「金融暨資本市場部」、「公司投資部」以及「訴訟及爭端處理部」，所內半數以上同仁仍以智慧財產權為主要執業領域。在理律 55 年的時光迴廊裡，理律經歷國內外大環境的變遷，並隨智慧財產權的發展與時共進。現今理律五大專業部門中，有二大部門與智慧財產權直接相關，分別為「專利暨科技部」及「商標著作權部」，所內慣以「IP 部門」及「NON-IP 部門」區分同仁所屬單位，智慧財產權之於理律的重要性不言而喻。除了為行政管理目的而區分部門，同仁們自主選擇加入相關之專業領域分工小組 (Practice Groups)，在智慧財產領域即區分為「商標權」、「商標權爭端處理小組」、「著作權行使、維護及相關爭議處理小組」、「專利申請及相關維護」、「專

利權行使、營業秘密保護及相關爭端處理小組」、「專利撰寫及跨國專利保護」及「專利檢索、有效性及侵權鑑定」等近十個 PG。理律有足夠的專業成長空間及資源讓同仁在小組間互相學習、並傳承經驗，視案件需要更經常跨 PG 團隊合作，力求專業多元化及領域專業化，期使法律服務符合產業與智慧財產權緊密連結之特性。

回顧長文服務理律近 50 年間，事務所承辦的智慧財產權科技類型伴隨台灣經濟的萌芽、成長及轉型各階段而改變。從早先的紡織、農用化學、化工、機械加工，到電機電子、生物科技、植物種苗、微生物寄存、半導體晶片、網路通訊、積體電路設計、精密機械、新能源，乃至自駕車、物聯網 (Internet of Things, IoT)、區塊鏈及 AI 等；商標隨工商發展早已從傳統文字、圖形標章逐漸發展出顏色、立體、動態、聲音及氣味等非傳統商標；海內外客戶進行智慧財產權佈局及保護時，理律人皆參與其中。我們的執業領域更從單純的權利申請、權利保護（反仿冒）到權利發掘、權利佈局、權利交易、策略規劃、乃至智慧財產權與不公平競爭交錯領域等，在在見證台灣產業隨全球科技發展與時代脈動轉型及創新求變的歷程。

我國自 1989 年被美國列入「特別 301 條款觀察名單」至 2009 年正式除名的 20 年間，同時為配合加入 WTO 之要求，進行一系列智慧財產權法令修法，法制動態已由當年的「被動修法」到如今的「主動求新」。2008 年 7 月 1 日成立的智慧財產法院依《智慧財產法院組織法》行案件管轄，並按《智慧財產案件審理法》審理智慧財產相關案件，大幅提升案件審理效率。今 (2020) 年 2 月及 4 月，臺灣證券交易所更分別修訂公告《上市上櫃公司治理實務守則》與《公司治理評鑑指標》，首次納入「智慧財產管理計畫」概念，與「審查與揭露」及「管理驗證」併為三個公司內部智慧財產事項管理之具體指標，藉以提升品牌維護及商業機密之效能。其中，「管理驗證」並明文揭示援用「台灣智慧財產管理制度」(Taiwan Intellectual Property Management System, TIPS) 之內容，顯現智慧財產權之管理在公司治理的重要性。

過去尚未設立智慧財產法院時，當事人間的侵權糾紛乃至對智慧財產局行政處分不服時，舉凡商標及專利申請核駁案、專利舉發案、已註冊商標之異議

與評定等，由非專業法院審理糾紛，造成訴訟時程冗長及當事人對結果期待之落差，甚至影響產業進步動力與國際形象。智慧財產法院成立是我國保護智慧財產權法制變革的里程碑。智慧財產權中的專利權保護雖採屬地主義，但其紛爭具有高度的國際性，涉外民事訴訟及紛爭解決動見國際觀瞻，專業法官以公平、專業及效率審理智慧財產案件，攸關我國建立保護智慧財產權的國際形象。

理律長期就各領域之法令、法院判決及主管機關函釋進行研析及彙整，並精選實務上重要或珍罕案例，以文章發表及短文報導之方式，呈現於創刊逾 40 載之《理律法律雜誌雙月刊》及衍生的「理律新知」。自 2014 年 1 月至今 6 年多的時間，理律法律事務所發表上百篇與智慧財產權相關的報導，我們特將其過濾並精選與現今司法實務攸關者編列成冊，此些報導不僅呈現司法及行政實務對相關議題之立場，亦為國內智慧財產法制及實務發展之重要軌跡。

以商標領域而言，本書收錄商標權人之適格性、商標識別性、著名商標之認定及證據、商標侵權或搶註之救濟等議題；於專利領域中，本書收錄專利權涉及民事及行政訴訟事項、專利之有效性（明確性、進步性、新穎性及通常知識）認定、專利之權利歸屬、授權、專利侵權之判斷及損害賠償計算等；於著作權領域中，本書涵蓋著作原創性判斷、標的保護、著作權授權及著作權侵權；於營業秘密領域中，本書則收錄合理保密措施之認定、營業秘密受侵害時之損害認定、營業秘密保護案件裁准定暫時狀態處分聲請之案例介紹等。中性客觀的案例分享背後，更是代表理律在智慧財產權領域累積 55 年的專業與傳承。智慧財產領域所涉之紛爭，基於個案之特殊及單一性，當面臨相關法令解釋及適用時，當事人常有無法即時瞭解行政或司法實務立場之困境。此時若能參考司法實務之個案認定，將有助於其瞭解狀況、進行策略研擬佈局或風險評估。

本於理律人關懷 (Care)、服務 (Serve)、卓越 (Excel) 的核心價值，以及樂於分享、回饋社會的利他精神，除了持續精進專業，理律亦在乎公共事務及貢獻社會。本書以收錄精選報導之方式分享智慧財產權重要案例，期使非法律專業背景的讀者，亦能在閱讀本書後，建立對智慧財產權的普法觀念。亦深盼假以時日，這些努力能深化法律人對智慧財產權領域之認識，協助實務界形成一致及穩定之見解。

　　最後，要特別感謝蔡明誠大法官以及工業總會蔡練生秘書長（前經濟部智慧財產局局長）兩位先進為本書撰寫推薦序文，他們兩位都是國內智慧財產權界的專家，不僅推動智慧財產權保護的觀念不遺餘力，對於國內智慧財產權法制的建立與執行，更是有傑出的貢獻，他們為本書所寫的推薦序文不僅使本書增色，也定能在智財普法領域引起更多關注。

2020 年 12 月

作者學經歷簡介

主編　陳長文

理律法律事務所資深合夥律師

學歷：哈佛大學法學博士、哈佛大學法學碩士、加拿大英屬哥倫比亞大學法學碩士、
　　　臺灣大學法律學士

資格：中華民國律師、中華民國專利代理人

經歷：理律法律事務所所長、行政院政務顧問、中華民國紅十字會總會會長、海峽
　　　交流基金會副董事長兼首任秘書長、中國北京大學光華管理學院講座、政治
　　　大學法律研究所教授「超國界法律問題」、東吳大學法律研究所教授「超國界
　　　法律問題」、法務部司法官訓練所講座

副主編　簡秀如

理律法律事務所合夥律師

學歷：政治大學法學碩士、交通大學管理學碩士、臺灣大學理學士

資格：中華民國律師、中華民國專利師、中國專利代理人資格

經歷：中華民國專利師公會秘書長及國際事務委員會主任委員、世新大學智慧財產
　　　暨傳播科技法律研究所兼任助理教授

蔡瑞森

理律法律事務所合夥律師

學歷：臺灣大學法律學士、美國康乃爾大學法學碩士

資格：中華民國律師、中華民國專利師、中華民國仲裁協會仲裁人

經歷：臺北醫學大學傷害防治學研究所兼任助理教授、交通大學科技法律研究所兼
　　　任助理教授、台灣商標協會副理事長、台北律師公會理事、中華民國專利師
　　　公會商標實務委員會主任委員、資訊工業策進會科技法律研究所網域名稱爭
　　　議處理機構專家

張哲倫

理律法律事務所合夥律師

學歷：臺北大學法律學士、臺北大學法學碩士、美國伊利諾大學法學碩士

資格：中華民國律師、中華民國仲裁協會仲裁人

經歷：專利師公會秘書長、臺北大學法律學院兼任助理教授

丁靜玟

理律法律事務所資深顧問

學歷：東吳大學法律學士、美國威斯康辛大學進修 (1990)、美國 Franklin Pierce Law
　　　Center 進修 (1996)

經歷：行政院國家科學委員會委託研究 「大陸智慧財產權研究─申請保護可行性及
　　　模式」 計劃研究員、科學工業園區管理局委託研究 「政府以預算經費直接獎
　　　助民間企業研究發展計劃所產生智慧財產權之歸屬與運用」 計劃研究員、行
　　　政院大陸委員會委託研究 「兩岸著作權糾紛案例研討」 研究員、內政部 「著
　　　作權法修正草案回溯保護條文之研究」 研究員、經濟部工業局委託研究 「文
　　　化創意產業發展法」 研究案研究員、經濟部智慧財產局委託研究 「92 年 6 月
　　　6 日立法院三讀通過新修正著作權法之附帶決議」 研究案協同主持人

朱淑尹

理律法律事務所資深顧問

學歷：臺灣大學法律學士、臺灣大學農化系碩士、中興大學食科系學士

資格：中華民國專利師、中國大陸專利代理人資格

經歷：長庚醫院研究助理、臺灣大學生化科技系兼任實務教師

沈宗原

理律法律事務所初級合夥律師

學歷：臺灣大學理學士、雙主修法律學士、輔系經濟學系、Stanford Law School U.S. Intellectual Property Law Summer Program

資格：中華民國律師

經歷：台北律師公會生命科技法委員會主任委員、台北律師公會智財與創新科技委員會副主任委員、台北律師公會 ICC 委員會委員、台北律師公會環境法委員會委員、台北律師公會醫藥衛生法委員會委員、中華民國律師公會全國聯合會環境法委員會委員、臺灣醫事法學會會員、萬國法律事務所資深律師、基律科技智財有限公司專利工程師

莊郁沁

理律法律事務所初級合夥律師

學歷：臺灣大學法律學士、倫敦政經學院法學碩士

資格：中華民國律師、中華民國仲裁協會仲裁人

經歷：衛生福利部食品藥物管理署基因改造食品諮議會第 2 屆委員、台灣人體生物資料庫學會第 1 屆理事

陳初梅

理律法律事務所初級合夥律師

學歷：東吳大學法律專業碩士班碩士、臺灣大學機械工程學士

資格：中華民國律師、中華民國專利代理人

經歷：鴻海精密工業股份有限公司研發工程師

陳佳菁

理律法律事務所初級合夥律師

學歷：臺灣大學法律學士、政治大學法學碩士

資格：中華民國律師 、 中華民國專利代理人 、 中華民國仲裁協會仲裁人 、 Project Management Professional (PMP)（國際專案管理師）

經歷：台北律師公會國會工作委員會委員（外交及國防委員會小組）、臺北醫學大學生技 EMBA 講師

湯舒涵

理律法律事務所初級合夥律師

學歷：臺灣大學法律學士、交通大學科技法律研究所碩士

資格：中華民國專利代理人、中華民國律師

經歷：臺北醫學大學轉譯醫學之智財相關課程講師 、 臺北醫學大學生技產業之智財法律概論課程講師

廖雍倫

理律法律事務所初級合夥律師

學歷：臺灣大學法律學士

資格：中華民國律師

經歷：植根法律事務所實習律師、經濟部工業局委託研究計劃「推動研發合作法人法立法作業計劃」研究員、中華經濟知識協會監事

黃紫旻

理律法律事務所律師

學歷：美國史丹佛大學法學碩士、政治大學商學碩士、臺灣大學法學碩士、法律學士

資格：中華民國律師

經歷：經濟部跨領域科技管理研習班助教、美國 Finnegan 律師事務所實習律師、工研院技轉中心智權法務組實習律師

羅文妙

理律法律事務所專利師

學歷：清華大學材料工程學士、材料工程碩士

資格：中華民國專利師

經歷：工研院電光所副工程師

吳俐瑩

理律法律事務所律師

學歷：臺北大學法律學士、法學碩士

資格：中華民國律師

經歷：臺北大學法律學系兼任研究助理

紀畊宇

理律法律事務所專利師

學歷：交通大學機械工程學系學士、中興大學科技管理研究所碩士

資格：中華民國專利師、中國大陸專利代理人資格

經歷：世界法律事務所專利工程師、財團法人精密機械研究發展中心工程師、神通
　　　電腦股份有限公司工程師

呂書瑋

理律法律事務所律師

學歷：交通大學電機與控制工程學系學士、科技法律研究所碩士

資格：中華民國律師

吳詩儀

理律法律事務所律師

學歷：臺灣大學醫學工程學碩士、輔仁大學學士後法律學士

資格：中華民國律師

經歷：清華大學科技法律研究所講師、世新大學智慧財產暨傳播科技法律研究所講師

曾鈺珺

理律法律事務所律師

學歷：交通大學科技法律研究所碩士、臺灣大學工商管理學系學士、臺灣大學社會工作學系學士

資格：中華民國律師

經歷：交通大學兼任講師（於科技法律研究所授課）、中央研究院法律研究所研究助理、新加坡智慧財產局 IP Academy 暑期實習

黃柏維

理律法律事務所律師

學歷：政治大學法律學士、政治大學智慧財產研究所碩士

資格：中華民國律師

經歷：竹科上市公司法務專員、智慧財產評論助理編輯

陳　婷

理律法律事務所律師

學歷：臺灣大學法律學士

資格：中華民國律師

經歷：大江生醫生物整合設計公司國際法務部專員

李昆晃

理律法律事務所律師

學歷：臺灣大學法律學士、法學碩士、日本中央大學交換學生

資格：中華民國律師

經歷：臺灣大學法律學院行政助理、研究助理

游舒涵

理律法律事務所律師

學歷：臺灣大學藥學學士、法學碩士

資格：中華民國律師、中華民國藥師

經歷：社區藥局執業藥師

陳雅萍

理律法律事務所商標暨著作權部法務專員

學歷：東吳大學法律學系碩士

林芝余

曾任理律法律事務所律師

學歷：政治大學智慧財產研究所碩士、政治大學法律及資訊管理學系雙學士

資格：中華民國律師

陶思妤

曾任理律法律事務所商標暨著作權部法務專員

學歷：政治大學法律學士、美國喬治華盛頓大學法律碩士

資格：美國紐約州律師

理律智財案例報導選輯 目次

理律法律叢書序
推薦序 1
推薦序 2
主編序

作者學經歷簡介

» 商　標

✅ 個案分析

✅ 商標名稱通用化

✅ 商標訴訟——侵權

✅ 商標訴訟——保護標的

✅ 商標訴訟——真品平行輸入

✅ 商標訴訟──商標使用

✅ 商標訴訟──商標搶註

✅ 商標訴訟──授權

✅ 商標訴訟──程序事項

»專 利

✅ 侵權判斷

✅ 設計專利

✅ 損害賠償

✅ 權利濫用

✅ 專利有效性——通常知識

✅ 專利有效性——明確性

✅ 專利有效性——新穎性

✅ 專利有效性——進步性

✅ 專利更正

✅ 行政訴訟──陳述意見

✅ 行政訴訟──證據調查

✅ 新型技術報告

✅ 專利權期間

✅ **專利訴訟——個案分析**

≫ 著作權

✅ **著作權訴訟——標的**

✅ **著作權訴訟——原創性**

✅ **著作權訴訟——著作權利用**

✅ **著作權訴訟——著作權歸屬**

✅ **著作權訴訟——著作權侵權**

✅ 著作權訴訟──著作權授權

≫ 營業秘密

管轄權

商　標

 **個案分析**

「Stopgap」商標註冊使用爭議

▪ 智慧財產法院 103 年度行商訴字第 122 號行政判決
▪ 最高行政法院 104 年度判字第 443 號行政判決

蔡瑞森

一、前　言

　　智慧財產法院 103 年度行商訴字第 122 號行政判決於註冊號數第 1479560 號「*Stopgap*」商標（即系爭商標）評定事件行政訴訟，認定「*Stopgap*」商標與著名「GAP」商標構成近似，指定使用於服飾、鞋襪等類商品，有致相關公眾混淆誤認之虞或有減損「GAP」商標之識別性或信譽之虞，違反商標法第 30 條第 1 項第 11 款及第 10 款規定，應不得註冊，乃撤銷該商標之註冊。最高行政法院 104 年度判字第 443 號行政判決支持智慧財產法院之見解。

二、經濟部智慧財產局❶核准註冊

　　智慧財產局針對「*Stopgap*」商標評定事件，雖認定「GAP」商標為著名商標，但因「stopgap」乃為一字，並非「stop」及「gap」兩字分開，且本身具為「填補缺口」或「權宜之計」，智慧財產局乃認定「*Stopgap*」商標與「GAP」商標近似程度甚低，消費者不致混淆誤認，作成評定不成立之審定。其後，本案經提起訴願，經濟部訴願審議委員會認同智慧財產局之見解。

三、智慧財產法院之認定

㈠系爭商標有致相關消費者混淆誤認之虞

1.兩商標圖樣成立高度近似性，有實際混淆誤認之情事

　　「GAP」商標係已廣為相關事業或消費者所普遍認知之著名商標，為有高度商業強度之商標。又智慧財產局及系爭商標之註冊人雖抗辯稱系爭商標為

---

❶　「經濟部智慧財產局」於本書各篇章統一稱為「智慧財產局」。

「Stop」與「gap」兩個英文單字連寫，構成複合字，有填補坑穴或缺口、用以填補空缺或凹陷處之東西、權宜之計等意義，相較「GAP」商標所表彰為峽谷、缺口之意，兩商標均不同，然而，系爭商標與據以評定商標均由單純英文所組成之商標，主要部分為「GAP」與「gap」。外文商標有不同涵義時，判斷商標之觀念是否近似，自應以相關消費者所熟悉之定義判斷，始符合相關消費者之標準。而兩商標指定之商品均為普通日常消費品，應以具有普通知識之一般消費者為判斷標準。因我國為非英語系國家，「Stopgap」並非習見之英文辭彙，相關消費者依一般生活經驗與通常學識，未必知悉「Stopgap」有權宜之計、填補坑穴或缺口等意義。智慧財產局及系爭商標之註冊人以非通用之英譯，解釋兩商標不成立近似，顯不符合我國相關消費者之認知。反之，「stop」或「gap」為簡單之英文單字，系爭商標「gap」前附加「Stop」，易使相關消費者將系爭商標文義解釋為停止「GAP」，益徵「gap」為系爭商標之主要部分。

再比較「GAP」商標與系爭商標主要部分「gap」，兩商標圖樣在外觀、觀念或讀音方面均屬相同，有致消費者混淆誤認之虞，是以系爭商標附屬部分雖有「Stop」文字，惟因兩商標主要部分相同，成立構成高度近似。

2.兩商標指定使用於同一或類似之商品

兩商標指定之商品均為供人體穿戴之衣飾鞋襪及相關配件，在功能、材料、產製或行銷場所具有共同或相關聯之處，依一般社會通念及市場交易情形，應屬構成同一或類似之商品。

3.據以評定商標識別性甚強

兩商標雖均為隨意性商標，然「GAP」商標為著名商標，其識別性甚強，而兩商標均以英文「GAP」或「gap」作為相關消費者辨識商品來源之主要識別。是系爭商標圖樣有攀附「GAP」商標之客觀情事，易致相關消費者或購買者對兩商標產生混淆誤認。

4.據以評定商標權人無多角化經營之情形

在考量與系爭商標間有無混淆誤認之虞時，亦應將該多角化經營情形納入

考量，「GAP」商標之註冊公司美商吉普 (ITM) 公司 (GAP (ITM) INC.) 僅經營特定商品，無跨越其他行業，其保護範圍應予限縮。

5.行銷方式與行銷場所

兩商標指定之商品範圍具同一或類似性質，均可於實體店面與網路進行交易，指定商品之交易方式與行銷場所有高度之重疊性，消費者同時接觸之機會較大，易致混淆誤認之可能性甚高。

6.相關消費者較熟悉據以評定商標

系爭商標僅註冊使用迄今約 3 年，而「GAP」商標在國內外使用指定商品期間約 41 年，遠逾系爭商標之使用期間，較為消費者所熟悉，應賦予較大之保護。

7.系爭商標申請時非屬善意

兩商標之商標權人為有競爭關係之事業，系爭商標申請時使用「stopgap」為商標圖樣，其意為停止「gap」，而「gap」為主要部分，可認主觀有引起相關消費者混淆誤認其來源之意圖，有攀附「GAP」商標商譽之意圖，非屬善意申請商標。

㈡系爭商標減損據以評定商標之識別性與商譽

系爭商標「*Stopgap*」乃於「gap」前附加「Stop」，易使相關消費者將系爭商標文義解釋為停止或反向「GAP」，其為負面之用語形容著名之據以評定之「GAP」商標，除造成不公平競爭外，亦藉此違反商業倫理規範之方式抬高系爭商標之知名度，影響據以評定商標之社會評價甚明。準此，系爭商標攀附「GAP」商標商譽之搭便車行為，自有減損據以評定商標之信譽。

四、最高行政法院之認定

本案經提起上訴後，最高行政法院 104 年度判字第 443 號行政判決支持智慧財產法院之見解，並於判決理由中，針對「混淆誤認之虞」與「商標減損（淡

化）之虞」二者間之分界，以及「減損著名商標之識別性或信譽之虞」與「商標合理使用」二者間之適用原則，作出相當明確之揭示。

(一)「混淆誤認之虞」與「商標減損（淡化）之虞」二者規定之不同

混淆誤認之虞與商標減損（淡化）之虞二者規定係不同構成要件及規範目的，「混淆誤認之虞」其規範之目的，在避免相關消費者對於衝突商標與在先之著名商標，在商品來源、贊助或關聯上混淆，而基於錯誤之認識作出交易之決定；是以混淆誤認之虞之規定，主要在避免商品來源之混淆誤認以保護消費者。但「商標減損（淡化）之虞」規範之目的，主要則在於避免著名商標之識別性或信譽，遭他人不當減損，造成消費者印象模糊，進而損害著名商標，是以縱相關消費者對於衝突商標與在先之著名商標並未形成混淆誤認之虞，商標減損（淡化）之虞仍予規範禁止，是以商標減損（淡化）之虞在於避免商標識別性或信譽之減損淡化，而非在於消費者權益之保護。商標減損（淡化）之虞係為強化著名商標保護而應與「混淆誤認之虞」相區別，尚不能謂商標減損（淡化）之虞之概念包含於混淆誤認之虞概念之內。

(二)「減損著名商標之識別性或信譽之虞」與「商標合理使用」二者間之適用原則

反面商標或諧謔性商標、諷刺性商標 (parody trademark) 之使用必須基於評論或新聞性目的、在非商業性質之前提下，且不致與被評論之著名商標商品或服務來源產生混淆誤認之情形下，方得合理使用。本件系爭商標「*Stopgap*」乃由「Stop」與「gap」二字組合而成，指定使用在服飾、鞋襪等類商品，與在此類商品中已臻著名之據以評定之「GAP」商標不僅構成近似，且系爭商標之字面意義予人寓目印象為「反」及「阻止」「GAP」，易使相關消費者望文生義後產生心領神會之效果，對系爭商標之註冊人而言，具有急速提升自己產品地位至與累積多年信譽之據以評定商標等同之效果，進而可因此獲得商業上利益，對「GAP」商標權人而言，系爭商標將對據以評定商標所累積之信譽及識別性造成減損，換言之，系爭商標藉由攀附據以評定商標以獲取不當利益，進而使被攀附之據以評定商標產生負面效益，上訴人以減損據以評定商標信譽及識別

性之系爭商標申請註冊。

五、結　論

　　最高行政法院及智慧財產法院於「*Stopgap*」商標評定事件針對商標近似之認定，有無致相關消費者混淆誤認之虞或減損商標識別性或商譽之審查，乃至是否構成反面商標或諧謔性商標、諷刺性商標 (parody trademark) 之商標合理使用，作出相當明確之原則揭示，乃有助於類似商標爭議案件之審查。

與「葡萄酒或蒸餾酒」地理標示相同近似之中譯商標，應不予註冊

▪ 智慧財產法院 108 年度行商訴字第 32 號行政判決

蔡瑞森／陶思妤

一、法律問題

葡萄酒或蒸餾酒之風味，與產地之自然條件及人文背景息息相關。在挑選葡萄酒或蒸餾酒時，消費者也經常以產地作為購買之依據。因此，為保護葡萄酒或蒸餾酒之產地名稱，我國商標法第 30 條第 1 項第 9 款便有規定，商標相同或近似於我國或外國之葡萄酒或蒸餾酒地理標示，且指定使用於與葡萄酒或蒸餾酒同一或類似商品，而該外國與我國簽訂協定或共同參加國際條約，或互相承認葡萄酒或蒸餾酒地理標示之保護者，不得註冊。

我國之官方語言為中文，然外國葡萄酒或蒸餾酒產地名稱之原文，可能為我國消費者不擅發音之外文。為方便稱呼或行銷，民眾或酒商往往會將產地名稱之原文自行翻譯為中文。對於此等外文葡萄酒或蒸餾酒產地名稱之中譯名，智慧財產法院近日於 108 年度行商訴字第 32 號行政判決之具體個案中，肯認了中譯名亦有商標法第 30 條第 1 項第 9 款之適用。

二、本件事實

本案商標申請人為我國一洋酒進口商，分別以「托凱」及「皇家托凱」，指定使用於第 33 類「酒（啤酒除外）；葡萄酒」商品，向智慧財產局申請註冊。本案參加人以此等商標與已獲歐盟委員會核准註冊之「Tokaj / Tokaji」匈牙利葡萄酒產區名稱近似為由，根據商標法第 30 條第 1 項第 9 款對上述兩商標提起評定。智慧財產局經審查，對上述兩商標做出異議成立並撤銷註冊之處分。

本案商標申請人主張，「托凱」及「皇家托凱」之命名來自匈牙利「Tokaj」地區之「Royal Tokaji Boraszati Zrt」酒廠，乃刻意排除既有翻譯並經相當時間研討獨創所得。而外文地理名稱「Tokaj」之正式中譯名應為「托卡伊」，與本案商標「托凱」或「皇家托凱」之外觀、讀音及意涵皆不近似。

三、智慧財產法院之認定

對此，智慧財產法院首先說明，依《與貿易有關之智慧財產權協定》（以下稱「TRIPS 協定」）第 23 條相關規定，相同或近似於「葡萄酒或蒸餾酒」之地理標示，並不以「使公眾誤認誤信」為必要。即使是翻譯用語或補充說明與該產地商品同類、同型、同風格、相仿或其他類似標示者，亦在禁止之列。

智慧財產法院進一步根據其職權調查結果指出，「Tokaj / Tokaji」葡萄酒產區名稱之中譯名，在本案商標申請日前已有「托凱」、「拓凱」或「多凱」等多種中譯名，原告所主張之正式中譯名「托卡伊」僅為其中之一。此外，商標是否相同或近似於我國或外國之「葡萄酒或蒸餾酒」地理標示，應以呈現於消費者眼前之圖樣為斷，商標權人主觀認知或其設計原由並非所問。鑑於我國與匈牙利共同參加 TRIPS 協定之國際條約，而「托凱」與「Tokaj / Tokaji」外文之音譯讀音接近。智慧財產法院因此維持智慧財產局對「托凱」及「皇家托凱」所作出之撤銷註冊之處分。

含職業運動員著名藝名之商標，不應予以註冊

▪智慧財產法院 108 年度行商訴字第 78 號行政判決

蔡瑞森／陶思妤

一、法律問題

為使閱聽大眾留下深刻印象，影視明星等公眾人物在從事表演活動時，經常使用「藝名」而非自身之本名。此等藝名，除了是消費者認識公眾人物之主要依據外，更是得以產生經濟利益之重要資產。

為避免他人使用公眾人物之藝名推銷商品服務，而造成消費者產生混淆誤認，商標法第 30 條第 1 項第 13 款明文規定，商標如有他人之肖像或著名之姓名、藝名、筆名、字號之情形，不得註冊。然而，本條文中之「藝名」應如何認定，在實務之解釋方向上仍存有疑義。對此，智慧財產法院 108 年度行商訴字第 78 號行政判決在商標異議之具體個案中，提出了值得參考的見解。

二、本件事實

本案被異議商標為「Black Mamba 設計字」商標，指定使用於第 25 類之衣服等商品。本案異議人則為美國職業籃球員 Kobe Bryant 所設立之公司，指出「Black Mamba」為 Kobe Bryant 之藝名，已廣為相關事業或消費者所熟知，本案被異議商標「Black Mamba 設計字」商標違反商標法第 30 條第 1 項第 13 款，應不予註冊。

對於本案異議人之主張，被異議商標之商標權人認為，「Black Mamba」乃指常出沒於非洲地區之「黑曼巴蛇」蛇類生物之義，在其他商品服務上有廣泛使用之情形，並非 Kobe Bryant 專屬之代稱。Kobe Bryant 雖曾以「Black Mamba」自喻其打球風格，但「Black Mamba」在台灣並非常見之暱稱或藝名。因此，「Black Mamba」並非 Kobe Bryant 之「著名藝名」，無商標法第 30 條第 1 項第 13 款法規之適用。

三、智慧財產法院之認定

　　針對兩造所提出之爭議，法院首先說明，明星職業運動員之職業性質與影視娛樂演藝人員無異，相關消費者之觀眾為明星職業運動員加油鼓舞時，多半係使用本名以外之別名、暱稱等稱謂唱呼。因此，明星職業運動員之別名、暱稱等稱謂，在性質上乃屬「藝名」。

　　法院就本案事實進一步指出，由異議人所檢送之證據資料顯示，「Black Mamba」客觀上僅指向 Kobe Bryant 一人，台灣消費者可直接聯想與 Kobe Bryant 有關，已達國內著名程度。此外，本案被異議商標之商標權人亦曾於採訪文中提及 Kobe Bryant 為「球場上的黑曼巴」等語，可見其在商標申請前已知悉「Black Mamba」為 Kobe Bryant 之著名藝名。綜上所述，「Black Mamba」申請時確已為美國職業籃球員 Kobe Bryant 之著名藝名，本案商標應不予註冊。

商標名稱通用化

最高行政法院揭示商標名稱通用化之判別標準及舉證責任

▪最高行政法院 104 年度判字第 488 號行政判決

蔡瑞森

一、法律問題

　　商標已成為所指定商品或服務之通用標章、名稱或形狀者，商標專責機關應依職權或據申請廢止其註冊，商標法第 63 條第 1 項第 4 款定有明文，此即商標名稱通用化之規定。

　　商標註冊後，倘因商標權人不當使用或怠於維護其商標之識別性，致其成為商品或服務之通用名稱或形狀，或成為商品或服務之通用標章者，已不具有識別及表彰商品來源之特徵，而失去商標應有之基本功能，基於公益及識別性之考量，避免阻礙市場競爭者參與競爭，因此，商標法明文商標專責機關應廢止其註冊。然而商標名稱通用化之判別標準或舉證責任為何，商標法欠缺明文。

二、最高行政法院之認定

　　最高行政法院 104 年度判字第 488 號行政判決要旨揭示商標名稱通用化之判別標準，以該商標名稱（即該作為商標之詞彙）在一般消費者心目中認識的主要意義為判別標準，學說上稱為「主要意義判斷標準」（primary significance test）。因商標之廢止，係對已授予之商標專用權事後予以剝奪，因此要求較強之證據證明力；必須能證明絕大多數消費者對於該詞彙之用法，係作為商品之通用名稱使用，而非作為商品之來源名稱使用，始能廢止其商標之註冊。

　　至於商標名稱通用化之舉證責任，最高行政法院並揭示申請廢止商標者，對於商標名稱是否確實通用化之事實，應負舉證責任。

商標註冊後是否成為商品／服務之通用名稱之判斷時點

▪最高行政法院 106 年度判字第 656 號行政判決

丁靜玟／陳雅萍

一、法律問題

　　商標註冊後是否成為商品／服務之通用名稱，其判斷時點至為重要。最高行政法院 106 年度判字第 656 號行政判決明確指出應以「申請廢止時」為事實狀態基準時。至於廢止申請日以後之事實，不論有利不利於商標權人，均不得作為裁判時判斷之事實。

二、本件事實

　　本案係參加人（原商標權人）於民國（本書各篇章均同）94 年 10 月 1 日獲智慧財產局核准註冊第 1175440 號「蠍尾刷」商標（下稱「系爭商標」）於第 10 類商品之註冊。上訴人（廢止申請人）於 100 年 8 月 3 日向智慧財產局對系爭商標為廢止申請，經智慧財產局審查後，認系爭商標有商標法第 63 條第 1 項第 2 款及第 4 款之情形，應予廢止。參加人不服，提起訴願，經濟部訴願會作成「原處分關於系爭註冊第 1175440 號『蠍尾刷』商標指定使用於『美體按摩刷』商品部分所為系爭商標之註冊應予廢止之處分部分撤銷，由原處分機關另為適法之處分；其餘部分訴願駁回」之訴願決定。

　　上訴人（廢止申請人）向智慧財產法院提起行政訴訟，經智慧財產法院 102 年度行商訴字第 86 號行政判決駁回上訴，上訴人爰向最高行政法院提起上訴，經最高行政法院 104 年度判字第 488 號判決發回智慧財產法院更審。經智慧財產法院 104 年度行商更㈠字第 2 號判決駁回上訴人之訴，上訴人再次向最高行政法院提起上訴，經最高行政法院 106 年度判字第 656 號判決駁回上訴人之上訴。

三、最高行政法院之認定

㈠法規基準時——商標法第 66 條：申請廢止時

㈡事實基準時——申請廢止時

　　最高行政法院 106 年度判字第 656 號行政判決指出，商標法第 66 條明文規定，商標註冊後有無廢止之事由，適用申請廢止時之規定。惟該規定為法規基準時，至於廢止案件事實基準時，法律並未有明文。以商標通用化之廢止情形而言，隨時間與爭訟演進，固然會有更多消費者及業者將該通用化作為商品名稱使用，事實基準時後延使商標通用化之事實更加明顯，此對商標權人不利，而有利於廢止申請人；但另一方面，通用名稱化會因商標權人知悉其被以通用化事由申請廢止，必然會強化商標使用而可能有使商標復活之情形，即因商標使用而回復識別性，事實基準時後延反而會使商標通用化之事實消滅，則屬對商標權人有益，而不利於廢止申請人，申請廢止事實基準時往後延，徒增提出主張及舉證程序不確定，使廢止申請舉證歸於徒勞，從程序經濟原則或權利救濟的有效性及權衡雙方利益觀點，自應以廢止申請時為事實狀態基準時。至於以後之事實，不論有利不利於商標權人，均不得作為裁判時判斷之事實。

# 商標訴訟──侵權

特殊紋路之商標權侵權探討

▪智慧財產法院 104 年度民商訴字第 23 號民事判決

林芝余

一、法律問題

　　智慧財產法院於 105 年 4 月 29 日作成 104 年度民商訴字第 23 號民事判決❷，係關於特殊紋路作為商標使用之侵權案件，該判決揭示就此類型之商標，與使用者自身品牌一同使用之情形，認定該圖案是否係作為商標使用之標準。此判決之結論認為，在皮件上壓製獨特之橫條紋路屬具有識別性之商標；而縱使被控侵權之產品、吊牌或拉鏈上載有其他圖形或文字，但相較於布滿皮包之紋路圖案，法院認為較不明顯，故因此認定被告確係將該橫條壓紋圖案作為商標使用，此相異於本件被告所涉侵違反商標法之刑事案件中檢察官之認定。

二、本件事實

　　原告主張其 EPI 商標（即系爭商標）之原創性來自於強烈染色皮革上壓製獨家橫條壓紋，在國內被稱為「水波紋」；而載有「水波紋」商品為原告之暢銷款式，具 30 年之歷史；原告就該等圖樣取得商標註冊。被告明知系爭商標為原告享有，仍販售侵害系爭商標之仿冒皮包以獲取利益，原告主張被告有違反商標法及公平交易法之情事。

三、智慧財產法院之認定

　　智慧財產法院判決認為皮件上壓製獨特之橫條紋路，非屬皮革天然之紋路，且經我國智慧財產局認為具有識別性，而准予註冊，是以，他人未經商標權人之同意或授權，自不得擅自使用。雖然被控侵權產品正面中央及吊牌、拉鏈上

---

❷　智慧財產法院 104 年度民商訴字第 23 號民事判決於 106 年 2 月 23 日為同法院 105
　　年度民商上字第 10 號民事判決所維持。

有標示「iki2」、蝴蝶圖樣商標,但法院認定相較於布滿整個皮包上之橫條壓紋圖案,「iki2」、蝴蝶圖樣之標示顯得甚為細小且不明顯;而認為布滿整個皮包之橫條壓紋圖案(水波紋)為引人注意之主要識別部分。更甚者,原告系爭商標圖樣在台灣常以「水波紋」稱呼之,被告之銷售網頁亦使用「水波紋」之字樣作為促銷廣告之用語;故顯見被告係以水波紋圖樣作為吸引消費者購買之主要訴求。是以,法院認定被告確係出於仿冒之意圖,而將系爭圖樣作為商標使用。

本件被告所涉違反商標法之刑事案件,經刑事偵查後,被告獲得不起訴之決定,此係因檢察官認定被告販售產品所使用之商標為「iki2」,至於「水波紋」僅屬商品之外觀設計,被告並無將「水波紋」作為商標使用之故意。顯然本爭議案之刑事案件之檢察官與智慧財產法院民事庭,就「使用商標」之認定有不同看法。智慧財產法院認為刑事案件檢察官之偵查結果,並不拘束民事法院,故並未與檢察官採同一看法。

綜合上述,法院因此認定被告侵害原告之商標權,且違反修正前公平交易法第 20 條第 1 項第 1 款之規定,並應負擔損害賠償責任。

網頁轉址行為是否侵害商標權？是否構成不正競爭？

🔖 智慧財產法院 106 年度民商訴字第 3 號民事判決

莊郁沁

一、本件事實及法律問題

　　智慧財產法院近日針對網頁轉址行為之法律評價，做出詳細之分析。於該院 106 年度民商訴字第 3 號民事判決（判決日：106 年 9 月 29 日）中，於確認在網路上的網頁內容中標示連結至原告網站（下稱「A 網站」）之超連結，經點擊後，卻前往被告之線上英語教學網站（下稱「B 網站」）之轉址行為以及相關轉址行為係故意所為等事實後，分別分析該行為是否有侵害商標權、是否構成不正競爭。

二、智慧財產法院之認定

㈠不構成商標侵權

　　於商標侵權部分，法院認為商標法第 68 條所列舉侵權之行為態樣，均以「使用」商標於商品或服務為其行為態樣之要件。而依商標法第 5 條之規定，商標之使用，應係指基於行銷目的，足以使相關消費者認識其為商標之行為。於本件情形，因網際網路上之超連結，其意義為使用者點擊後瀏覽器將連結該超連結所指示之網站內容，亦即是在指示服務於網際網路所在位址，而非直接與商標所指示之商品或服務相連結，故並不符合商標使用之意義。至於該案原告所主張之商標法第 70 條第 1 款、第 2 款部分，第 1 款仍須「使用商標」，而第 2 款則須以商標作為自己公司、商號、團體、網域或其他表彰營業主體之名稱，然本案中超連結僅用以指示服務於網際網路所在位址，並無該等表徵行為。因此，法院認為轉址行為，無論依據前述第 68 條或第 70 條第 1 款、第 2 款，均不構成侵害商標權。

　　此外，原告另參照美國法上之「初始興趣混淆」，主張應為我國法所承認採用，以合理保護商標權人之利益，法院就此敘明若於我國另有適當法律機制可供保障原告權利，則不需承認他國之理論，而強求將不合法律文義之規定勉強

套用。

㈡構成不正競爭

於公平交易法部分，法院依據公平交易法第 25 條「除公平交易法另有規定，事業不得為足以影響交易秩序之欺罔或顯失公平之行為」之規定予以評析。法院認為系爭轉址行為將網頁上標示有 A 網站名稱之超連結，予以轉址至 B 網站，將使原先看到 A 網站名稱且有瀏覽相關資訊意向之網路使用者，卻遭到強制導向至 B 網站，此有「欺罔」的性質。且另考量當今電子商務蓬勃發展之市場競爭秩序中，網路瀏覽流量是網路經濟中之重要商機，故認定其屬具有欺罔性質之超連結，已足以影響交易秩序。

另一方面，法院認為銷售商品時，接觸消費者有其重要性，此為消費者產生消費意願之前提。故消費者接觸商品或服務（或其資訊）之方法，應是市場競爭秩序中之重要事項，亦為公平交易法所應該規範之事項，故在指示資訊之過程中若有欺罔，無論於實體或網路世界中，均應為相同之評價，除違反消費者利益外，也妨害市場經濟秩序正常發展，故該案中之故意轉址行為可認為違反公平交易法第 25 條之規定，構成不正競爭。此外，法院一併認定系爭轉址行為因違反公平交易法第 25 條之規定，故亦屬民法第 184 條第 2 項違反保護他人法律致生損害於他人之侵權行為。

然本案中法院亦釐清，單純的轉址行為並非違法，因轉址行為存在有其正當使用方法，但若如本案有不正競爭情形者，則應予以杜絕。

判斷使用他人商標名稱作為公司名稱是否為商標侵權時，應適用公司設立登記時商標法或現行商標法？

- 智慧財產法院 103 年度民商訴字第 31 號民事判決
- 智慧財產法院 104 年度民商上字第 7 號民事判決
- 最高法院 106 年度台上字第 2088 號民事判決

簡秀如／陳　婷

一、本件事實及法律問題

　　A、B 公司分別於 87 年、94 年設立登記，皆使用 C 公司註冊之著名商標為其公司名稱之特取部分。C 公司主張 A、B 公司之行為，致消費者誤認該二公司提供之商品服務來自於 C 公司，且足以減損其著名商標識別性，向 A、B 公司提起訴訟。

　　A 公司於 87 年設立登記時，當時公布施行之商標法對於以他人註冊商標作為公司特取名稱是否構成民事侵害，並未有明文規定，而於 92 年商標法修正時，增訂之第 62 條則規定：「未得商標權人同意，有下列情形之一者，視為侵害商標權：一、明知為他人著名之註冊商標而使用相同或近似之商標或以該著名商標中之文字作為自己公司名稱、商號名稱、網域名稱或其他表彰營業主體或來源之標識，致減損著名商標之識別性或信譽者。二、明知為他人之註冊商標，而以該商標中之文字作為自己公司名稱、商號名稱、網域名稱或其他表彰營業主體或來源之標識，致商品或服務相關消費者混淆誤認者。」將使用他人公司註冊之著名商標為自己公司名稱作為侵害商標權之態樣之一。

　　由於法律有變更，於判斷 A、B 公司之行為是否構成侵害 C 公司商標權之行為時，究係應適用公司設立登記時商標法，抑或是 92 年修正後之現行商標法？

二、智慧財產法院：公司設立登記時之商標法

　　對此，智慧財產法院第一審 103 年度民商訴字第 31 號民事判決（判決日：104 年 3 月 31 日）、第二審 104 年度民商上字第 7 號民事判決（判決日：105 年

1月14日）均認為，應以公司設立登記時之商標法為斷。第二審特別指出，他人商標作為公司名稱特取部分之視為侵害商標權態樣，於公司設立登記時，侵害行為即已完成，該一次性加害行為雖因公司名稱持續存在致他人損害不斷發生，惟此乃損害狀態之繼續，並非侵害行為之繼續。故，A、B公司之行為是否構成商標侵害，仍應依公司設立登記時之商標法為斷。若依公司設立登記時之商標法判斷，認不構成商標權之侵害者，縱法律修正後符合商標侵權條件，基於法律不溯及既往原則，自不得依現行法規定請求排除或防止侵害。

三、最高法院：現行商標法

惟最高法院106年度台上字第2088號民事判決（判決日：107年3月15日）則認為，倘以他人著名商標中之文字作為自己公司名稱，雖於92年修法前已為設立登記，惟其公司名稱與著名商標中文字相結合之狀態，跨越新、舊法時期而持續至新法施行後尚未終結，考量新法規定兼為保護消費者免於混淆誤認之公益，尤重於對公司名稱使用權之信賴保護，自應以新法法律效果之規定，連結部分屬於過去之構成要件事實，適用於將來繼續發生之法律事實。此乃「法律要件事實之回溯連結」，而非法律效力的溯及既往，不生違反法律禁止溯及既往原則之問題，因此廢棄智慧財產法院第二審之判決。

網路商標侵權之犯罪地及管轄法院

▪智慧財產法院 106 年度刑智上易字第 5 號刑事判決

蔡瑞森

一、法律問題

　　經由網際網路販賣商標侵權商品之模式越來越多，然而網路無國家或地區之界線，幾乎任何人得於任何時間或地點瀏覽網頁內容，進而購買到該網頁所陳列之商品。經由網際網路販賣商標侵權商品之行為地或結果地，應如何認定，涉及法院管轄權有無之認定，乃為實務之重要爭議問題。智慧財產法院 106 年度刑智上易字第 5 號刑事判決認為網絡可及之地，非不得視為犯罪行為（如本件之陳列行為）之結果發生地。

　　刑事案件由犯罪地或被告之住所、居所或所在地之法院管轄，刑事訴訟法第 5 條第 1 項定有明文。而刑事案件所謂之犯罪地，依據最高法院 72 年度台上字第 5894 號刑事判例及 88 年度台上字第 1134 號刑事判決意旨，參照刑法第 4 條之規定，解釋上應包括行為地與結果地二者而言。

二、本件事實

　　本件被告涉嫌於網路上刊登販賣仿冒商標無線充電板訊息，經宜蘭縣政府警察局刑警大隊員警上網購買後，由被告寄送至宜蘭縣之統一超商由員警收取。被告係在其位於新竹縣住處內，利用電腦設備連結網際網路登入露天拍賣網站，並以其帳號刊登販賣上開仿冒商標商品之訊息而陳列。

三、智慧財產法院：網絡可及之地，亦得視為犯罪行為（如本件陳列行為）之結果發生地

　　智慧財產法院認為被告透過網際網路使不特定多數人皆可直接瀏覽觀看仿冒商標商品之外型，致前揭仿冒商標商品處於任何使用網際網路之人均得買受之狀態，應屬被告可得預見之情形。換言之，被告販賣仿冒商標商品行為，乃肇始於被告之陳列行為，此二階段之行為彼此間有其高低度關係，至於各階段

陳列行為、販賣行為是否須負罪責，則各依其主客觀構成要件不同而異其結果。倘被告符合販賣仿冒商標商品罪構成要件，其陳列仿冒商標商品之低度行為應為販賣仿冒商標商品之高度行為吸收，即使因買受仿冒商標商品員警無買入真意而使被告不成立販賣仿冒商標商品罪，前階段之陳列行為，仍該當於商標法第 97 條所規定之意圖販賣而陳列仿冒商標商品罪。

　　至於陳列行為之後，其仿冒商標商品最終地點究為何處，縱非原陳列者所得確實預見，然其於陳列當時應可預見之交易地點得因不同管轄區域之交易對象而擴大，則其對於最終地點即有預見之可能性，其既有預見之可能性，仍執意為最初之陳列行為，自不能對於其陳列行為之最後結果地，辯稱不知，此在經由網路犯罪或經由網路侵權之情形益為彰顯。而此種網絡可及之地，非不得視為犯罪行為（如本件之陳列行為）之結果發生地。本件被告在其位於新竹縣住處內，利用電腦設備連結網際網路登入露天拍賣網站，並以其帳號刊登販賣上開仿冒商標商品之訊息而陳列，其銷售地點不限於新竹地區，被告於決定將仿冒商標商品利用電腦設備連結網際網路登入露天拍賣網站陳列，即已預見其仿冒品將有可能出現於台灣各地區，卻仍執意為陳列行為，使位於宜蘭縣境內之員警及其他不特定多數人可瀏覽觀看仿冒商標商品外型，則本案仿冒商標商品之陳列行為地及結果地，即包含宜蘭縣。

商標註冊前已經使用商標銷售流通之商品，在商標註冊登記後，非屬侵害商標權之物品

- 台灣新北地方法院 106 年度單聲沒字第 392 號刑事裁定
- 智慧財產法院 106 年度刑智抗字第 13 號刑事裁定

蔡瑞森

一、本件事實及法律問題

　　侵害商標權之物品，不問屬於犯罪行為人與否，沒收之，乃商標法第 98 條的明文規定。然而何謂「侵害商標權」之物品，於具體個案時有爭議。

　　針對檢察官不起訴處分之具體案件，台灣新北地方法院檢察署檢察官聲請就該案查扣物品單獨宣告沒收，台灣新北地方法院 106 年度單聲沒字第 392 號刑事裁定駁回聲請，台灣新北地方法院檢察署檢察官乃提請抗告，智慧財產法院 106 年度刑智抗字第 13 號刑事裁定維持台灣新北地方法院之裁定，駁回抗告。本案之關鍵點在於本案查扣品是否為「侵害商標權」之物品。

二、智慧財產法院之認定

　　智慧財產法院指出商標法第 98 條條文中所指的「侵害商標權之物品」，雖然應該以法院在受理沒收聲請，決定是否沒收時為準（也就是裁判時），而不是行為人購買該物品時為準，但行為人在購買時，商標尚未註冊，其物品使用商標即無侵害商標權可言。此項物品既以無侵權之方式銷售流入市場，基於既得權保障，即使之後商標已經註冊登記，解釋上商標權即不能及於此項物品，而應許在次級市場繼續銷售流通。另商標法第 36 條第 1 項第 3 款，明定允許善意先使用者得以原先規模為限，繼續為原來商標之使用，而銷售商品，則舉輕以明重，先前善意先使用者已經銷售流通之商品，即無受後來取得商標權效力限制之理。以上論理角度雖有所不同，但均可得到相同之解釋結果，可見此類在商標註冊前，已經使用商標銷售流通之物品，即使在商標註冊登記後，亦非侵害商標權之物品。

　　智慧財產法院並就該案事實進一步說明，本件聲請單獨宣告沒收之扣案散

熱器，依照檢察官不起訴處分所為之認定，係被告兩人於 103 年 9 月或 10 月間由大陸地區淘寶網自深圳市諾西公司所購入，但本案註冊商標是在 104 年 8 月 1 日才在我國註冊；換句話說，被告兩人在購入此項商品時，此項商品並不是侵害商標權之物品。根據前一段之說明，此項商品在本件商標事後註冊後，也不是其商標權效力所及之物品，並無侵害商標權可言。

偽造商標真品之商品條碼構成刑法偽造準私文書罪

■ 台灣台北地方法院 99 年度訴字第 697 號刑事判決
■ 台灣高等法院 100 年度上訴字第 287 號刑事判決
■ 最高法院 103 年度台上字第 115 號刑事判決

蔡瑞森

一、法律問題

　　相當多商標仿冒品除未經授權使用註冊商標外，同時於商品包裝上使用商標權人相同商品之商品條碼。未經授權使用商標，違反商標法，雖然沒有任何疑義，但偽造商品條碼究竟有無違反何法律，由於沒有任何法律明文規範，乃是實務之重要爭議問題。

　　商品條碼 (Barcode) 乃由國碼、廠商代碼及特定商品代碼所組成，須由 GS1 或其授權管理機關所核發使用（在台灣為財團法人中華民國商品條碼策進會，GS1 Taiwan）。過去相當多法院見解認為一般消費者不會依憑商品條碼選擇產品，因此偽造或行使偽造商品條碼不構成刑法偽造文書、行使偽造文書罪或違反任何法律。

二、本件事實

　　本案商品條碼經 A 公司向 GS1 Singapore 登記申請並授權中華民國商品條碼策進會（下稱「GS1 Taiwan」）管理，A 公司係將本案商品條碼印製於其所生產之即溶麥片產品上，而 B 公司僅係 A 公司即溶麥片產品在我國之代理商，雖在我國境內就該產品有商標權，惟並無將本案商品條碼印製於 B 公司所生產之即溶麥片產品對外販售之權。然被告即 B 公司負責人竟委託不知情之 C 公司生產與 A 公司即溶麥片產品成分類似之即溶麥片產品，並指示 C 公司將本案商品條碼印製於該等產品外包裝，並於同時售有 A 公司即溶麥片產品之賣場銷售，足以生損害於 GS1 Singapore、GS1 Taiwan 對商品條碼管理及 A 公司對商品控管之正確性。嗣 B 公司經 A 公司要求禁止使用本案商品條碼，被告始通知 C 公司停止印製本案商品條碼。

三、法院之認定：商品條碼為準私文書，偽造商標真品之商品條碼構成刑法偽造準私文書罪

台灣台北地方法院 99 年度訴字第 697 號刑事判決認為，在紙上或物品上之文字、符號、圖畫、照像，依習慣或特約，足以為表示其用意之證明者，以文書論，刑法第 220 條第 1 項定有明文。商品條碼一經電腦判讀，即可辨識為某國家某廠商之何種商品，在國際貿易中相當於商號的表徵；因此，商品條碼係屬在物品上之符號而依商業上習慣或特約足為一定之證明，為準私文書，被告指示他人偽造並加以行使，自屬行使刑法第 220 條之冒用他人名義製作之準私文書。

法院指出商品條碼為一般商品製造、批發、銷售一連串作業過程自動化管理之符號等事實，為公眾所知之事，且為被告所明知，得可用於識別商品擁有者、製造商、銷售商或進口商為何人。被告與本案商品條碼之合法使用人毫無關連，卻將本案商品條碼印製於被告商品上，自可能使他人誤認該等產品係以本案商品條碼之使用人為擁有者、製造商、銷售商或進口商，足以影響 GS1 Taiwan 或其他商品條碼管理機關對本案商品條碼管理之正確性，並足以生損害於本案商品條碼合法使用人為商品管理之正確性。

最高法院 103 年度台上字第 115 號刑事判決、智慧財產法院 104 年度刑智上訴字第 58 號刑事判決，乃至其後之各級法院之多數判決針對類似案件均採相同見解。

智慧財產法院認定仿冒非傳統商標之刑事責任採行較嚴格之證據方法

◥台灣新北地方法院 105 年度智易字第 26 號刑事判決
◥智慧財產法院 106 年度刑智上易字第 22 號刑事判決

蔡瑞森／陶思妤

一、法律問題

　　商標法第 97 條規範意圖販賣而輸入仿冒商標商品之刑事責任，係以「明知」為前提。根據多數實務見解，所謂「明知」應指「直接故意」，若為「間接故意」或「過失」，則無法據以構成本罪。換而言之，檢察官須證明被告已明確知悉系爭商品為仿冒，始能認定被告有「明知」，不能僅以被告「有可能知悉」系爭商品為仿冒即論以本罪。但相較文字、圖案等標識，一般人對花紋、立體形狀或顏色等是否為他人已註冊商標之認知通常較低。針對此類「非傳統商標」，在判斷犯罪行為人之主觀要件時，是否得適用與傳統商標相同之標準，在實務上仍具相當之疑義。

　　智慧財產法院 106 年度刑智上易字第 22 號刑事判決於商標侵權之具體個案，針對「非傳統商標」之類型，有關意圖販賣而輸入仿冒商標商品罪之行為人的主觀要件判斷，揭示了重要決定原則。

二、本件事實

　　本案 A、B 兩商標圖樣「插扣」（下稱「系爭商標」）係由告訴人向智慧財產局註冊取得商標權之非傳統商標，指定使用於皮包、皮夾等商品。系爭商標圖樣均包含一三角形扣飾，下方有一長方形鎖板，鎖板四角各有一圓形鉚釘，且中央有 3 個或 2 個顯著之圓點裝飾性設計。本案檢察官認為，被告所販售皮包之鎖扣與系爭商標外觀相近似，有致相關消費者混淆誤認之虞。又被告經營網站所販售之商品多與各大精品品牌極為近似，因而可證明被告欲透過銷售近似商品方式提高自身產品之價值感，主觀上明知有侵害系爭商標之情事。然被告聲稱，其進貨前已檢索確認並無商標、LOGO、圖形與他人近似，當初不知

道鎖扣這種功能性的物件亦可註冊成為商標。

三、智慧財產法院：應採較嚴格之證據方法

智慧財產法院指出，系爭商標為具功能性之鎖扣，原不具表彰商品來源之商標識別性，乃經告訴人長期使用，廣泛行銷，相當程度上已具有商標識別之功能，且經我國准予註冊，固應加以保護。然而，就非以文字或特殊圖案組合而成之非傳統商標，判斷行為人是否成立侵害商標權之行為時，應參諸一般社會通念、交易情形及同業間實際使用狀況等情節綜合判斷，並非有類似之花紋、立體形狀或顏色等事項出現，即可認為有侵害商標權之情形。再者，因非傳統商標，一般人對其是否為商標，警覺性有可能會較低，對行為人是否有侵害商標權之主觀犯意，應採較嚴格之證據方法。

智慧財產法院並就本案事實進一步說明，本案皮包之販售通路、銷售情況，均與一般交易常情並無相違之處，客觀上難以認定被告有意圖販賣而陳列仿冒商標商品之故意。再者，檢察官僅以被告從事販售皮包行業之期間及其經營之購物網站販售之商品多與各大精品或時尚品牌極為近似，來推論被告之主觀犯意，作為被告具有侵害系爭商標權之直接故意之依據，尚嫌速斷而乏積極證據。由於被告並無自證無罪之義務，因此智慧財產法院認定檢察官就此部分之理由並無可採，而判決駁回檢察官之上訴，維持原審台灣新北地方法院 105 年度智易字第 26 號刑事判決所作之被告無罪之認定。

商標是否近似不得僅以其字義作為判斷基礎，應以消費者之認知為準

■智慧財產法院 106 年度行商訴字第 164 號行政判決

蔡瑞森／陶思妤

一、法律問題

　　原則上，判斷商標是否近似應以兩商標予消費者之整體印象為依歸，而非割裂各部分分別呈現。然而，消費者關注或是事後留在印象中的，可能是商標中較顯著之部分。一般來說，識別性越強的文字予消費者印象越深，遭他人攀附時消費者因而混淆誤認的機率也越高，為商標的「主要部分」。相較而言，對於商品或服務的品質、功用或其他有關的成分、產地等特性為描述的文字，或是在類似商品或服務中已為多數不同人使用為商標之一部分而註冊在案之文字（例如，在餐廳服務上的「Garden」、「皇家」等文字），一般被認定識別性較低，為商標中的「弱勢部分」或「次要部分」，難以造成消費者混淆誤認，因此通常無法直接作為判斷商標是否近似的基礎。

　　企業在選擇商標名稱時，經常將產品品質、功能等特性之外文組合為商標之部分。然而這些帶有產品品質、功能等特性之外文，其創意來源或是字義不一定為我國消費者所熟知，在判斷與他人商標是否近似時，究竟應如何考量這些外文在商標比對時之比重，仍需視法院就具體情況個別斟酌。對此，智慧財產法院 106 年度行商訴字第 164 號行政判決在商標異議之具體個案中提出了值得參考的解釋方向。

二、本件事實

　　本案被異議商標「HYVISC」指定於商品及服務分類表第 10 類之醫療器具等商品，用於主要成分為玻尿酸的關節腔注射劑，本案據以異議商標「SYNVISC」亦用於主要成分為玻尿酸的關節腔注射劑，而兩造商標之外文字尾皆由「VISC」構成。

　　被異議商標權人主張兩商標並無近似情事，除兩商標無論是在字數、外觀

或是連貫唱呼之際均使消費者足資辨識來源不同外，亦以「HYVISC」商標商品之販售場所為專業醫療院所，消費者之選購、產品使用均須經專業醫護人員協助，消費者自會施以較高程度之注意為由，主張本件判斷近似的標準應高於一般商品。而「VISC」為「VISCOSITY」之縮寫，為黏性之意，由於黏性為玻尿酸之著名特性，因此「VISC」使用在玻尿酸產品上甚為普遍，且本案「VISC」非用於起首部分，應屬弱勢文字。惟因兩商標均係使用於高度專業性商品上，故不會因為兩商標均包含弱勢文字「VISC」即造成消費者混淆誤認。

三、智慧財產法院：商標是否近似不得僅以其字義作為判斷基礎，應以消費者之認知為準

判斷有無商標法第 30 條第 1 項第 10 款所規定混淆誤認之虞，應參酌：1.商標識別性之強弱；2.商標是否近似暨其近似之程度；3.商品、服務是否類似暨其類似之程度；4.先權利人多角化經營之情形；5.實際混淆誤認之情事；6.相關消費者對各商標熟悉之程度；7.系爭商標之申請人是否善意；8.其他混淆誤認之因素等，綜合認定是否已達有致相關消費者產生混淆誤認之虞。

(一)商標識別性之強弱

「HYVISC」商標與「SYNVISC」商標均非既有字彙，而係獨創之文字，且並非傳達所指定商品本身有關之直接說明或描述，相關消費者應會直接將其視為指示商品來源之標識，均具相當識別性。

(二)商標是否近似暨其近似之程度

「HYVISC」商標與「SYNVISC」商標均由單純外文所構成，別無其他圖樣或文字設計可資區別，且均非固有意義之字彙，無法藉由其字義來理解，以非習用英文之我國國民而言，僅能以對於整串英文字母之概括印象予以區辨，然兩商標占整體商標圖樣較多比例之字尾「VISC」均相同，第 2 個字母亦皆為「Y」，整體外觀及讀音均有相仿之處，以具有普通知識經驗之消費者，於異時異地隔離觀察或實際交易連貫唱呼之際，實不易區辨，或易產生其為系列商標之聯想，應屬構成近似之商標，且近似程度高。

㈢商品、服務是否類似暨其類似之程度

　　「HYVISC」商標與「SYNVISC」商標指定使用之商品均為於醫療院所經常共同使用而具相關連之商品，其在功能、用途、產製主體、行銷管道、販賣場所及消費族群等因素上具有共同或關連之處，依一般社會通念及市場交易情形，應屬構成同一或高度類似之商品。

㈣相關消費者對各商標熟悉之程度

　　依原告及參加人所提之現有證據資料，「SYNVISC」商標應較「HYVISC」商標為我國相關消費者所熟悉，而應給予較大之保護。

㈤原告就「HYVISC」商標之註冊申請並非善意

　　依卷內證據所示，原告於「HYVISC」商標申請日前，應已知悉「SYNVISC」商標使用於關節腔注射劑產品之事實，然原告仍採取與「SYNVISC」商標完全相同之「VISC」結尾，申請高度近似系爭「HYVISC」商標，堪認該商標之申請註冊，顯屬惡意。

㈥結　論

　　綜上，法院認兩商標識別性均高，惟「HYVISC」商標與「SYNVISC」商標圖樣近似程度高，另指定使用之商品屬構成同一或高度類似之商品，相關消費者對「SYNVISC」商標較為熟悉而應給予較大之保護，且「HYVISC」商標之申請人並非善意，堪認「HYVISC」商標之註冊，有致相關消費者誤認其與「SYNVISC」商標商品係來自相同來源或雖不相同但有關聯之來源，而有混淆誤認之虞，自有商標法第 30 條第 1 項第 10 款規定之適用。

　　另外，原告雖主張「VISC」用在玻尿酸產品很普遍，應屬弱勢文字，且兩商標之外觀讀音並不相同，不構成近似，惟智慧財產法院指出，「VISC」雖代表玻尿酸具黏性之特性，但該商標創意來源及其意義，非相關消費者由商標圖樣外觀所能知悉，相關消費者並非當然知悉「VISC」即為「VISCOSITY」之縮寫。消費者判斷商標是否近似，僅得由客觀上商標所呈現予消費者之整體圖樣，

判斷商標是否近似。法院進一步說明，一般消費者在不同地點或時間選購商品時，係憑藉未必清晰完整之印象，而並非將商標並列比對，兩造商標之外文字尾均包括「VISC」，就外觀而言已構成近似，有致消費者混淆誤認之虞。

使用他人商標宣傳抽獎活動贈品，非商標侵權使用

▪智慧財產法院 105 年度民商上字第 12 號民事判決

蔡瑞森／陶思妤

一、法律問題

依商標法第 36 條第 2 項本文規定，「附有註冊商標之商品，由商標權人或經其同意之人於國內外市場上交易流通，商標權人不得就該商品主張商標權」。本條文為我國「商標權耗盡」之明文規定。亦即，附有註冊商標之商品經第一次交易後，取得附有註冊商標之商品之一方得將商品轉賣，抑或是將商品作為抽獎贈品，商標權人皆無干涉之權利。然而，取得此等商品之一方，是否可將商標作為廣告宣傳之用，在實務上則素有爭議。

針對此爭議，智慧財產法院於 105 年度民商上字第 12 號民事判決中揭示，使用他人商標以宣傳抽獎活動贈品，非商標侵權使用。

二、本件事實

於該具體個案，被告使用商標權人之商品作為抽獎活動之贈品。對此，商標權人主張，被告未經商標權人同意，卻基於行銷之目的大量使用與商標權人相同之商標、圖樣、產品照片於看板、布條、貼紙等抽獎活動宣傳廣告中，該等行為已構成對商標權人之商標權侵害。

三、智慧財產法院之認定

本案法院首先說明，根據商標法第 5 條第 1 項、第 2 項明文，商標之使用，係指為行銷之目的，而有下列情形之一，並足以使相關消費者認識其為商標者：

㈠將商標用於商品或其包裝容器。

㈡持有、陳列、販賣、輸出或輸入前款之商品。

㈢將商標用於與提供服務有關之物品。

㈣將商標用於與商品或服務有關之商業文書或廣告。

　　而所謂行銷，係指向市場銷售作為商業交易之謂，行銷範圍包含國內市場或外銷市場。

　　本案法院解釋，商標權人應舉證證明被告有行銷商品之目的，並有標示商標之積極行為，而所標示者足以使相關消費者認識其為商標，始可認定被告之行為符合商標之使用要件。

　　根據上述論述，法院從本案具體事實中指出，被告於其抽獎活動宣傳廣告中，均有標註自身之商標及公司名稱等文字。整體觀之，法院認為被告行為之主要目的僅在使相關消費者得以認知被告有將商標權人之商品作為抽獎禮物，而非用以表彰被告自身之商品。因此，法院認為被告之行為非商標法上之商標使用，不構成商標權人之商標權侵害❸。

---

❸　嗣後，本案商標權人因不服智慧財產法院之判決，將本案上訴最高法院。最高法院於 107 年度台上字第 2423 號民事裁定駁回上訴，全案確定。

將他人商標作為主題標籤 (Hashtag) 不構成商標侵權，亦不構成不公平競爭行為

智慧財產法院 108 年度民商訴字第 12 號民事判決

蔡瑞森／陶思妤

一、法律問題

　　主題標籤 (Hashtag) 常見於社群媒體或網購平台，為能夠讓關鍵字轉變為可點擊之連結的一種標籤。只要在關鍵詞前加上井字號 (#)，使用者點擊該詞句時，便能在社群媒體或網購平台上找到同樣標有該關鍵詞的貼文。由於主題標籤能夠將各自獨立之社群媒體貼文集結串連，越來越多業者開始運用主題標籤，以增加其貼文之能見度。然而，若將含有他人商標之主題標籤置入自己之貼文，是否有侵害他人商標或是有不公平競爭之疑慮，仍待實務進一步釐清。智慧財產法院近日於 108 年度民商訴字第 12 號民事判決之具體個案中，對此爭議做出值得參考之揭示。

二、本件事實

　　本案原告為網路服飾銷售業者，以「QQBOW」為品牌設立電子商務網站，行銷各類服飾、皮包配件、飾品等，並業已取得「QQBOW」之商標註冊。原告主張，被告未經原告同意，在購物平台之商品描述中以主題標籤形式「#QQBOW」使用原告之商標，販售與原告同款式之衣服、配件，已侵害原告之商標權，且已違反公平交易法第 25 條之規定。

　　對此，被告則說明，其在商品描述使用之「#QQBOW」文字，係根據購物平台所提供之主題標籤 (Hashtag) 功能設定而來。該主題標籤 (Hashtag) 係為商品增加標籤功能，以串聯購物平台上所有與「QQBOW」主題關聯的資訊。因此，主題標籤 (Hashtag) 功能的本質並非在表彰商品或服務之來源，而僅是一種用於指示某商品「所在位置」的工具。

三、智慧財產法院之認定

　　智慧財產法院首先指出，根據商標法第 5 條❹明文，商標之使用，至少須符合使用人「主觀」上須為行銷目的而使用，且其使用在「客觀」上必須足以使相關消費者認識其為商標等要件。 就本案事實而言，「#QQBOW」 是以「QQBOW」作為主題標籤 (Hashtag)，可令使用者藉由主題標籤 (Hashtag) 連結到同一平台標記有相同標題之貼文。此等主題標籤 (Hashtag) 之使用方式，為社群媒體平台使用者所知，在客觀上並不足以使消費者認識其為商標，因此並非作為商標使用，無侵害原告之商標權可言。

　　有關原告公平交易法第 25 條❺之主張，智慧財產法院則表示，原告對於被告使用「QQBOW」 之行為是否係足以影響交易之欺罔或顯失公平之行為及程度之判斷事項，例如如何影響市場交易秩序、受害人數之多寡、造成損害之量及程度等，均未加以舉證。因此，原告主張被告有違反公平交易法第 25 條之行為，亦不足採。

---

❹　商標法第 5 條：「商標之使用，指為行銷之目的，而有下列情形之一，並足以使相關消費者認識其為商標：一、將商標用於商品或其包裝容器。二、持有、陳列、販賣、輸出或輸入前款之商品。三、將商標用於與提供服務有關之物品。四、將商標用於與商品或服務有關之商業文書或廣告 (第 1 項)。前項各款情形，以數位影音、電子媒體、網路或其他媒介物方式為之者，亦同 (第 2 項)。」

❺　公平交易法第 25 條：「除本法另有規定者外，事業亦不得為其他足以影響交易秩序之欺罔或顯失公平之行為。」

電視購物與購物網站業者之商標侵權責任

▪智慧財產法院 107 年度民商上更㈠字第 2 號民事判決

簡秀如／曾鈺珺

一、本件事實及法律問題

隨著電視與網路的普及，電視購物與網路購物已為現今產品銷售重要平台與管道。實務上，倘所銷售之商品係由供貨廠商所供應，電視台與購物網站等平台業者多要求供貨廠商於合約中擔保商品為真品。惟一旦遭商標權人追訴主張所銷售之商品侵害其商標權時，該等平台業者得否基於供貨廠商之擔保，主張其已盡查證義務而無過失，非無疑義。

智慧財產法院於 108 年 6 月 3 日作成 107 年度民商上更㈠字第 2 號民事判決，對電視台與購物網站業者於交易模式中之行為定位、查證義務等問題，表達見解。

該案之被告為台灣知名電子商務業者，遭國際知名精品業者控告於所經營之電視購物台與購物網站販售未經合法授權之仿冒手錶。

二、智慧財產法院之認定

法院審理後，認為被告之行為構成商標侵權，其論理摘要如下：

㈠被告為系爭侵權商品之出賣人，構成直接侵權行為

被告抗辯系爭手錶產品係由供應商銷售予消費者，被告僅為平台業者，並無銷售，故不構成侵權行為云者，然此說法未為法院所接受。

法院認為：被告經營之電視購物台對於系爭商品之廣告製播會議、廣告之製作及拍攝均有主導及決定權，供貨廠商僅能表達意見，且主持人係由被告聘僱；再者，訂購電話、客服人員諮詢、訂貨到售貨服務、開立發票等均係由被告處理，是以被告於銷售過程中涉入甚深，非僅為協助產品促銷之中介平台，實乃基於出賣人地位為商品之銷售。

又被告所經營之購物網站，並無提供實際供貨廠商之資訊，且從下單、諮

詢及售後服務、開立發票等事宜，均係由被告處理，可見被告並非單純提供網站平台供買方與賣方交易，而是以企業主之姿整合供應商，再提供充足資訊與便利的介面，吸引消費者購買商品，被告實為產品之出賣人。

(二)被告未盡善良管理人之注意義務，應有過失

被告辯稱，其已要求供貨商出具進口報單、海關進口完稅證明、真品切結書等，且被告無從知悉為仿冒品，已盡善良管理人之注意義務而無侵權過失可言。

惟法院認為，被告未向供貨廠商詢問遠低於市價之產品的來源、有無授權書或經銷證明書、如產品為平行輸入有無購入發票或購買憑證等，即遽然採信而販賣如此高單價的精品，實嫌草率。此外，判斷被告是否「盡善良管理人之注意義務」，並非係因被告「未能辨別出系爭手錶是仿冒品」，而是於進口報單與完稅證明等文件內容顯有違誤、不一致之情況下，有風險控管能力之被告卻消極不為控管，確實未盡善良管理人注意義務，應有過失。

(三)被告並不適用「數位通訊傳播法」草案而免除審查與監督責任

被告主張依「數位通訊傳播法」草案之精神，其為「數位通訊傳播服務提供者」，故對其所傳輸或儲存之他人資訊，不負審查或監督責任云者。

惟法院指出，須滿足「所傳輸之資訊係由使用者所發動或請求」、「未改變使用者存取之資訊」 等要件 ，方為該草案所定義之 「數位通訊傳播服務提供者」，進而得以免除審查或監督責任。惟系爭購物網站之內容與資訊並非供貨廠商所發動或請求，被告自非該法案所指之「數位通訊傳播服務提供者」，故仍有審查與監督責任。

又被告係以企業主之姿整合供貨廠商，提供充足資訊與便利的介面，吸引消費者直接向被告購買商品，被告營收利益、交易涉入程度、以及消費者之信賴程度，均遠高於單純提供網路中介服務之數位通訊傳播服務提供者，若僅由供貨廠商自行銷售系爭侵權手錶，實無法達到該案高額之銷售量，智慧財產法院因而認為被告實為該案商標侵權損害加重之推手，若其無庸負審查或監督責任，顯然有違事理之平。

商標戲謔仿作與商標侵權之界線與判斷

▪智慧財產法院 107 年度民商訴字第 1 號民事判決

簡秀如／曾鈺珺

一、法律問題

「商標戲謔仿作」係指模仿他人商標並對該商標有所變更，以達到詼諧、諷刺或批判等娛樂性。我國商標法未就商標戲謔仿作之適法性有所規範，然基於對言論自由、表達自由及藝術自由之尊重，實務判決已有肯認「商標戲謔仿作」並不構成商標侵權者。然而，雖商標戲謔仿作與被模仿之商標有一定之差異性，惟其本質上仍需與被模仿商標有一定之相似度與連結性，方能達到「詼諧、諷刺或批判等娛樂性」之效果，故如何衡平「避免混淆」之商標制度立法目的與「言論自由」之保障，並非無疑。智慧財產法院於 108 年 1 月 23 日作成之 107 年度民商訴字第 1 號民事判決，就前述二法益之界線與判斷，表達見解。

二、本件事實

該案中，一美容保養與美妝品牌廠商（被告 A）與另一多次翻玩經典精品包款之廠商（被告 B）聯名推出氣墊粉餅、手拿鏡與帆布袋等產品，而該等產品不僅印有高度近似於原告即某國際知名精品廠商之特定手提包款外觀設計之圖樣（即系爭商標），並使用與原告經典花紋圖樣與彩色呈現方式近似程度甚高之圖案。

三、智慧財產法院之認定

智慧財產法院於上開判決中表示：「商標戲謔仿作」模仿知名商標必須具詼諧、諷刺或批判等娛樂性，並同時傳達二對比矛盾之訊息，且應對於「避免混淆之公共利益」與「自由表達之公共利益」予以衡平考量。該案判決進一步指出，雖被控侵權圖案促使消費者與原商標產生聯想，惟倘其已成功傳達係對原商標諷刺揶揄之仿作，而呈現藝術創作、言論自由之公共利益，且未致消費者

有混淆誤認之虞，亦無減損原商標之識別性及信譽之虞，即不為原商標人商標權效力所拘束，而應受保護。

　　本案中，智慧財產法院認為被控侵權產品所使用之圖案確實與系爭商標近似程度甚高，故已促使消費者與系爭商標產生聯想，然而被控侵權產品展現有別於原告華貴奢麗、精緻時尚之名牌包款，承襲一貫之社會省思，確為言論、藝術自由表達之公共利益之展現；此外，被控侵權產品乃美妝品，主要客群為對流行時尚資訊較為敏感之女性，對相關商品之品牌關注程度必然甚高，應有足夠之敏銳度可分辨仿作與原作並非相同來源，又被告 B 公司自 101 年來持續於我國傳遞環保翻玩時尚品牌形象，而被控侵權產品將圖形與被告 A 及 B 聯名品牌名稱於同一版面之上下位置同時呈現，更能促使觀者一望即知其諧謔之意，益證並無混淆誤認之虞，亦未減損原告相關商標之識別性或信譽。故被控侵權產品自應受商標戲謔仿作之保護，不為商標權人商標權效力所拘束。

得否主張商標戲謔仿作 (parody) 不違反商標法之判斷，應參酌我國國情及商標使用之商品等因素

🔖智慧財產法院 107 年度民商訴字第 1 號民事判決
🔖智慧財產法院 108 年度民商上字第 5 號民事判決

蔡瑞森／陶思妤

一、法律問題

　　根據我國商標法，未經商標權人同意而使用相同或近似之商標，使用於同一或類似之商品服務而有致混淆誤認之虞者，為侵害商標權之行為。在學理上，基於對言論自由、表達自由及藝術自由之尊重，有所謂商標之「戲謔仿作」(parody) 之抗辯，以合理限制商標權之行使。我國實務上亦已有判決作出「戲謔仿作」並不構成商標侵權之認定。但在何等情形下得主張商標之「戲謔仿作」，而「避免商標混淆」與「自由表達」之公共利益又應如何衡平考量，我國實務上目前仍有爭議。對此，智慧財產法院於 108 年度民商上字第 5 號民事判決中，表達了值得參考之見解。

二、本件事實

　　本案之被告為一化妝品廠商，與另一多次翻玩經典精品包款之帆布包廠商聯名推出氣墊粉餅、手拿鏡與帆布袋等產品。在該等產品上，被告使用了與原告之特定手提包款外觀設計之圖樣，以及其經典花紋圖樣近似程度甚高之圖案。被告主張，該帆布包廠商在美國法院已被認定為商標戲謔仿作 (parody) 之合理使用，全案在美國已確定。

三、智慧財產法院之見解

　　智慧財產法院於本案第一審判決 107 年度民商訴字第 1 號民事判決中指出，被告持續於我國傳遞翻玩時尚品牌形象，且被控侵權產品主要客群為對流行時尚資訊較為敏感之女性，應有足夠之敏銳度可分辨仿作與原作並非相同來源。因此，第一審法院認為被控產品並無混淆誤認之虞，亦未減損原告相關商

標之識別性或信譽，故自應受商標戲謔仿作 (parody) 之保護，不為商標權人商標權效力所拘束。

　　然而，智慧財產法院於第二審判決 108 年度民商上字第 5 號民事判決中，翻轉了前審對於商標戲謔仿作 (parody) 之認定。法院第二審判決中首先釐清，在我國商標法之規範下，主張戲謔仿作合理使用之人可主張其使用的方式僅為戲謔詼諧之言論表達，非作為表彰自己商品或服務來源的「商標使用」。如前述抗辯不成立，主張戲謔仿作合理使用之人亦可主張其使用之行為不致造成相關消費者的混淆誤認。

　　法院進一步說明，本案被控侵權商品為粉餅、手拿鏡及小束口袋等商品，非美國法院判決脈絡下之帆布包。由於商品屬性及功能迥異，並無法達到帆布袋所產生之詼諧、揶揄之意涵。此外，本案涉及之玩笑為源自於美國之經典笑話，台灣之消費者依其生活經驗實難產生任何好玩、有趣之笑點。綜上所述，被告之行為構成商標法第 70 條第 1 項第 1 款之視為侵害商標權行為。

商標訴訟──保護標的

商標圖樣中之文字及圖形於著作權法上似享有不同之命運

◦智慧財產法院 103 年度民著訴字第 84 號民事判決
◦智慧財產法院 104 年度民著上易字第 11 號民事判決

沈宗原

一、法律問題

　　申請商標之圖樣通常可包括單純文字、單純圖形或者文字與圖形之結合式，然而，上開不同的商標圖樣，是否均可享有著作權保護，智慧財產法院於 104 年 6 月 8 日 103 年度民著訴字第 84 號民事判決及其上級審 105 年 2 月 4 日 104 年度民著上易字第 11 號民事判決均採取否定見解，亦即，智慧財產法院均認為商標圖樣中之圖形或可受著作權法保護，但文字則不受著作權法保護。

二、本件事實

　　本件原告起訴主張其為銷售發電機等相關系列產品至世界各地，故自行創造設計「SUNSHOW 及圖」之商標，其中文字部分之所以採用「SUNSHOW」之原因，係因「SUNSHOW」發音與中文詞組「雙手」非常近似，因而創造了全新英文單詞「SUNSHOW」，取其音譯；而圖形部分則象徵著上下交錯緊握之雙手。原告並主張「SUNSHOW 及圖」之商標於業界享有盛名，被告有充分接觸原告「SUNSHOW 及圖」商標之機會，詎被告竟抄襲原告享有著作權「SUNSHOW 及圖」，以完全相同之英文「SUNSHOW」字樣結合幾乎百分之百相同之圖形，向智慧財產局申請註冊商標，從而構成著作權之侵害。被告則抗辯「SUNSHOW」及圖形部分均不具原創性等，並抗辯其未曾接觸原告「SUNSHOW 及圖」，所申請之商標亦與「SUNSHOW 及圖」間不構成實質近似。

三、智慧財產法院之認定

一、二審法院於審理後，咸認為就「SUNSHOW」字體部分，其屬一般性活字字體 (typeface)，欠缺思想、感情之原創性，亦未具美學上之鑑賞價值，應認不可作為美術著作之標的；此外，原告自承「SUNSHOW」源自於雙手之音譯，因認為「SUNSHOW」的發音與中文詞組「雙手」非常近似，因而創造了全新英文單詞，故「SUNSHOW」文字應屬英文「標語」之性質，則依著作權法第 9 條第 1 項第 3 款規定，即不得為著作權之標的。職是，原告就「SUNSHOW」文字部分不應享有著作權。

然而，就圖形部分，一、二審法院則均認為該部分並非簡單的圖形，而係結合上下幾何圖形結合成整體圖面，呈現上下交錯緊握之雙手，其整體創作具有獨特性，並表現出原創性，因而認定其為具有創作性圖片之美術著作，並進而認定被告所申請之商標符合接觸與實質近似等要件，且被告有侵害該美術著作之主觀過失，故判決被告應賠償原告所受之損害。

就商標圖樣是否享有著作權保護乙事，智慧財產法院似採取分割之作法，亦即將商標圖樣區分為文字及圖形部分分別認定，且如商標圖樣中文字部分如僅為一般性活字字體且屬「標語」性質，則商標圖樣中之文字及圖形於著作權法上即有可能享有不同之命運。

商標訴訟——真品平行輸入

真品平行輸入商品未經授權不得使用商標行銷

- 台灣台北地方法院 105 年度智易字第 2 號刑事判決
- 智慧財產法院 104 年度民著訴字第 33 號民事判決

蔡瑞森

一、法律問題

依據商標法及目前之實務多數見解，真品平行輸入並不違反商標法，但如為著作權法所保護之客體，則另涉及著作權法有關真品平行輸入限制之問題。

至於真品平行輸入後，得否未經商標權人同意而於廣告或其他文宣使用該商品之中文或英文商標行銷商品，乃實務之另一重要爭議問題。最高法院或其他各級法院向來之多數見解，均認為使用商標行銷平行輸入商品，並非商標法所定義之商標使用，僅為銷售商品之告知，即使未經商標權人之同意，並不違反商標法。儘管如此，台灣台北地方法院刑事庭及智慧財產法院分別於 105 年及 104 年間針對特別真品平行輸入之案件，則採與向來實務不同之見解，認為未經商標權人之同意或授權使用註冊商標行銷商品，乃違反商標法。

商標法並未明確定義或規範真品平行輸入，然依目前之實務見解，係指進口商自他國輸入我國市場的商品，係由商標權人（指在我國取得商標權之人）本人或經其授權或同意之人合法製造並使用商標，而已於他國市場上交易流通的商品，但非為我國經銷商或代理商在市場上銷售的商品，一般又稱為「灰色商品」。所稱平行輸入的商品，即相當坊間常聽到的「水貨」，指的是商品經非代理商由國外其他貨源購得與代理商販售相同廠牌的商品，該商品若係由商標權人或其授權使用人或經其同意而產製的商品，即為真品，並非仿冒品或贗品，且經由合法方式進口至台灣地區販售者而言。

依據最高法院目前的見解，真品平行輸入台灣並加以販售，並不構成侵害商標使用權，也就是並不會違反商標法，且有增加消費者選擇之優點。承認真品平行輸入，其商品價錢往往較代理商銷售的商標商品來得便宜，與一般代理

商所銷售的產品區別，通常在於水貨沒有保固期間或是免費維修方面的售後服務。因此，如未為任何加工、改造或變更，逕以原裝銷售時，因其商品來源正當，不致使商標權人或其授權使用者之信譽發生損害，復因可防止市場之獨占、壟斷，促使同一商品價格之自由競爭，消費者亦可蒙受以合理價格選購之利益，在未違背商標法之立法目的範圍內，應認已得商標權人之同意而進口或進而銷售該商品。

二、台灣台北地方法院 105 年度智易字第 2 號刑事判決

㈠本件事實

　　被告未經商標權人同意或授權，在其住處使用電腦連結網際網路，在網站架設部落格，與臉書網站架設粉絲專頁，使用「薇霓肌本」商標，用於販售自美國平行輸入之「VANICREAM」系列商品之代購文章中，於同一商品及服務，使用相同於商標權人之前開商標，嗣經商標權人報警查獲。

㈡台灣台北地方法院：真品平行輸入不違反商標法，惟未經商標權人之同意或授權，不得使用商標行銷商品

　　依據該判決之見解，平行輸入真品雖使國內消費者獲得較多之選擇，享有自由競爭之利益，促進商品價格合理化，惟依國際耗盡原則，商標權人僅就該平行輸入之「真品本體」不得主張商標權，除此之外進而使用商標之行為（例如在網際網路陳列附有商標之真品影像販售，或於平行輸入真品之廣告使用商標權人之商標）仍應受商標法之保護，俾以兼顧商標權人投資鉅額之廣告、行銷成本，所建立該項商品之知名度與市場占有率，不致被平行輸入真品之進口商所利用；則被告在部落格、粉絲專頁使用商標權人擁有之「薇霓肌本」商標，用於販售自美國平行輸入之「VANICREAM」系列商品之代購文章中，其使用之「薇霓肌本」商標，並非平行輸入之「VANICREAM」真品本體，商標權人仍得主張前開商標權，自不得認有國際耗盡情事，被告所為已構成商標權之侵害。

三、智慧財產法院 104 年度民著訴字第 33 號民事判決

㈠本件事實

　　被告未獲原告同意及授權，於其營業處所及其經營之網頁，利用原告創作之廣告文案、圖片及原告所註冊之「VANICREAM」商標、「薇霓肌本」商標圖樣，從事上開商標商品之進口、銷售業務。

㈡智慧財產法院：真品平行輸入不違反商標法，惟未經商標權人之同意或授權，不得使用商標行銷商品

　　由於平行輸入之商品本身並不違反商標法，商標權人於台灣台北地方法院 105 年度智易字第 2 號刑事判決確定後，雖依商標法聲請將平行輸入商品專科沒收，台灣台北地方法院 105 年度聲字第 1216 號刑事裁定則以該院 105 年度智易字第 2 號刑事判決理由，僅認定被告使用商標權人之「薇霓肌本」商標，刊登網路販售文章為侵害商標權之行為，但依國際耗盡原則，就「平行輸入之真品本體」部分，商標權人則不得主張商標權，則扣案之「薇霓肌本防曬乳液」既無從證明為仿冒品，核與商標法所定得專科沒收之要件不符，商標權人就此部分聲請單獨宣告沒收，即屬無據，應予駁回。

智慧財產法院認定國內外商標權人不同時，不得主張真品平行輸入

▪智慧財產法院 105 年度民商上字第 14 號民事判決

蔡瑞森

一、法律問題

依據商標法及目前之實務多數見解，真品平行輸入並不違反商標法，但如為著作權法所保護之客體，則另涉及著作權法有關真品平行輸入限制之問題。

嚴格言之，商標法並未明確定義或規範真品平行輸入，目前多數實務見解雖援引商標法第 36 條第 2 項前段規定，作為真品平行輸入不違反商標之論據，然而究竟那些類型得視為合法之平行輸入，目前實務見解仍相當分歧。

智慧財產法院 105 年度民商上字第 14 號民事判決闡明商標法第 36 條第 2 項前段規範意涵，具體認定進口商品之國外商標權人與國內商標權人不同時，進口商不得主張真品平行輸入之抗辯。

依目前之多數實務見解，商標真品平行輸入係指進口商自他國輸入我國市場的商品，係由商標權人（指在我國取得商標權之人）本人或經其授權或同意之人合法製造並使用商標，而已於他國市場上交易流通的商品，但非為我國經銷商或代理商在市場上銷售的商品，一般又稱為「灰色商品」。所稱平行輸入的商品，即相當坊間常聽到的「水貨」，指的是商品經非代理商由國外其他貨源購得與代理商販售相同廠牌的商品，該商品若係由商標權人或其授權使用人或經其同意而產製的商品，即為真品，並非仿冒品或贗品，且經由合法方式進口至台灣地區販售者而言。

二、本件事實

上訴人（原審原告）為我國進口商，向美國原廠訂購該品牌商品（下稱「系爭產品」），為真品平行輸入之水貨，其主張美國原廠既同意在市場上將附有商標之商品第一次銷售或流通時，向上訴人取得報酬，即已產生權利耗盡，上訴人取得系爭產品受商標法第 36 條第 2 項規定之保障。而我國商標法第 36 條第

2 項明文承認「真品平行輸入」之正當性，並採國際耗盡原則，即自國外輸入經商標權人或被授權人同意使用商標之商品時，不構成商標之侵害，縱事後將智慧財產權讓與他人，對已由第一次市場行為進入國外市場的商品而言，對價平衡的狀態並未改變。惟被上訴人（原審被告）持續向第三人行使其註冊之系爭商標，已妨害上訴人合法販售平行輸入真品之權利。

　　被上訴人則抗辯其為系爭商標之我國合法註冊商標權人，依商標法第 35 條之規定，在國內本有商標使用排他權。又我國商標法係採註冊主義及屬地主義，本件國內外商標權人既非屬同一人，縱國外商標權人欲將商品輸入我國，亦須經我國商標權人即被上訴人之同意，而上訴人所進口販售之系爭產品既非向被上訴人所購得，自不符合商標法第 36 條第 2 項真品平行輸入、權利耗盡之法律要件。

三、智慧財產法院之認定

㈠國內外商標權人不同時，不得主張真品平行輸入

　　商標法第 36 條第 2 項前段規定：「附有註冊商標之商品，由商標權人或經其同意之人於國內外市場上交易流通，商標權人不得就該商品主張商標權。」此即為商標權之「耗盡原則」(The principle of exhaustion) 或「第一次銷售理論」(First Sales Doctrine)。該條係於 82 年修法時所新增，其立法理由謂：「附有商標之商品由商標專用權人或經其同意之人於市場上交易流通後，商標專用權即已耗盡，對於持有或繼續行銷該商品之第三人，不得再為主張商標專用權。」嗣於 100 年修法時文字略作修正，將「市場」修正為「國內外市場」，其立法理由謂：「本項為商標權國際耗盡理論之揭示。原條文中之『市場』，包括未明示之『國外市場』，為明定本法係採國際耗盡原則，爰增列『國內外』等文字。」由此可知，我國商標法係採國際耗盡原則，其意指商標權人或被授權人在市場上將附有商標之商品，在國內或國外為第一次銷售或流通時，即已取得報酬，則附有商標之商品由製造商販賣予零售商至相關消費者之垂直轉售過程已存在商標之默示授權使用，故商標權已在該商品第一次販賣時耗盡，當此商品於市場上再度流通時，原則上商標權人即不得再主張其商標權。此原則之目的在於，商標權人對於其商標雖享有獨占實施之權利，惟不應給與商標權人就同一權利

重複獲利。易言之，商標權人既將附有商標商品於市場上流通並取得合理報酬或對價，其商標權已獲得滿足，自不得對商標權人已為第一次銷售之商品再重複行使商標權，禁止他人在市場上再次銷售該產品。

㈡本件國內商標權人得對進口商主張商標權

系爭產品係進口商向美國原廠所購買，而非向國內商標權人所購買，因此，依前開所述之商標權利耗盡原則，美國原廠既已在市場上將附有系爭商標之商品第一次銷售，則其商標權已耗盡，美國原廠固不得本於商標權人地位向進口商主張權利，然而系爭商標於我國係由另一家公司取得商標權，而非由美國原廠取得商標權，且系爭產品並非由國內商標權人在市場為第一次流通，對本件國內商標權人而言，其對系爭產品既無「第一次銷售行為」，而從未對系爭產品取得任何報酬，則自無所謂「商標權耗盡」可言，國內商標權人自非商標法第 36 條第 2 項所稱之「商標權人」，而無該項有關權利耗盡原則之適用，其自得對進口商主張系爭商標權。

銷售加工改造之進口真品，無法主張真品平行輸入不構成商標侵權之抗辯

🔲 台灣台北地方法院 106 年度智易字第 52 號刑事判決

蔡瑞森

一、法律問題

　　依據目前多數實務見解，商標商品之真品平行輸入固不違反商標法，惟如該商品未經商標權人之同意或授權而加以加工、改造或變更，而仍附加商標權人之註冊商標銷售時，是否仍得主張進口或銷售所謂之真品，不構成商標侵權或不違反商標法，則恐有疑義。

二、本件事實

　　被告擔任負責人之公司以進口日商公司所製造之印表機、事務機及周邊配備為其營業項目之一，且於公司網站上載有銷售日商公司生產之美國規格碳粉匣，並標明「本公司進口的商品均由美國原裝原箱最佳品質在台販售」等文字。其明知日商公司向我國智慧財產局依法申請而取得系爭商標權，指定使用於印表機及其碳粉匣等商品，卻仍未獲商標權人之同意或授權，指示其公司員工拆裝美國原始包裝，擅自於碳粉匣塑膠外殼上，以燒融之方式加工出凹洞後交付，日商公司認此係侵害其系爭商標而向台灣台北地方法院檢察署提出告訴。

三、法院之認定

㈠銷售加工改造之進口真品，無法主張真品平行輸入不構成商標侵權之抗辯

　　「真正商品平行輸入」之進口商，對其輸入之商標專用權人所產銷附有商標圖樣之真正商品，苟未為任何加工、改造或變更，逕以原裝銷售時，因其商品來源正當，不致使商標專用權人或其授權使用者之信譽發生損害，復因可防止市場之獨佔、壟斷，促使同一商品價格之自由競爭，消費者亦可蒙受以合理價格選購之利益，在未違背商標法之立法目的範圍內，應認已得商標專用權人

之同意為之，並可為單純商品之說明，適當附加同一商標圖樣於該商品之廣告等同類文書上；反之，倘非原裝銷售，擅予加工、改造或變更，而仍表彰同一商標圖樣於該商品，或附加該商標圖樣於商品之廣告等同類文書加以陳列或散布之結果，足以惹使消費者發生混淆、誤認其為商標專用權人或其授權之使用者、指定之代理商、經銷商時，自屬惡意使用他人商標之行為，顯有侵害他人商標專用權之犯意，應依其情節，適用商標法之刑罰規定論處。

㈡本件被告非原裝銷售，並擅自對所進口之商品進行外觀改造，已侵害商標專用權

　　台灣台北地方法院於該個案具體指出，被告進口平行輸入商品後，指示員工拆裝美國原始包裝，於碳粉匣塑膠外殼上，以燒融方式予以加工出凹洞，以符合台灣印表機之結構設計，因產品外觀與原商品已非同一，顯非原裝銷售，而其商品上仍有商標權人所有之系爭商標，客觀上顯係利用該商標以利行銷，已構成該等商標之使用無訛。再者，被告並未獲得商標權人之同意或授權，且知悉其進口之美規碳粉匣無法安裝於商標權人於台灣所銷售之主機等情，仍擅自對所進口之商品進行外觀改造，自難謂無侵害他人商標權之故意。此外，該碳粉匣經商標權人認定被告所進行加工改造之凹洞將影響印表機之列印品質，為侵害商標權之商品。商標之作用乃在表彰自己之產品，使一般購買者認識該商標之商品，並藉以辨別商品來源及信譽，足見被告上開改造行為，確已損害商標權人之商標及商譽。從而，被告為順利銷售，對所進口之商品進行外觀改造，已非商標權人原本所授權製造販售之商品，即屬侵害商標專用權之行為。

商標於國內外分屬不同商標權人，仍有可能主張權利耗盡原則之適用

◥最高法院 108 年度台上字第 397 號民事判決

蔡瑞森／陶思妤

一、法律問題

　　所謂「真品平行輸入」，係指在未經商標權人同意下，自行從國外進口同一商標真正商品之行為。現行實務見解多援引商標法第 36 條第 2 項前段規定，作為真品平行輸入不違反商標法之論據。根據該條文，附有註冊商標之商品，由商標權人或經其同意之人於國內外市場上交易流通，商標權人不得就該商品主張商標權。然而，「商標權人或經其同意之人」是否限定為「同一權利人」，目前則仍有爭議。 最高法院於 109 年 1 月 16 日作成之 108 年度台上字第 397 號民事判決對此爭議做出了值得參考的見解。

二、本件事實

　　本案上訴人在美國向訴外人（即原廠，系爭商標於美國之商標權人）官網訂購附有系爭商標之商品，再將該等商品進口至台灣。本案被上訴人則係原廠在台灣之授權零售商，為系爭商標在台灣之商標權人。由於被上訴人持續向臉書等各大通路行使其在台灣之商標權，上訴人遂提起本訴訟，主張被上訴人就真品平行輸入之水貨，不得向上訴人主張商標權。

　　本案第一審及第二審法院認為， 商標法第 36 條第 2 項規定權利耗盡原則之適用，係以附有商標商品於第一次銷售時國內外商標權人為同一人之情形，上訴人自不得對被上訴人主張權利耗盡。

三、最高法院之認定

　　針對此爭議，最高法院觀察上開條文之立法意旨並說明，商標權人對於經其同意而流通於市場之商品，倘無商標法第 36 條第 2 項但書之情形，不問第一次投入市場在國內或國外，都不能再主張其權利。又商標權人以相同圖樣自行

或授權他人於不同國家註冊商標，雖然在屬地主義概念下是不同的商標權，但其圖樣相同，本質上排他權的發生亦源自於同一權利人，不同國家之商標權人，只要彼此具有授權或法律上關係，亦對經授權註冊之商標權人發生耗盡結果。

最高法院針對本案事實指出，系爭商品所附商標之權利耗盡，是否未及於原廠同意在我國取得同一圖樣商標權之被上訴人，原審未察而逕謂被上訴人未自系爭商品第一次銷售或流通時取得報酬，商標法第 36 條第 2 項規定權利耗盡原則僅適用於國內外商標權人為同一人之情形，不無違誤。因此，最高法院認定本件上訴為有理由。

商標訴訟——商標使用

智慧財產法院認定贈品仍可能構成商標使用

智慧財產法院 103 年度行商訴字第 140 號行政判決

蔡瑞森

一、法律問題

商標使用乃商標法規範之核心問題之一。商標連續 3 年未使用，可能構成商標廢止事由；著名商標之保護，亦需考量商標使用之狀況是否構成著名；商標侵權是否成立，更需以商標使用為前題。

商標法第 5 條規定：「按商標之使用，指為行銷之目的，而有下列情形之一，並足以使相關消費者認識其為商標：一、將商標用於商品或其包裝容器。二、持有、陳列、販賣、輸出或輸入前款之商品。三、將商標用於與提供服務有關之物品。四、將商標用於與商品或服務有關之商業文書或廣告（第 1 項）。前項各款情形，以數位影音、電子媒體、網路或其他媒介物方式為之者，亦同（第 2 項）。」又同法第 57 條第 3 項規定：「依前項規定提出之使用證據，應足以證明商標之真實使用，並符合一般商業交易習慣。」此於商標法廢止章節之第 67 條第 2 項準用之。

依商標法第 5 條規定，商標使用限於「行銷之目的」。依往昔實務見解，所謂之「行銷之目的」乃侷限於有償之行為，不包括無償行為。因此，贈品通常不會被認定為商標使用。然而，經智慧財產局邀集智慧財產法院及其他各界專家及學者共同討論，並參酌其他國家之立法例及實務見解後，智慧財產局或智慧財產法院針對特定條件下之贈品，於具體個案已認定為商標使用。

二、智慧財產法院之認定

智慧財產法院 103 年度行商訴字第 140 號行政判決於涉及 VALENTINO 商標商品贈品之商標廢止事件，針對銷售 VALENTINO 各類商品達一定金額，即贈送 VALENTINO「香水」之行為，認定 VALENTINO 於香水類商品之贈送

行為，構成於香水類之商標使用。智慧財產法院 103 年度行商訴字第 128 號行政判決針對 VALENTINO 另一系列商標之贈品爭議，亦採相同見解。

　　智慧財產法院指出系爭 VALENTINO 商標用於 「香水」 商品及其包裝盒上，與商品相結合，足使消費者認識系爭商標，且藉由優惠促銷之商業交易過程，贈送標示有系爭 VALENTINO 商標之香水商品，傳遞行銷於市場的商業訊息，達到商標指示商品來源的功能，使消費者透過香水贈品認識系爭商標，應已符合商標法第 5 條所稱之 「商標使用」。

善意先使用不受商標權拘束之主張限於台灣地區之商標使用

■智慧財產法院 103 年民商上字第 1 號民事判決

蔡瑞森

一、法律問題

　　商標法有關商標使用之地區範圍，究竟是否包括台灣以外之國外使用情形，商標法欠缺規範，依據實務之見解，需視主張之事由而定。商標法第 36 條第 1 項第 3 款規定，在他人商標註冊申請日前，善意使用相同或近似之商標於同一或類似之商品或服務者，不受他人商標權效力所拘束，係商標權效力之例外規定。至於善意先使用之地區，是否包括國外使用之情形，商標法並未明文規範。智慧財產法院 103 年度民商上字第 1 號民事判決❻則明確揭示應限定於台灣地區之使用，不包括國外使用之情形。

二、智慧財產法院之見解

　　智慧財產法院指出商標權之效力範圍有屬地主義之適用，因此，商標權效力之例外規定，亦有屬地主義之適用。如果任何在國外善意先使用之商標，均可至台灣地區主張善意先使用，不僅使在台灣未註冊而未受保護之商標，可受台灣商標法之保護，亦使在台灣註冊之商標權人權益受限。國外先使用之商標權人為避免搶註之情事，除可主張優先權至台灣註冊外，亦得依商標法第 30 條第 1 項第 12 款有關搶註他人先使用之商標不得註冊之規範，對商標權人提起異議或評定，撤銷其商標權，自無須賦予國外先使用人主張善意先使用之保護。商標法第 36 條第 1 項第 3 款之善意先使用地區，不包括國外先使用之情形。

---

❻　智慧財產法院 103 年度民商上字第 1 號民事判決於 106 年 7 月 27 日為最高法院 106 年度台上字第 118 號民事判決所廢棄。

商標因被授權人不當使用而廢止

▪最高行政法院 105 年度判字第 283 號行政判決

蔡瑞森

一、法律問題

　　商標法第 63 條第 1 項第 1 款、第 2 項規定：「商標註冊後有下列情形之一，商標專責機關應依職權或據申請廢止其註冊：一、自行變換商標或加附記，致與他人使用於同一或類似之商品或服務之註冊商標構成相同或近似，而有使相關消費者混淆誤認之虞者。」、「被授權人為前項第一款之行為，商標權人明知或可得而知而不為反對之表示者，亦同。」因此，商標被授權人如自行變換商標或加附記，致與他人使用於同一或類似之商品或服務之註冊商標構成相同或近似，而有使相關消費者混淆誤認之虞，如商標權人明知或可得而知而不為反對之表示時，雖非商標權人自己之商標使用行為，亦構成商標廢止之事由。然而，「被授權人為前項第一款之行為，商標權人明知或可得而知而不為反對之表示者」應如何認定，乃重要之實務問題。

二、最高行政法院之見解

　　最高行政法院 105 年度判字第 283 號行政判決揭示，商標法第 63 條第 1 項第 1 款立法意旨，除在制止已註冊商標之違法不當使用，亦在保障市場公平競爭，而非在懲罰商標權人或排除商標權。因此，本條第 1 項第 1 款之「致相關消費者致混淆誤認之虞」為廢止商標的構成要件之一，與「自行變換商標或加附記」並列，缺一不可。再者，基於行為人自己責任之法理，原不宜將被授權人違法使用之不利益歸由商標權人承擔，然商標授權人對於被授權人使用商標的情形，應負有保持品質實質監督責任，是以商標權人明知或可得而知（需達幾近於明知或難以諉為不知的情形）被授權人有本條第 1 項第 1 款所規定全部違法構成要件之情事，而不為反對之表示時，商標權人方與被授權人相同，得由商標專責機關廢止其商標註冊。再從商標使用的實務面觀之，商標權人因推廣其商標及其指定使用商品或服務，授權他人使用商標係屬必要，本條第 2

項規定之被授權人並未限定何種類,其被授權人資格良莠不齊。再因授權各地商標法規不同,對自行變換商標或加附記商標是否違法寬嚴不一,規範亦異,該授權地域內其他衝突商標之使用或註冊情形,亦非商標權人知曉。若因被授權人之恣意「自行變換或加附記」而使用商標,將明知或可得而知之行為放寬僅在於「自行變換商標或加附記」,而忽略「致生混淆誤認之虞」結果之事實,即認應與被授權人之行為具同一效果被廢止商標者,將導致商標權無法推廣,或陷商標權之存否於不可預測之危險。

最高行政法院具體指出,適用本條第 2 項典型事例,例如商標權人接獲他商標權人警告函或被授權人之「自行變換商標或加附記」與他商標權人已在行政程序爭執中,而商標權人明知或可得而知,仍任由被授權人違法使用者,方屬該當。

最高行政法院認定原審智慧財產法院 104 年度行商訴字第 37 號行政判決有判決理由不備之違背法令之處。最高行政法院指出本件原審判決對商標權人是否明知或可得而知而不為反對該經被授權人自行變換或加附記之商標圖示,「致相關消費者混淆誤認之虞」此一重要構成要件,未置一詞,其判決理由自屬不備。智慧財產法院應查明相關事證,如訊問本件被授權人實情,或據以廢止商標之商標權人發警告函後,商標權人之反應如何?以究明商標權人就被授權人自行變換或加附記之商標與據以廢止商標,是否對「致相關消費者混淆誤認之虞」此一要件,明知或可得而知而不為反對?

針對原審智慧財產法院所認定之事實,包括商標權人獨家授權被授權人在台灣使用,可認定商標權人對於其在台灣獨家被授權人如何使用其授權之商標一事,知之甚稔。而上開授權長達 5 年餘之期間,商標權人豈有完全毫無聞問之理。另商標權人再與被授權人就系爭商標簽訂延長授權契約,商標權人自會瞭解被授權人就系爭商標於商品之實際使用狀況,始決定是否同意延長系爭商標之獨家授權等情。最高行政法院指摘該等事實無法證明商標權人明知或可得而知而不為反對被授權人對系爭商標自行變換或加附記。

最高行政法院將智慧財產法院原審判決廢棄,發回智慧財產法院調查後,再由智慧財產法院另為適法之裁判。

商品製造前階段之商標使用並非商標法規範之商標使用

🔖 智慧財產法院 104 年度行商訴字第 153 號行政判決

蔡瑞森

一、法律問題

　　商標法第 63 條第 1 項第 2 款：「商標註冊後有下列情形之一者，商標專責機關應依職權或據申請廢止其註冊：二、無正當事由迄未使用或繼續停止使用已滿三年者。但被授權人有使用者，不在此限。」然而，有無使用商標，應如何認定，乃重要之實務問題。

　　商品製造前階段之商標使用，商品尚未上市，是否構成商標法規範之商標使用，極具爭議。智慧財產法院 104 年度行商訴字第 153 號行政判決❼針對一件商標廢止行政訴訟案件，則採否定見解。

二、本件事實

　　原告（即商標權人）前於 90 年 2 月 7 日以某商標，指定使用於申請時商標法施行細則第 49 條所定商品及服務分類表第 32 類之「啤酒、汽水、果汁汽水、礦泉水、蒸餾水、運動飲料、鈣離子水、果汁、果菜汁、酸梅汁、綜合果汁、仙草蜜汁、果汁露、麥苗汁、人蔘茶、奶茶、菊花茶、洛神茶、靈芝茶、含醋飲料」商品，向被告申請註冊，經智慧財產局核准列為註冊第 959006 號商標（即系爭商標）。嗣第三人於 102 年 9 月 26 日以系爭商標有違商標法第 63 條第 1 項第 2 款規定，向智慧財產局申請廢止其註冊。經智慧財產局審查，認系爭商標有迄未使用或繼續停止使用已滿 3 年之事實，於 104 年 1 月 21 日以中台廢字第 1020386 號商標廢止處分書，為系爭商標之註冊應予廢止之審定，原告不服，提起訴願，復為經濟部 104 年 10 月 27 日經訴字第 10406315570 號決定，以相同理由駁回其訴願，原告仍未甘服，遂向智慧財產法院提起行政訴訟，主張系爭商標註冊後，並無違反現行商標法第 63 條第 1 項第 2 款規定之情形，

---

❼　智慧財產法院 104 年度行商訴字第 153 號行政判決於 105 年 12 月 29 日為最高行政法院 105 年度裁字第 1731 號裁定所維持。

故本件之主要爭點為原告就系爭商標是否於第三人申請廢止日即 102 年 9 月 26 日前 3 年有無正當事由未使用或繼續停止使用已滿 3 年之情事。

三、智慧財產法院之認定

　　智慧財產法院指出，商標註冊後，無正當事由迄未使用或繼續停止使用已滿 3 年者，商標專責機關應依職權或據申請廢止其註冊。現行商標法第 63 條第 1 項第 2 款本文定有明文。而本法所稱商標之使用，指為行銷之目的，將商標用於商品或其包裝容器；或持有、陳列、販賣、輸出或輸入前款之商品；或將商標用於與提供服務有關之物品；或將商標用於與商品或服務有關之商業文書或廣告；或利用數位影音、電子媒體、網路或其他媒介物方式有使用商標之情形，並足以使相關消費者認識其為商標；又商標權人提出之使用證據，應足以證明商標之真實使用，並符合一般商業交易習慣，復為同法第 5 條及第 67 條第 3 項準用第 57 條第 3 項所明定。

　　原告主張於製造標示系爭商標商品包裝盒時，即屬使用系爭商標之行為，且該行為係於申請商標廢止日即 102 年 9 月 26 日前發生，確已滿足商標使用之要件，而不構成廢止事由。不過，智慧財產法院並未採認其主張，並具體闡釋，所謂商標使用，應符合真正使用之目的，亦即確實使用商標以確保消費者得以確認商品或服務來源，並使渠等不致發生混淆誤認之虞，而與商標之作用在於區別不同來源之商品或服務等基本功能相符。因此，所謂真正使用係指商標權人將商標使用於指定之商品或服務市場，而非僅將商標於商標權人之事業範圍內做內部使用。倘商標於該註冊之法領域內已喪失其商業上存在之理由，則法律對該商標所提供之保護，以及商標註冊對於第三人所產生之效果，即無繼續存在之必要。又所謂商業上存在之理由，係指創造或保有標示此識別標識即商標之商品或服務之市場或通路而言。原告所提之證據至多僅能證明原告有於系爭商標申請廢止日前 3 年內，委託他人設計及生產標示有系爭商標之外包裝盒，惟此仍屬商品製造前階段，其後尚須經過諸多程序，如將內容物即包裝盒品名所示之果汁填充於標示有系爭商標之外包裝盒、產品檢驗、正式鋪貨於各大銷售通路後，相關消費者方能透過貨架上或網路購物商品圖片之外包裝盒上所標示之系爭商標，知悉系爭商標係在表彰原告所生產之商品，亦即系爭商

標具有區辨商品來源之作用，應係自相關消費者得任意自實體或網路通路選購標示有系爭商標之商品，並得藉其包裝盒上所標示之系爭商標確認係由原告所產製時發生，則包括外包裝盒設計及製造商品內容之製造階段，因商品仍未向相關消費者進行銷售，消費者自無法透過選購標示有系爭商標之商品，認識系爭商標表彰商品係由原告產製之功能，因此，應認僅係原告於其事業範圍內之內部使用，而非實際為行銷之目的而真正使用商標之行為，難認原告有於系爭商標申請廢止日前 3 年內，為創造或保有系爭商標於其所指定之商品或服務之辨識作用，而於市場或通路真正使用系爭商標之行為，亦即原告有為維持系爭商標於商業上存在之必要性而使用系爭商標之行為，故原告之主張，並不可採。

　　智慧財產法院認定原告所提證據，均無法證明其於系爭商標申請廢止日前 3 年有符合交易習慣而真實使用系爭商標之行為，故智慧財產局廢止其註冊，依法並無不合，訴願決定予以駁回，亦無違誤，均應予以維持，而駁回原告之訴訟。

商標授權契約雖嗣後被解除，被授權人在授權期間基於信賴之商標真實使用仍得視為商標權人之合法使用

▪最高行政法院 107 年度判字第 442 號行政判決

蔡瑞森／陶思妤

一、法律問題

我國商標以先申請先註冊為原則，申請註冊商標不須以有使用事實為要件。即使如此，商標的使用仍為維護商標權利之核心。如智慧財產局所發布之《註冊商標使用之注意事項》所言，商標的功能與註冊目的不僅在於取得商標權，還必須透過實際使用，才可以使消費者將商標與商品或服務產生連結，實現商標識別來源、品質保證及廣告等功能，彰顯商標的價值。

依據商標法第 63 條之規範，商標權人有使用註冊商標的義務。若商標權人連續 3 年以上未使用、僅使用其中一部分或變換加附記使用商標，都將使註冊商標遭到廢止。若商標權人未使用或繼續停止使用商標已滿 3 年，但其有授權他人使用商標時，被授權人之使用可視為商標權人使用，不構成廢止事由。然而，若商標權人與被授權人間之商標授權契約溯及既往失效，被授權人過去之商標使用是否仍得視為商標權人之商標使用，目前在實務上仍存有疑義。

二、本件事實

本案參加人以「BENTLEY」申請註冊商標，經被上訴人智慧財產局核准指定使用於商品服務分類第 9 類「行動電話電池、行動電話……」等商品。上訴人主張系爭商標有商標法第 63 條第 1 項第 2 款之適用，向被上訴人智慧財產局申請廢止。上訴人指出，參加人所提出之商標使用證據商標使用授權合約書，授權方（即參加人）之代表人與被授權方之代表人均為同一人，足以推論該授權合約書有事後補簽、臨訟製作之可能，何況授權關係與系爭商標使用屬二件事，授權之意思表示並非商標使用之行為，無法以商標已授權即認定被授權人有使用商標之事實。

三、最高行政法院之認定

最高行政法院揭示，商標之維權使用係重在其使用行為於客觀上是否使消費者將商標與商品或服務產生具體連結之事實，縱商標授權契約嗣後被解除，而使契約之效力溯及消滅，或因其他法律原因而無效，倘被授權人於授權期間，基於授權契約為有效之信賴，於客觀上對商標為真正實際使用，足使消費者將商標與商品或服務產生來源之具體連結，已實現商標作為識別來源之主要功能，亦可視為商標權人有合法使用商標。

最高行政法院針對本案事實進一步說明，本案授權契約簽訂時參加人之代表人亦為被授權人之代表人，固然有雙方代表之情事，但縱使雙方所簽訂商標授權契約之效力應適用我國公司法第 108 條準用第 59 條及第 223 條規定，且參加人之股東於事後亦否認上開契約，致其無效，若被授權人於上開授權期間係依授權契約對系爭商標為真實使用，其使用仍應視為參加人之商標維權使用。

明知可能引起混淆誤認而申請外文商標中譯名，非屬善意應不予保護

▪智慧財產法院於 107 年度行商訴字第 78 號行政判決

蔡瑞森／陶思妤

一、法律問題

　　為拓展我國市場，外國企業多會將其產品之外文商標另起中文譯名，以方便我國消費者識別或稱呼。由於中文具有「一詞多音」或「一詞多義」之特色，同一外文名稱往往存在不同之翻譯方式。然而，若單以外文商標與其中譯名相互比較，兩者之近似性並不一定符合傳統商標法上近似之標準。當外文商標中譯名遭到搶註時，如何認定外文商標及其中譯名間是否有混淆誤認之虞，在實務上則較具爭議。針對此爭議，智慧財產法院於 107 年度行商訴字第 78 號行政判決具體個案中指出，若明知可能引起我國消費者之混淆誤認而申請外文商標中譯名，應非屬善意應不予保護。

二、本件事實

　　本案參加人為一法國化妝品公司，原告則為參加人在台灣之經銷代理商。參加人原已決定其外文商標（以下稱「據爭商標」）之唯一中文譯名，並於經銷契約要求原告不得註冊與其外文商標相關之商標或智慧財產權登記。然而，原告及其關連公司未使用參加人所決定之中文名稱，並稱其因有整合行銷之需要，而申請註冊另一自創之中文譯名（以下稱「系爭商標」），並於經銷代理期間僅使用其自創之譯名。嗣後參加人向原告表示有意收回代理權，始發現原告於台灣經銷其商標之中文譯名為原告自行申請註冊，遂向智慧財產局提出異議，主張原告之系爭商標應予以撤銷。原告不服智慧財產局之決定，提出訴願後仍不服訴願決定，便提起本案行政訴訟。

三、智慧財產法院之認定

　　原告主張，其自創之中文譯名係自行發想且為獨創，與參加人之外文商標

之發音不同，且國內消費者大部分無法輕易念出參加人之外文商標發音，因此應不成立近似性。對此，智慧財產法院則指出，原告及其關聯公司在其網站上將系爭商標與據爭商標共同使用，且在系爭商標前加上「法國」文字，以系爭商標表彰參加人產品。此外，智慧財產法院進一步就具體事實指出，原告亦以系爭商標作為參加人公司名稱之翻譯，顯然將系爭商標作為據爭商標之翻譯使用，企圖引起相關消費者混淆誤認，將系爭商標認定為據爭商標。綜上所述，智慧財產法院認為原告註冊系爭商標有攀附據爭商標之主觀意圖，並非善意，因此違反商標法第 30 條第 1 項第 10 款規定。

若商標權人知悉他人將申請廢止，而於申請廢止前 3 個月內開始使用者，商標雖有使用之事實仍應予以廢止

■智慧財產法院 107 年度行商訴字第 50 號行政判決

蔡瑞森／陶思妤

一、商標註冊廢止

依據商標法第 63 條❽之規範，商標權人有使用註冊商標的義務。若商標權人連續 3 年以上未使用、僅使用其中一部分或變換加附記使用商標，都將使註冊商標遭到廢止。考量商標的功能仍須透過實際使用，才得以真正使相關消費者認識商標與商品或服務之連結，我國商標法為彌補註冊主義之不足，遂設置此補充制度，以彰顯商標之價值。

廢止申請人在調查商標權人使用狀況時，有可能因而驚動商標權人使其心生警惕，進而臨訟製造商標之使用證據，以期維護商標權利。針對此種狀況，商標法第 63 條第 3 項規定：「有第一項第二款規定之情形，於申請廢止時該註冊商標已為使用者，除因知悉他人將申請廢止，而於申請廢止前三個月內開始使用者外，不予廢止其註冊。」換而言之，如果商標權人知悉他人將申請廢止，而於申請廢止前 3 個月內開始使用者，即使有商標使用之事實，商標仍應予以

---

❽　商標法第 63 條：「商標註冊後有下列情形之一，商標專責機關應依職權或據申請廢止其註冊：一、自行變換商標或加附記，致與他人使用於同一或類似之商品或服務之註冊商標構成相同或近似，而有使相關消費者混淆誤認之虞者。二、無正當事由迄未使用或繼續停止使用已滿三年者。但被授權人有使用者，不在此限。三、未依第 43 條規定附加適當區別標示者。但於商標專責機關處分前已附加區別標示並無產生混淆誤認之虞者，不在此限。四、商標已成為所指定商品或服務之通用標章、名稱或形狀者。五、商標實際使用時有致公眾誤認誤信其商品或服務之性質、品質或產地之虞者（第 1 項）。被授權人為前項第 1 款之行為，商標權人明知或可得而知而不為反對之表示者，亦同（第 2 項）。有第 1 項第 2 款規定之情形，於申請廢止時該註冊商標已為使用者，除因知悉他人將申請廢止，而於申請廢止前三個月內開始使用者外，不予廢止其註冊（第 3 項）。廢止之事由僅存在於註冊商標所指定使用之部分商品或服務者，得就該部分之商品或服務廢止其註冊（第 4 項）。」

廢止。智慧財產法院在 107 年度行商訴字第 50 號行政判決中，即示範了本條應如何在實際個案上具體應用。

二、本件事實

本案參加人於第 3 類「化妝品、燙髮液、染髮劑、人體用清潔劑」指定商品註冊有一系爭商標。原告以參加人之系爭商標有違商標法第 63 條第 1 項第 2 款規定為由，向智慧財產局申請廢止註冊。在廢止程序中，參加人出具 SPA 館、沙龍等客戶出貨單、發票等使用證據，智慧財產局認為參加人有於「化妝品」商品使用商標，就「化妝品」部分，做出註冊廢止不成立之決定。原告不服決定後提起訴願，訴願駁回後仍不服，因此上訴智慧財產法院。

三、智慧財產法院之認定

智慧財產法院首先闡明，若商標權人於申請廢止前 3 個月內開始使用商標，其目的僅在於為避免商標遭廢止，此規避法律之行為，自毋庸保護。法院進一步就本案事證指出，觀諸參加人所提出之出貨單、統一發票等證據，其日期為 105 年 9 月至 105 年 11 月止，為原告廢止申請日 105 年 11 月 30 日前 3 個月內。由於原告曾於 105 年 10 月委託徵信公司對參加人之商標使用進行調查，當時參加人之員工表示使用系爭商標之商品，仍持續有在生產中，是以參加人之員工知悉第三人調查系爭商標使用情事。衡諸常情，員工會將調查商標使用一事告知參加人，可認參加人係經員工告知第三人調查系爭商標使用情事，知悉他人將申請廢止商標，故於申請廢止前 3 個月內開始使用系爭商標，避免系爭商標遭廢止。因此，揆諸商標法第 63 條第 3 項之規定，系爭商標應予以廢止。

關鍵字廣告若非作為商標使用，不構成商標侵權

■台灣台北地方法院 106 年度智易字第 23 號刑事判決

蔡瑞森／陶思妤

一、法律問題

　　Google 等搜尋引擎服務業者所推出之關鍵字廣告，為廣受現今企業所青睞的網路行銷手法。所謂的關鍵字廣告，即搜尋引擎服務業者將企業所購買之關鍵字於內部程式作指令連結，當消費者於搜尋引擎輸入該關鍵字後，搜尋頁面之廣告空間將會出現選定該關鍵字之企業所擬定之廣告文案。此外，企業更可進一步設定「關鍵字插入功能」，使企業所擬定的廣告文案內容自動改為顯示消費者所鍵入之關鍵字，藉此加強廣告與潛在消費者的連結。然而，若將「競爭對手的商標」作為選定之關鍵字以吸引消費者點選自己之廣告，在實務上是否有商標侵權之疑慮，則較具爭議。

　　關鍵字廣告是否構成商標侵權，仍需依關鍵字廣告實際使用商標之方式而定。依據我國過去之實務見解，若關鍵字廣告內容本身並未使用商標作為商品或服務之行銷使用，鍵入關鍵字之使用者並不會因此而認為或混淆廣告內容所推銷之商品或服務是屬於商標所有人所提供，因此此種關鍵字廣告通常被認為非屬商標使用行為。然而，若關鍵字廣告內容本身插入了他人商標，則會被認為係商標使用而構成商標侵權。需特別注意的是，即使在廣告內容中未使用他人商標，公平交易委員會仍可能依個案認定廣告為足以影響交易秩序之顯失公平行為，而構成公平交易法第 25 條之違反。對於關鍵字廣告是否為商標侵權使用，台灣台北地方法院 106 年度智易字第 23 號刑事判決在商標侵權具體個案中，再次重申了實務對此議題從過去至今之見解。

二、本件事實

　　本案告訴人為販售女性內衣、塑身衣、馬甲、睡衣之廠商，被告則為告訴人競爭對手之負責人。本案檢察官指出，被告公司購買告訴人公司之關鍵字廣告，當消費者於搜尋引擎鍵入告訴人公司商標時，搜尋結果同時會出現被告公

司之網站、活動網頁等內容,被告以此方式增加被告公司網站及活動曝光度,提高消費者點閱率,已達行銷被告公司之目的,侵害告訴人之商標權。被告否認其違反商標法之犯行,並表示負責操作關鍵字廣告之外部公司事前所提出之初稿並無「關鍵字插入」功能,且以告訴人商標作為關鍵字設定關鍵字廣告非屬商標法第 5 條之商標使用。

三、台灣台北地方法院之認定

台灣台北地方法院就本案具體事實指出,被告公司之廣告文案內容,文案本身及連結網頁內均無使用告訴人之商標,且搜尋頁面文案旁皆有「廣告」等字樣,難認相關消費者會誤認告訴人之網站而進行連結,縱有誤認(初始興趣混淆)而進行連結,網頁內容亦無告訴人之商標,難認消費者對該網頁推銷之商品會誤認為告訴人之商品。因此,台灣台北地方法院認定,選取告訴人商標作為關鍵字操作關鍵字廣告乃內部程式指令連結,並非外部有形使用,不足使消費者認識其為商標,無從認係商標使用行為。

商標訴訟──商標搶註

台灣以外之先使用商標得據以評定他人搶註商標

- 智慧財產法院 102 年度行商訴字第 4 號行政判決
- 最高行政法院 103 年度判字第 23 號行政判決

蔡瑞森

一、法律問題

　　台灣商標法對於商標之保護，係採取註冊主義，而非使用主義，因此，先使用而未註冊之商標原則上不予保護。然而，因商標之使用乃商標存在之意義及其價值之所在，為避免過度僵化產生流弊，商標法乃例外於部分條文注入使用主義之精神，對於未註冊而先使用之商標仍酌予保護。其中包括商標法第 30 條第 1 項第 12 款（即舊商標法第 23 條第 1 項第 14 款）有關搶註他人先使用商標而不得註冊之規定：相同或近似於他人先使用於同一或類似商品或服務之商標，而申請人因與該他人間具有契約、地緣、業務往來或其他關係，知悉他人商標存在，意圖仿襲而申請註冊者，不得註冊。

　　至於所謂之「先使用」商標，究竟限定於台灣境內之使用，或亦包括台灣以外之國家或地區之商標使用，非無疑義。如採嚴格之商標屬地主義，似應僅限於台灣境內之使用。

二、本件事實

　　被上訴人甲（原審原告）於 95 年 10 月 13 日向上訴人智慧財產局（原審被告）申請註冊系爭商標核准，商標權期間自 96 年 7 月 16 日起至 106 年 7 月 15 日止。嗣上訴人乙（原審參加人）提出所註冊之據以評定商標，主張系爭商標有修正前商標法第 23 條第 1 項第 12 款、第 13 款及第 14 款規定之適用，對之申請評定。經上訴人智慧財產局審查，認系爭商標之註冊，應有商標法第 23 條第 1 項第 14 款規定適用，撤銷系爭商標之註冊。

　　被上訴人甲主張，系爭商標已使用於相關商品多年，系爭商標與據以評定

商標於市場併存之事實已為相關消費者所認識，應尊重此一併存之事實。被上訴人甲係接受日本客戶委託代工，並標示其自身商標，實際上並未涉足日本市場，且該代工行為係系爭商標申請註冊之後，系爭商標申請時，被上訴人甲皆不知據以評定商標之存在，上訴人智慧財產局認為系爭商標係襲用自據以評定商標，顯有違誤。

三、最高行政法院之認定

最高行政法院 103 年度判字第 23 號行政判決針對不服智慧財產法院 102 年度行商訴字第 4 號行政判決有關商標評定事件之上訴案件，支持智慧財產法院之見解，揭示商標法有關搶註他人先使用商標而不得註冊之規範，對於未註冊而於台灣境內外先使用之商標均酌予保護，不限於台灣境內先使用之商標。其後，智慧財產法院 103 年度行商訴字第 57 號行政判決援引最高行政法院 103 年度判字第 23 號行政判決意旨，亦採相同見解。

智慧財產法院 103 年度行商訴字第 57 號行政判決並進一步揭示，所謂「先使用」之商標，係指相對於系爭商標為先使用之商標，不以絕對先使用之商標為限，縱有其他商標早於據以評定商標併存註冊或使用，據以評定商標並非評定申請人所創用或最先使用，僅須於系爭商標申請註冊前先使用同一或近似商標圖樣於同一或類似商品，即有本條款之適用。

最高行政法院及智慧財產法院不但釐清「先使用」商標之意涵，更提供了先使用商標之權利人相當充分之保護。

最高行政法院不支持反向混淆理論得作為申請在後商標核准註冊之論點

▪ 智慧財產法院 103 年度行商訴字第 137 號行政判決
▪ 最高行政法院 105 年度判字第 465 號行政判決

蔡瑞森

一、法律問題

　　商標法所規範之商標註冊申請之核准或保護，原則上乃採先申請主義，兼考量先使用之事實。然而，如果申請註冊或使用在後之商標，藉由廣告行銷等措施，相較於先申請或先使用之商標，反而廣為我國相關事業或消費者熟悉，得否綜合混淆誤認之虞審查基準之八大因素判斷，參酌反向混淆理論，排除我國商標法先申請註冊原則之規定，核准申請在後之商標註冊申請，乃實務之重要議題。

　　最高行政法院 105 年度判字第 465 號行政判決則明確表示商標法明文規範商標註冊申請乃採先申請主義，排除反向混淆理論之適用。

二、最高行政法院之見解

　　最高行政法院指出，參酌商標法第 2 條規定，商標須依法申請註冊後，始得主張商標權之保護，換言之，我國商標法係採「先申請註冊原則」，先申請註冊之商標縱使不具高度著名性或為相關消費者所普遍知悉，先商標權人仍得依法主張權利。原審智慧財產法院 103 年度行商訴字第 137 號行政判決認為系爭商標雖申請註冊在後，惟因系爭商標藉由廣告行銷等措施，較諸據以核駁商標廣為我國相關消費者熟悉，因此，系爭商標更應獲得保護云云，明顯違反我國商標法先申請註冊原則之規定，適用法律自有不當。

　　最高行政法院另闡明，原審智慧財產法院 103 年度行商訴字第 137 號行政判決之前述論述，學說稱之為「反向混淆誤認」，亦即後商標因較諸前商標廣為消費者所知悉，消費者反而誤以為前商標係仿冒後商標，或誤認為前商標與後商標係來自同一來源，或誤認兩商標之使用人間存在關係企業、授權、加盟或

其他類似關係。然而，正因為前、後商標易使消費者誤以為兩者來自同一來源，或誤認兩商標之使用人間存在關係企業、授權、加盟或其他類似關係，可知後商標之註冊確實有致消費者產生混淆誤認之虞，依據商標法「先申請註冊原則」，自應保護註冊在先之前商標，而非後商標，此在其他比較法例皆然。此一制度之另一目的，在於維護市場之公平競爭，避免財力雄厚之企業藉由龐大之行銷能力，巧取豪奪先註冊之商標。原審判決就據以核駁商標之註冊或其使用有無違反商標法規定之情形既未有任何說明，而據以核駁商標於系爭商標申請註冊時復為有效存在之商標，則原審判決遽以系爭商標已較為消費者知悉為由，認為不致構成混淆誤認云云，明顯與現行法規定不符，自屬適用法規不當。

智慧財產法院支持防止搶註之先使用商標沒有數量門檻限制

▪智慧財產法院 105 年度行商訴字第 67 號行政判決

蔡瑞森

一、法律問題

商標法第 30 條第 1 項第 12 款之「防止搶註條款」規定，相同或近似於他人先使用於同一或類似商品或服務之商標，而申請人因與該他人間具有契約、地緣、業務往來或其他關係，知悉他人商標存在，意圖仿襲而申請註冊者，不得註冊。依此規定，商標註冊違反防止搶註條款之要件有三：㈠系爭商標相同或近似於據爭商標；㈡據爭商標為他人先使用於同一或類似商品或服務之商標；㈢系爭商標之申請人因特定關係知悉據爭商標存在，意圖仿襲而申請註冊；亦即，系爭商標之註冊申請，是否意在搶註。

其中較具爭議之問題之一，乃是據爭商標先使用之主張，究竟有無數量門檻之限制，商標法欠缺明文規範。

二、本件事實

原告前於 102 年 7 月 11 日向被告智慧財產局申請註冊系爭商標核准，權利期間自 103 年 11 月 1 日起至 113 年 10 月 31 日止。嗣參加人於 104 年 1 月 30 日以系爭商標之註冊有違商標法第 30 條第 1 項第 11 款及第 12 款之規定，以據爭商標對之提起異議。案經被告審查，核認系爭商標之註冊有違同法第 30 條第 1 項第 12 款規定，於 104 年 9 月 30 日作成商標異議審定書為「系爭商標之註冊應予撤銷」之處分。原告不服，提起訴願，由經濟部作成訴願決定駁回。原告仍不服原處分及訴願決定，遂提起行政訴訟。

三、智慧財產法院之認定

智慧財產法院 105 年度行商訴字第 67 號行政判決針對商標異議事件所提起之行政訴訟表示，防止搶註條款對於「先使用」之商標，沒有如何使用數量

之要求，只要確實有先使用之事實，即符合「先使用」之要件。法院另具體指出商展中使用，亦可構成商標使用。

至於防止搶註條款之主張，是否應限定主張先使用之商標，應於先使用後之特定年限內始得主張防止搶註條款，商標法亦未明文規範。

智慧財產法院則認為，先使用之商標，遲未於我國申請註冊，雖未盡合理，而應考慮在一定情況下，使其不得再據以阻礙他人註冊，但其具體情況為何，實有待立法者為更全盤之政策考量。以本件情形而言，據爭商標商品於99年起在台銷售，迄系爭商標註冊人於102年7月11日申請系爭商標，最多不過3年多時間，考量商標全球註冊佈局須考量之事項繁多，需求各有不同，並參考我國法律關於請求權時效之相關規定（一般時效為15年，短期時效為5年，僅部分特定列舉之請求權，始適用2年之特短時效），應認在此個案中，尚不能認為據爭商標已不得據以阻礙他人註冊。

最高行政法院對於防止搶註條款之商標先使用要件採較嚴格之解釋

▪最高行政法院 107 年度判字第 301 號行政判決

蔡瑞森／陶思妤

一、法律問題

　　原則上，我國商標法對於先使用而未註冊的商標不予保護。由於使用仍為商標之核心價值所在，為避免過度僵化產生流弊，商標法第 30 條第 1 項第 12 款之「防止搶註條款」對於先使用而未註冊之商標仍酌予保護。

　　依據商標法第 30 條第 1 項第 12 款之「防止搶註條款」，相同或近似於他人先使用於同一或類似商品或服務之商標，而申請人因與該他人間具有契約、地緣、業務往來或其他關係，知悉他人商標存在，意圖仿襲而申請註冊者，不得註冊。換而言之，違反本「防止搶註條款」之商標註冊應符合以下三要件：㈠系爭商標相同或近似於據爭商標；㈡據爭商標為他人先使用於同一或類似商品或服務之商標；㈢系爭商標之申請人因特定關係知悉據爭商標存在，意圖仿襲而申請註冊。然而，本款所謂「先使用」究應如何認定，在實務上仍較具爭議。

　　最高行政法院 107 年度判字第 301 號行政判決在具體個案中針對「防止搶註條款」之適用，揭示了重要解釋方向。相較於往昔實務見解，就商標「先使用」之定義採取較嚴格之認定。

二、本件事實

　　上訴人甲牙醫學會於 101 年 10 月 12 日申請註冊商標，指定使用於商標法施行細則第 19 條所定商品及服務分類表第 41 類，經被上訴人智慧財產局審查核准（下稱「系爭商標」）。參加人乙牙醫學會嗣以系爭商標意圖仿襲參加人之商標圖案（下稱「據爭商標」），搶先申請系爭商標之註冊，有違商標法第 30 條第 1 項第 5 款、第 11 款、第 12 款及第 14 款規定，對之提起異議。經被上訴人審查，於 104 年 5 月 25 日作成商標異議審定書，為系爭商標上開指定使用之部分服務註冊，應予撤銷之異議成立處分；暨系爭商標指定使用於其餘服務之註

冊，異議不成立處分。上訴人就異議成立部分，不服提起訴願，經濟部於 104
年 12 月 8 日作成訴願決定駁回，上訴人不服該訴願決定，遂向智慧財產法院
（原審）提起行政訴訟，並以：㈠上訴人先使用系爭商標；㈡參加人未使用據
爭商標；㈢上訴人未知悉據爭商標存在之情事等主張上訴人顯無從知悉與無仿
襲據爭商標之可能。

三、最高行政法院之見解

　　最高行政法院於該具體個案中認定，欲主張本條款之先使用，據爭商標須
已被作為商標而使用。申言之，除須符合商標法第 5 條商標使用之規定外，更
應證明據爭商標係於「交易過程而使用」以及「足以使相關消費者認識其為商
標，其使用商標並應符合一般商業交易習慣」。最高行政法院並表示，當據爭商
標主張在「服務」之權利時，其商標之使用必須係為對他人提供勞務或活動，
若僅是作為商標之名稱或標識只是專為自己的事務或商品，則不能被認為已合
法使用商標。

　　最高行政法院就該具體個案事實進一步指出，本案據爭商標權人主張在書
刊出版等服務上先使用，然而其主張先使用之事實僅係於例行舉辦年會之場合
中使用，僅為表彰其團體名稱或標識，並非商標之使用。此外，原審法院認定
舉辦會議必定會將會議資料及文章製作成刊物，最高行政法院認為此類刊物僅
為會議之附帶出版，不足以認定為商標之使用，因而廢棄原判決，發回原審再
行調查。

商標訴訟——授權

OEM 及商標授權

▪智慧財產法院 103 年度民商訴字第 29 號民事判決
▪智慧財產法院 104 年度民上商字第 19 號民事判決

蔡瑞森

一、本件事實

　　系爭商標為著名商標，原告甲公司前於 87 年 6 月與被告簽訂授權契約，授權被告乙公司得自 87 年 7 月至 88 年 6 月生產、銷售具有系爭商標之服飾等商品。授權契約第 4.1 條並約定被告應確保授權商品須符合品質及設計的規格與標準。授權契約屆期後，雙方於 88 年 10 月簽訂協議書，約定被告應於 89 年 3 月底前出清存貨，其後即無權再銷售使用系爭商標商品。嗣原告於 88 年 11 月發現被告之代工製造廠丙公司於市面販售標示系爭商標之服飾商品，乃發函要求丙公司立即停止製造及販售，經丙公司負責人函覆，其所負責之服飾製造商丁公司係經被告授權製造系爭商標服飾。原告主張被告之再授權行為及於兩造授權關係到期後自行再授權之行為，已違反授權契約第 19.3 條禁止被告再授權任何第三人使用系爭商標之約定，且均同時構成商標法第 68 條第 1 款及第 3 款之商標侵權行為，乃依授權契約第 22.1 條約定及商標法第 69 條第 3 項之規定請求被告乙公司負損害賠償責任，及依民法第 179 條規定請求被告乙公司返還因再授權系爭商標所受之授權金利益，並請求被告乙公司之法定代理人，應分別依公司法第 23 條第 2 項、民法第 28 條之規定，與被告乙公司負連帶賠償責任及返還責任。

二、商標獨家授權並非當然為專屬授權

(一)法律問題

　　商標法第 39 條第 1 項規定，商標權人得就其註冊商標指定使用商品或服務之全部或一部指定地區為專屬或非專屬授權。另依同法第 39 條第 6 項規定，

商標權受侵害時，於專屬授權範圍內，專屬被授權人得以自己名義行使權利。至於「專屬授權」之意義為何，「獨家授權」是否當然為「專屬授權」，乃實務之重要議題。

(二)智慧財產法院之認定

智慧財產法院 103 年度民商訴字第 29 號民事判決❾揭示，所謂「專屬授權」，係指商標被授權人於專屬被授權範圍內，取得完整的專用及排他權，專屬被授權人在被授權範圍內，排除商標權人及第三人使用註冊商標，因此商標權人亦不得使用該商標，商標權受侵害時，原則上於專屬授權範圍內，專屬被授權人得以自己名義行使權利，且應經登記始生對抗第三人之效力❿。「非專屬授權」相對於專屬授權，指被授權人僅取得授權範圍的使用權，商標權人仍得繼續使用該商標，也可以再授權給其他人使用。另所謂「獨家授權」，因並不排除商標權人的使用，故為非專屬授權。

智慧財產法院針對本件案情指示，本案授權契約第 5.1 條係約定：「授權商保證：除了被授權商之外，其未授予任何他人於本協議生效日起在『地域』內使用附件 A 所列授權商品的任何商標之權利。」據此，前開約定既無「專屬」之字樣，亦未排除授權人之使用權，商標權人固有保證在同一地域內未授權他人使用，至多僅能被解讀為商標權人當年在台灣係「獨家授權」本案被授權人使用商標，而非所稱之「專屬授權」。

---

❾　智慧財產法院 103 年度民商訴字第 29 號民事判決於 105 年 7 月 21 日為同法院 104 年度民商上字第 19 號民事判決所廢棄。

❿　商標法第 39 條：「商標權人得就其註冊商標指定使用商品或服務之全部或一部指定地區為專屬或非專屬授權（第 1 項）。前項授權，非經商標專責機關登記者，不得對抗第三人（第 2 項）。授權登記後，商標權移轉者，其授權契約對受讓人仍繼續存在（第 3 項）。非專屬授權登記後，商標權人再為專屬授權登記者，在先之非專屬授權登記不受影響（第 4 項）。專屬被授權人在被授權範圍內，排除商標權人及第三人使用註冊商標（第 5 項）。商標權受侵害時，於專屬授權範圍內，專屬被授權人得以自己名義行使權利。但契約另有約定者，從其約定（第 6 項）。」

三、OEM 並非當然為商標授權

㈠法律問題

　　OEM（委託加工製造或代工）之定義為何？OEM 是否構成商標使用？OEM 究竟是否即為商標授權？乃實務相當重要之爭議問題。

　　依據智慧財產局制定之註冊商標使用之注意事項，於我國享有商標權之商標權人如係外國人之情況，國內廠商受該商標權人之委託，於我國生產該商標商品，回銷至其本國或第三地，即為國際貿易上俗稱之 OEM（委託加工製造）或 ODM（委託加工設計），因該商標商品乃在我國生產，且該商標使用之類型符合國內業者從事國際貿易之商業交易習慣，因此，此 OEM 之行為，得認為係該商標權人於我國有商標使用之行為。依智慧財產局之立場，似認為 OEM 仍構成商標使用，只不過該商標使用，應視為商標權人於我國之商標使用行為，並非 OEM 之商標使用行為。

　　然而，針對侵權案例之實務見解，多數法院之見解則完全不同。多數法院認為，如為外國商標權人委託製造之代工，純為製造產品回銷外國，僅受委託人指示完成標示商標的商品並交貨予委託人，且產品亦無流入國內市場，因代工者並無以自己之意思於市場行銷之目的，自非該商標之使用人。惟若代工者產製超過受託商品之數量，另將該部分之商品行銷國內市場，則主觀已由代工之意思，轉變具有行銷目的之意圖，可構成商標之使用，若非經我國商標權人之同意，自不得為之。

㈡智慧財產法院之認定

　　智慧財產法院 104 年度民上商字第 19 號民事判決針對授權爭議事件，更進一步釐清 OEM 與商標授權之差異。智慧財產法院指出，商標授權乃被授權人得以自己之名義於商品製造後銷售，但如為 OEM，則應係於商品製造後將商品交付給委託人，不得將商品自行對外銷售，OEM 並非商標授權。

智慧財產法院認定授權使用商標並非視為同意被授權人得註冊該商標

■智慧財產法院 104 年度行商訴字第 84 號行政判決

蔡瑞森

一、法律問題

　　為避免剽竊他人創用之商標而搶先註冊，防止不公平競爭行為，而賦予先使用商標者遭他人搶先註冊其商標時之權利救濟機會，商標法第 30 條第 1 項第 12 款本文規定「相同或近似於他人先使用於同一或類似商品或服務之商標，而申請人因與該他人間具有契約、地緣、業務往來或其他關係，知悉他人商標存在，意圖仿襲而申請註冊者」，不得註冊。商標法第 30 條第 1 項第 12 款後段但書另規定「但經商標權人同意申請註冊者，不在此限」。換言之，如該商標之註冊乃經商標先使用人之同意，則不構成商標搶註。然而，所謂之同意註冊，應如何認定，授權使用商標是否即視為同意，或單純事後知悉該商標之註冊而未立即依法申請撤銷該商標而給予授權，是否即視為默示同意，乃實務相當重要之議題。

二、本件事實

　　原告於 101 年 3 月以系爭商標向被告智慧財產局申請註冊，經被告核准，嗣參加人以該商標有違商標法第 30 條第 1 項第 12 款規定❶為由，而以據以評定商標對之申請評定，經被告審查，認有前揭商標法規定之適用，而予以撤銷註冊處分。原告不服，提起訴願，經經濟部作成訴願決定駁回。原告乃提起本件行政訴訟，並主張原告於 100 年 12 月起即多次向參加人訂購鍋具廚具等相關產品，且曾多次透過參加人在台之代理人代為轉達有關原告欲在台灣申請註

---

❶　商標法第 30 條第 1 項第 12 款：「商標有下列情形之一，不得註冊：十二、相同或近似於他人先使用於同一或類似商品或服務之商標，而申請人因與該他人間具有契約、地緣、業務往來或其他關係，知悉他人商標存在，意圖仿襲而申請註冊者。但經其同意申請註冊者，不在此限。」

冊系爭商標之事，在徵得該代理人之同意後，始向智慧財產局申請系爭商標之註冊。而依參加人於 102 年 4 月來信中亦提及於 101 年即已知悉原告註冊系爭商標之事，而仍於 101 年 12 月發給原告授權書，授權原告繼續使用系爭商標，並繼續與原告為進口鍋具之買賣，可認參加人有默示之同意，因此依商標法第 30 條第 1 項第 12 款後段但書規定，系爭商標之註冊並無違法可言。

三、智慧財產法院之認定

　　智慧財產法院 104 年度行商訴字第 84 號行政判決援引最高法院 29 年度上字第 762 號判例意旨，認定默示意思表示則係以言語文字以外之其他方法，間接使人推知其意思，原則上與明示之意思表示有同一之效力，須就表意人之舉動或其他情事，足以間接推知其同意之效果意思存在，方可謂為默示意思表示；而沉默僅係單純之不作為，並非間接意思表示，除法律或契約另有規定外，原則上不生法律效果。

　　智慧財產法院具體指出本件商標註冊人所提出之商標先使用人之授權書，其上僅記載授權於台灣銷售系爭商標產品，並無同意原告申請該商標之旨。針對本件商標註冊人主張之商標先使用人於知悉系爭商標註冊後，卻仍繼續授權使用商標，顯見其有默示同意，智慧財產法院援引最高法院之前述意旨，認定單純的沉默不得謂為默示之意思表示。尤其，本件商標先使用人於知悉該商標之註冊後，已明確表示不同意且將採取法律行動，難謂有本件商標註冊人所主張之商標先使用人已默示同意可言。

商標訴訟——程序事項

行政法院得否判命商標專責機關依職權為商標廢止之行政處分？

簡秀如／陳　婷

一、法律問題

商標法第 63 條第 1 項規定商標註冊後若符合第 1 款至第 5 款之情形時，商標專責機關應依職權或依申請廢止其註冊。若申請廢止人在廢止程序中原主張某一款廢止事由，卻不為智慧財產局所採，其可否於後續之行政訴訟程序中，基於上開條文所規定之「商標專責機關得『依職權』廢止商標註冊」，請求法院判命智慧財產局應以另一款規定廢止商標註冊？

二、智慧財產法院之見解

對此，智慧財產法院採取否定見解，其在 105 年 12 月 9 日作成之 105 年度行商訴字第 34 號行政判決中，表示基於憲政秩序下之權力分立原則，對於未經商標專責機關依職權認定法定廢止註冊事由之存否，亦未經第三人申請廢止註冊，法院不得逕於行政訴訟中以可能存有其他法定廢止註冊情形為由，撤銷商標專責機關已作成之特定法定廢止情形不成立之處分。

最高行政法院日前以 107 年度判字第 518 號行政判決（判決日：107 年 9 月 6 日）維持智慧財產法院上述見解，其於判決中強調：「商標法第 63 條第 1 項條文雖有『依職權』廢止之文字，但既是商標專責機關之職權，申請廢止人自無據此提起行政訴訟請求行政法院判命行政機關為商標廢止行政處分之權。」

針對智慧財產局依撤銷商標註冊或專利之確定判決所作出之新處分，不得提起行政訴訟

■ 智慧財產法院 105 年度行商訴字第 32 號行政裁定

蔡瑞森

一、法律問題

智慧財產法院作成撤銷商標註冊之判決後，經商標權人不服提起上訴，最高行政法院駁回上訴確定。智慧財產局乃依智慧財產法院判決作成撤銷商標註冊之新處分。商標權人得否就此新的處分，提起訴願或進而提起行政訴訟，實務見解紛歧。

二、智慧財產法院之見解

智慧財產法院 105 年度行商訴字第 32 號行政裁定援引 98 年 4 月 15 日 98 年度高等行政法院法律座談會之多數決見解❷，認為就此情形，不得提起行政

---

❷ 98 年 4 月 15 日 98 年度高等行政法院法律座談會提案 4：「某乙對某甲之系爭專利提出舉發，理由為該專利不具進步性，不合專利要件，舉發證據為 A 先前技術。案經經濟部智慧財產局審查，認 A 證據不足以證明系爭專利不具進步性，因而為舉發不成立之審定。舉發人乙不服，提起訴願，遭決定駁回，遂提起行政訴訟，求為判決：1.訴願決定及原處分均撤銷。2.被告（智慧財產局）就 OO 專利舉發事件，應作成撤銷專利權之審定。案經智慧財產法院裁定命甲參加訴訟後審理結果，認 A 證據足以證明系爭專利不具進步性，乃為如原告（舉發人乙）上開訴之聲明之全部勝訴判決，該案因被告及甲未不服而告確定。則……㈡智慧財產局如依照判決意旨另外作成撤銷專利權之審定，而甲復對該審定不服，提起訴願遭訴願決定駁回，甲仍不服向智慧財產法院提起行政訴訟，求為判決：訴願決定及原處分均撤銷。在未有新事實或法律變動情形下，則智慧財產法院就該撤銷專利權之審定關於 A 證據足以證明系爭專利不具進步性部分是否仍須實質審查？」

經決議採多數說認為：「本件某甲所提起之訴訟類型為撤銷訴訟，某乙依其專利舉發申請權所提起之訴訟類型雖為課予義務訴訟，但某乙舉發申請權舉發所提起課予義務訴訟之對象為某甲專利權存在與否之法律關係，某甲撤銷訴訟之對象亦為某甲專利權存在與否之法律關係，二訴訴訟標的均為某甲專利權存在與否之法律關係，故

訴訟，乃裁定駁回商標權人之起訴。

　　智慧財產法院另具體指出，原告之訴，有下列各款情形之一者，行政法院應以裁定駁回之。但其情形可以補正者，審判長應定期間先命補正：「……九、訴訟標的為確定判決或和解之效力所及者。……」為行政訴訟法第 107 條第 1 項第 9 款之規定。此「訴訟標的為確定判決之效力所及」，係指同一訴訟標的，已經法院為實體審查作成判決，而有既判力時，基於一事不再理原則，不許就同一訴訟標的，再請求法院作成判斷。所謂訴訟標的同一，係指同一當事人就同一法律關係，而為同一請求。

　　本件原告所提起之訴訟類型為撤銷訴訟，參加人前依其商標異議申請權所提起之訴訟類型雖為課予義務訴訟，但參加人前所提起課予義務訴訟之對象為原告系爭商標權存在與否之法律關係，原告提起本件撤銷訴訟之對象亦為系爭商標權存在與否之法律關係，二訴訴訟標的均為系爭商標權存在與否之法律關係，故前後二訴訴訟標的相同。因此，前訴就參加人依其商標異議申請權所提起之課予義務訴訟，既已命原告參加訴訟，依行政訴訟法第 47 條規定，前訴判決對原告亦有效力，原告就同一訴訟標的為確定判決效力所及之後訴，在無新事實或法律變動情形下，不得再行提起行政訴訟，故應依行政訴訟法第 107 條第 9 款裁定駁回本件起訴。

　　前後二訴訴訟標的相同。因此，前訴就乙依其專利舉發申請權所提起之課予義務訴訟，既已命某甲參加訴訟，依行政訴訟法第 47 條規定，前訴對某甲亦有效力，某甲就同一訴訟標的為確定判斷效力所及之後訴，不得再行提起行政訴訟，故應依行政訴訟法第 107 條第 9 款裁定駁回訴訟。」

智慧財產法院判決認定訴願階段不得追加主張新商標廢止事由

▪智慧財產法院 105 年度行商訴字第 34 號行政判決

蔡瑞森

一、法律問題

　　訴願或行政訴訟階段得否追加主張新的商標廢止、異議或評定等撤銷事由，乃實務之重要議題。依智慧財產案件審理法第 33 條第 1 項規定，關於撤銷、廢止商標註冊或撤銷專利權之行政訴訟中，當事人於言詞辯論終結前，就同一撤銷或廢止理由提出之新證據[13]，智慧財產法院仍應審酌之。

二、本件事實

　　參加人乙公司前於 84 年 3 月 6 日以 A 商標向當時之中央標準局（88 年改制為智慧財產局）申請註冊，經該局審查核准註冊（下稱「系爭商標」），權利期間自 85 年 3 月 16 日起至 110 年 7 月 31 日止。 嗣原告甲公司以系爭商標有違商標法第 63 條第 1 項第 4 款之規定，於 103 年 2 月 26 日申請廢止其註冊。案經被告審查，於 104 年 7 月 21 日作成商標廢止處分書為「廢止不成立」之處分（下稱「原處分」）。原告不服，提起訴願，經經濟部作成訴願決定駁回。原告不服訴願決定，遂提起行政訴訟，並主張被告核准系爭商標之註冊，除違反商標法第 63 條第 1 項第 4 款之規定外，亦違反同法第 63 條第 1 項第 5 款之規定。

三、智慧財產法院之認定

　　智慧財產法院 105 年行商訴字第 34 號行政判決[14]揭示，商標註冊後，有法定廢止註冊之情形時，商標專責機關應依職權或據申請廢止其註冊，商標法第

---

[13]　或有主張，所謂的提出新證據，應包括得提出新的撤銷事由。

[14]　智慧財產法院 105 年度行商訴字第 34 號行政判決於 107 年 9 月 6 日為最高行政法院 107 年度判字第 518 號行政判決所維持。

63 條第 1 項各款定有明文。依此條文規定，商標專責機關於註冊商標有法定廢止註冊情形時，卻不依職權廢止註冊，或有任何第三人認註冊之商標有法定廢止註冊情形，但卻為商標專責機關為相異之認定者，第三人自得以其所認法定廢止註冊事由申請廢止註冊，並於商標專責機關判定申請廢止事由不成立後(等同駁回申請)，依法提起法定爭訟程序，循序經行政自我審查（訴願程序）、司法審查（行政訴訟）程序，審核商標專責機關對於廢止註冊申請之處置。惟基於憲政秩序下之權力分立原則，不得未經商標專責機關依職權認定法定廢止註冊事由之存否，亦未經第三人申請廢止註冊，卻由法院逕於行政訴訟中，以可能存有其他法定廢止註冊情形為由，撤銷商標專責機關已做成之特定法定廢止情形不成立之處分。如此於法律制度上，既得維繫商標專責機關之法定權責，不致將尚未經行政機關第一次判斷之事項，即置於行政訴訟審查範圍，進而衍生蔓延不必要之法律爭點，終而延滯行政訴訟之審理，第三人乃至公眾之權益，亦得另經申請廢止註冊，而能有獲得合理保障。

　　智慧財產法院另具體說明，原告於本件起訴前之申請廢止註冊階段，其所持申請廢止系爭商標之事由為商標法第 63 條第 1 項第 4 款之規定，並未及其他款項，及至訴願階段，始於訴願理由書一併指陳有同項第 5 款之廢止事由，並於法院審理中一再爭執系爭商標有同項第 5 款之廢止事由，原告亦自承係於訴願階段，始提出同項第 5 款之主張。原告關於同項第 5 款廢止事由之主張，既未經智慧財產局為第一次判斷，原告亦非不能循法定程序提出申請，卻以此為由攻擊原處分及訴願決定之適法性，請求法院併予斟酌，依據前開說明，即非適法。原告雖又以其所主張之同項第 4 款、第 5 款事由，原因事實均屬同一，智慧財產局依法本有依職權廢止註冊之職責，又有依職權調查證據之法定義務，何必將不同款項事由，分屬不同案件，分別審理，如此豈不浪費行政及司法資源等情，提出攻擊。不過，商標法第 63 條第 1 項第 4 款、第 5 款，確屬不同法定廢止事由，即使原告所主張之基礎原因事實同一，惟相同之基礎原因事實，於適用不同法律款項時，即屬不同廢止註冊申請權之行使，其訴訟標的已非同一，無法未經智慧財產局第一次判斷，即併於本件行政訴訟程序中審究，此已詳述如前。又行政機關固有依職權調查證據之法定義務，然此究無從推導出行政機關必須在行政爭訟程序中擴大其答辯範圍至尚未經申請並為第一次判

斷之事項。從而，原告上開主張，亦無理由。本件之審理範圍及訴訟標的，應僅限於原處分判定原告以商標法第 63 條第 1 項第 4 款申請廢止註冊不成立，以及訴願決定維持原處分，是否違法？尚不及於系爭商標有無商標法第 63 條第 1 項第 5 款之法定廢止註冊事由。

　　法院進一步強調雖然智慧財產案件審理法第 33 條第 1 項規定允許行政訴訟階段提出新證據，緩和了必須由行政機關進行第一次判斷原則，但仍以同一撤銷或廢止理由為限，而未擴及不同廢止事由，因此，原告亦不能據此請求併將新廢止事由，列入法院審理範圍及訴訟標的。

商標訴訟──著名商標

中國大陸馳名商標得作為認定台灣著名商標之佐證

▪智慧財產法院 102 年度行商訴字第 141 號行政判決
▪智慧財產法院 103 年度行商訴字第 37 號行政判決
▪智慧財產法院 102 年度行商訴字第 62 號行政判決

蔡瑞森

一、法律問題

　　商標法明文規範著名商標之保護，一旦被認定為著名商標，即使該商標尚未於我國註冊，不僅有可能得以消極地防止他人註冊相同或近似之商標於特定商品或服務，亦有可能得以積極地阻止他人使用相同或近似之商標於特別商品或服務，或是作為企業名稱或網域名稱。至於著名商標如何認定，商標法並未明文規範。

二、向來實務認為：應以我國消費者之認知為準

　　依據智慧財產局制定之《商標法第 30 條第 1 項第 11 款著名商標保護審查基準》，以及智慧財產法院 102 年度行商訴字第 141 號行政判決[15]及智慧財產法院 103 年度行商訴字第 37 號行政判決個別於不同商標異議事件，援引司法院大法官會議釋字第 104 號解釋意旨所持之見解，乃至於向來實務之共識，均認為商標是否著名，應以我國消費者之認知為準。我國消費者得普遍認知該商標之存在，通常係因其在我國廣泛使用之結果，因此，欲主張商標為著名者，原則上，應檢送該商標於我國使用的相關證據。

　　然而，商標縱使未在我國使用或在我國實際使用情形並不廣泛，但因有客觀證據顯示,該商標於其他國家或地區廣泛使用所建立的知名度已到達我國者,仍可認定該商標為著名。而商標之知名度是否已到達我國，可考量該商標使用

---

[15]　智慧財產法院 102 年度行商訴字第 141 號行政判決於 104 年 5 月 28 日為最高行政法院 104 年度判字第 262 號行政判決所維持。

的地域範圍是否與我國有密切關係，例如經貿、旅遊是否往來頻繁或文化、語言是否相近等因素加以綜合判斷。另該商標之商品藉由在我國銷售之報章雜誌廣泛報導或該商標在中文網路上被廣泛、頻繁地討論等，亦可作為該商標之知名度是否已到達我國的參考因素。

「海峽兩岸智慧財產權保護合作協議」於 99 年 6 月 29 日完成簽署，並於 99 年 9 月 12 日生效後，海峽兩岸民間相當關切之議題之一，包括於台灣被認定為著名商標後，是否得於中國大陸視為馳名商標，於中國大陸依中國大陸之商標法受到保護，或者，於中國大陸經認定為馳名商標後，是否即得於台灣視同商標法規範下之著名商標而加以保護。依據目前實務運作之結果，仍需視個案而定。

三、有實務認為：亦可參酌中國大陸馳名商標之事證，加以其他佐證資料而為認定

值得一提者，智慧財產法院 103 年度行商訴字第 37 號行政判決針對該案件據以異議之商標是否著名，參酌中國大陸國家工商行政管理總局商標局於 97 年認定據以異議商標為中國大陸馳名商標之事證，加以其他佐證資料，認定該商標為我國之著名商標。

然而，並非認定為中國大陸之馳名商標，即當然可作為台灣著名商標之佐證，仍需考量馳名或著名之程度，或者商品或服務之類別。智慧財產法院 102 年度行商訴字第 62 號行政判決於審理之商標異議事件中具體揭示，據以異議之商標雖經於中國大陸認定為馳名商標，但其著名性乃限定於食品類。而且，據以異議商標之使用商品或服務以食品類為主，沒有實際已使用於或可能多角化經營涉足於頭髮或人體保養品之證據，而系爭商標乃使用於頭髮或人體保養品，兩者商標指定使用之商品性質迥異，行銷管道及提供者亦顯然不同，兩者市場區隔明顯，客觀上應不致使消費者誤以為兩商標係來自相同或相關聯之來源。因此，智慧財產法院於本件商標異議事件，並未採納於中國大陸經認定為馳名商標之事證，作為認定於台灣為著名商標之佐證。

綜上所述，「海峽兩岸智慧財產權保護合作協議」簽署後，海峽兩岸之商標主管機關或法院更加維護彼此間智慧財產權之保護，但畢竟商標保護採行屬地主義，如何落實相關權益之保障，仍需視個別之相關法律規範。

商標權人能否於依法無法進口其商品之商標註冊地主張其商標著名性？──黃飛紅 vs. 黃粒紅

- 智慧財產法院 106 年度行商訴字第 161 號行政判決
- 智慧財產法院 106 年度行商訴字第 162 號行政判決
- 智慧財產法院 106 年度行商訴字第 163 號行政判決

廖雍倫

一、本件事實

　　商標權人為國際性之食品公司，已於台灣與多國註冊「黃飛紅」相關商標，然標示該商標之花生商品依法無法進口至台灣，故當地食品業者藉機仿襲高度近似於商標權人之商標，註冊「黃粒紅」相關商標並加以行銷花生商品。

　　商標權人提出異議後，該食品業者不服異議與後續訴願結果撤銷其商標註冊之決定，乃針對其中 3 個註冊商標向智慧財產法院提出 3 件行政訴訟。

二、討　論

　　3 件訴訟案件分屬不同法官審理　（智慧財產法院 106 年度行商訴字第 161 號、106 年度行商訴字第 162 號、106 年度行商訴字第 163 號行政判決），而法官有獨立審判之權能，故本所承辦此系列案件時如何能讓不同法官於「商標權人能否於依法無法進口其商品之商標註冊地主張其商標著名性，而得撤銷他人之仿襲商標」共同爭點上，能有一致並有利於我方當事人之見解實屬一大難題，以下謹簡要分享本人承辦此案之心得：

(一)近似性

　　首先，在兩造商標近似性判定部分，必須先馳得點，三案中法官均認定：兩商標均有相同之首尾中文「黃、紅」二字，且「紅」字均有紅色辣椒圖案作為點綴，予人寓目印象及整體之觀念、外觀均極為相仿，讀音亦極為相似，普通消費者自有可能因兩商標外觀所使用之文字、圖案及組成順序相似度極高，而產生混淆誤認，應認兩商標構成近似之商標，且近似程度甚高。

在此需特別說明的是，即便兩造各自表述商標的發想人物不同，但法院認為，縱使系爭商標「黃粒紅」發想於知名歌手「王力宏」（發音方面）、據以異議商標「黃飛紅」係借用知名電影人物「黃飛鴻」，惟消費者非得自商標外觀而客觀知悉一般商標的設計概念，故不影響近似性。

㈡著名性

其次，商標法第 30 條第 1 項第 11 款「商標相同或近似於他人著名商標或標章，有致相關公眾混淆誤認之虞，或有減損著名商標或標章之識別性或信譽之虞者，不得註冊」規定所稱「著名商標」，不以在台灣取得註冊為限。法院進一步指出：商標是否著名，應以國內消費者之認知為準，商標縱未在台灣使用或在台灣實際使用情形並不廣泛，但如有客觀證據顯示，該商標於國外廣泛使用所建立的知名度已到達台灣者，仍可認定該商標為著名。

本案中「黃飛紅」相關商標之花生商品雖屬中國大陸不准輸入台灣之商品，然觀察 1.各搜索引擎之搜尋結果； 2.該商標已於韓國、美國及日本獲得註冊； 3.台灣新聞媒體曾大幅報導相關產品、網路上搜尋結果顯見使用評價之知名度；以及 4.中國大陸各報章雜誌、媒體及網路商城之宣傳行銷訊息，法院並認為兩岸人民經貿旅遊往來頻繁，語言、文字等又極為相近，鑑於台灣民眾可自網路採買中國大陸商品等，故縱該商標商品未獲准在台灣銷售，仍應認該商標為著名商標，且其著名程度已達台灣。

綜上，三案智慧財產法院法官均肯認商標權人於台灣之著名性，其中智慧財產法院 106 年度行商訴字第 163 號行政判決經上訴後，仍經最高行政法院 108 年度判字第 299 號行政判決駁回。此外，對於食品業者就該花生商品依我國法令不得進口販賣，則商標權人所欲表彰之商標權即已無受法律保護之法益存在之主張，最高行政法院亦強調商標權人於海外製造之花生商品，縱依法不得輸入台灣，惟商標權人仍得在台灣自行或授權他人使用該商標，故不會因台灣法令禁止進口致使商標權人之權利無保護之必要。

著名商標識別性及信譽之保護，其著名程度應達「一般消費者普遍認知」

▪智慧財產法院 107 年度民商訴字第 43 號民事判決

蔡瑞森／陶思妤

一、法律問題

　　學理上之「商標淡化」(Trademark Dilution) 理論，旨在防止「著名商標」使用於特定商品或服務來源之聯想減弱或分散，而降低著名商標之獨特性。在此理論下，「著名商標」的保護範圍應較一般註冊商標為廣，不以使用於相同或類似商品／服務為限。

　　商標法第 70 條第 1 款及第 2 款即屬類似於此等理論之具體規範。根據商標法第 70 條第 1 款及第 2 款，有以下之情形，視為侵害商標權：

　　㈠明知為他人著名之註冊商標，而使用相同或近似之商標，有致減損該商標之識別性或信譽之虞者。

　　㈡明知為他人著名之註冊商標，而以該著名商標中之文字作為自己公司、商號、團體、網域或其他表彰營業主體之名稱，有致相關消費者混淆誤認之虞或減損該商標之識別性或信譽之虞者。

　　在過去之實務見解中，上述條文所保護之「著名商標」在「著名程度」之認定上素有疑義。然近年來多數見解認為，商標法第 70 條第 1 款及第 2 款減損著名商標識別性或信譽之虞的視為侵害商標權行為，所保護之「著名商標」，應達到「一般消費者所普遍認知」之高度著名程度。針對此議題，智慧財產法院 107 年度民商訴字第 43 號民事判決在商標侵權之具體個案中，重申了相同的見解。

二、本件事實

　　本案原告為一大型連鎖書店，被告則為一搬家業者。被告將與原告商標相同之名稱作為使用於搬家服務之商標，且同時將該名稱作為其公司特取名稱。原告主張，在被告成立以前，原告之商標已係著名商標，被告之行為已違反商

標法第 70 條第 1 款及第 2 款。

三、智慧財產法院之認定

對此，法院首先說明，商標法第 70 條第 1 款及第 2 款所保護之著名商標，其著名程度應解釋為超越「相關消費者」而臻「一般消費者」普遍認知之程度。法院進一步指出，原告所提出之證據侷限於本案商標於書店、文創產業之成就，不足以證明為跨領域一般公眾所熟知。此外，過去主管機關認定本案商標僅達相關消費者熟知之著名程度，尚未成為一般公眾均知悉之高度著名程度。綜上，本案法院認為被告之行為無商標法第 70 條第 1 款及第 2 款之適用。

商標訴訟——當事人適格

非經授權登記之商標專屬被授權人得提起商標侵權民事訴訟

▪智慧財產法院 103 年度民商上字第 14 號民事判決

蔡瑞森

一、法律問題

　　商標法第 39 條第 1 項及第 2 項規定 ，商標權人得就其註冊商標指定使用商品或服務之全部或一部指定地區為專屬或非專屬授權；前項授權，非經商標專責機關登記者，不得對抗第三人。另依同法第 39 條第 6 項規定，商標權受侵害時，於專屬授權範圍內，專屬被授權人得以自己名義行使權利。商標法有關「未經登記不得對抗第三人」之規範意義為何，實務見解極為紛歧。專利法亦有類似之規範。

　　針對未經授權登記之專屬被授權人得否針對商標或專利侵權，提出民事訴訟主張相當於商標權人或專利權人之權利，實務見解不一致，最高法院及各級法院於具體個案判決曾表示未經登記之商標或專利之被授權人不僅不得針對侵權提起民事訴訟，公平交易委員會甚至曾認為未經完成授權登記之被授權人寄送警告函之行為已違反公平交易法。

二、智慧財產法院之見解

　　不過，智慧財產法院 103 年度民商上字第 14 號民事判決❶則採不同見解，認定未經登記之商標專屬被授權人仍得針對商標侵權提起民事訴訟主張權利。

　　智慧財產法院指出，所謂登記對抗，係指各種不同權利間，因權利具體行使時會發生衝突、矛盾或相互抗衡之現象，而以登記為判斷權利歸屬之標準。就商標權之取得以觀，取得商標權之註冊登記為登記生效主義，而就權利重複

---

❶　智慧財產法院 103 年度民商上字第 14 號民事判決於 105 年 1 月 28 日為最高法院 105 年度台上字第 191 號裁定所維持。

讓與、讓與與信託、信託與設質、讓與與授權、信託與授權等不同法律行為與權利變動間,均可能發生對抗之問題係採登記對抗主義。其規定意旨在於保護交易行為之第三人,並非侵權行為人,是所謂非經登記不得對抗第三人,係指當事人間就有關商標權之讓與、信託、授權或設定質權之權益事項有所爭執時,始有其適用,而非不得對抗任何第三人。

智慧財產法院更明確闡明,商標權授權登記適用登記對抗主義,商標授權經商標權人及被授權人意思表示一致,即有商標專屬授權之合法效力。本件商標侵權訴訟,非就商標權之讓與、信託、授權或設定質權之權益事項有所爭執,商標侵權人非屬交易行為之第三人,為商標被授權人主張之侵害商標之行為人,自無登記對抗原則之適用。

商標訴訟——識別性

商標識別性之認定應考量申請註冊時消費者之認知

▪智慧財產法院 102 年度行商訴字第 75 號行政判決

蔡瑞森

一、法律問題

　　商標如僅由描述所指定商品或服務之品質、用途、原料、產地或相關特性之說明所構成者，乃不具商標識別性，不得註冊，為商標法第 29 條第 1 項第 1 款所明文。然而，是否為「描述所指定商品之說明」之認定標準為何，則難以界定，需視個案而定。

　　智慧財產法院 102 年度行商訴字第 75 號行政判決揭示，商標是否為其指定商品之說明，尚非一成不變，會隨著社會環境、消費者之認知及市場實際使用情形等時空背景之變遷而產生變化。

二、本件事實

　　原告曾於 71 年間註冊取得「治敏」商標，惟該商標於 91 年間因商標權期間屆滿未延展註冊而消滅，其後於 101 年再次以「治敏」為商標，向被告智慧財產局提出商標註冊申請。經被告審查認系爭商標圖樣上之「治敏」，為所指定使用前揭商品用途或相關特性之說明，應不得註冊，作成核駁之處分。原告不服，提起訴願，經經濟部訴願決定駁回，原告遂提起行政訴訟。

三、智慧財產法院之認定

　　智慧財產法院指出，該商標雖曾獲准註冊，然而，依現今之一般社會通念，「治」、「敏」兩中文字之結合，即為治療過敏之意，並未產生新意義，整體予人寓目印象，仍屬「治療過敏」之原有字義，並非自創之文字組合。因此，以「治敏」作為商標圖樣，指定使用於「眼睛照護與眼科領域用藥劑」商品，予相關消費者之寓目印象，僅會產生一般說明其商品係用以治療過敏者眼睛不適

之意，認其為治療過敏藥物，係屬描述所指定使用商品用途或相關特性直接明顯之說明，不足以使指定使用商品之相關消費者認識「治敏」為表彰商品之標識，並得藉以與他人之商品或服務相區別，應有商標法第 29 條第 1 項第 1 款所定欠缺商標識別性而不准註冊之情事。

　　智慧財產法院並強調，現今社會存在多種治療過敏藥物，依現今相關消費者之認知，該商標之文字「治敏」既然為「治療過敏」之意，係屬所指定商品之說明，而非識別來源的標識，從競爭的角度觀之，其他競爭同業於交易過程亦有使用「治療過敏」或「治敏」來說明商品或服務之需要，若賦予該商標申請人「治敏」之排他專屬權，將影響市場公平競爭，顯失公允。

智慧財產法院採認市場調查報告作為認定立體商標具備商標識別性之參考

蔡瑞森

一、法律問題

　　商標的主要功能在於識別商品或服務來源，若一標識無法指示及區別商品或服務的來源，即不具商標功能，自不得核准註冊。識別性為商標取得註冊的積極要件，然而識別性的有無、強弱，常隨著商標實際使用情形及時間經過而變化，尤其今日商業行銷手法多變，數位媒體科技快速發展，使得商標型態及使用方式不斷發展，影響識別性的判斷極大。標識是否具識別性在個案事實之判斷，因商品或服務性質之差異而有不同之認定結果，較常被認為有審查不一致之情形，尤其透過使用能否取得後天識別性之認定標準，更因使用證據之強弱、同業需要使用之程度及相關商品或服務消費者之接觸程度等而有不同，智慧財產局爰訂定《商標識別性審查基準》以建立客觀的審查標準，儘可能達成判斷上的一致性。

二、市場調查報告得否採認作為認定商標識別性具備之參考？

㈠《商標識別性審查基準》之規定

　　依據《商標識別性審查基準》之規範，申請人對於不具識別性的商標，必須舉證證明該商標已經使用取得識別性，始能取得註冊。後天識別性的取得，須以國內相關消費者的認知為判斷標準，因此，申請人檢送之申請商標使用於指定商品或服務的實際使用證據，應以國內的使用資料為主，若檢送國外使用資料，須國內相關消費者得以獲知該國外使用情形的有關資訊時，始足以採證。而依據該基準，下列資料可以作為申請商標已取得識別性的證據，包括「商標的使用方式、時間長短及同業使用情形」、「銷售量、營業額與市場占有率」、「廣告量、廣告費用、促銷活動的資料」、「銷售區域、市場分布、販賣據點或展覽陳列處所的範圍」、「各國註冊的證明」、「市場調查報告」及「其他得據為認定有後天識別性的證據」等。

　　市場調查報告雖得作為商標取得識別性的證據，但唯有專業且公正客觀的市場調查報告始具有證據能力。商標註冊申請人選擇自行做市場調查時，若缺乏市場調查的專業能力，易使得抽樣常缺乏代表性、問卷內容多出現引導式的問題設計、實際進行調查或訪談者又往往缺乏專業的訓練及能力，問卷的正確性與公正性較容易受到質疑，而影響其參考價值。因為報告的專業、公正性常受質疑，實務上並不容易被認為具有證據能力。《商標識別性審查基準》特別指出，考量市場調查報告的參考價值時，應注意下列事項：「市場調查公司或機構的公信力」、「調查方式」、「問卷內容設計」、「內容與結論之關聯性」及「其他應注意事項」。

㈡實務上少採「市場調查報告」作為商標識別性之參考

　　儘管《商標識別性審查基準》已規範「市場調查報告」得作為認定商標是否具備識別性之參考，然而常因「市場調查報告」之瑕疵，實務上甚少「市場調查報告」經採認作為商標識別性之參考，智慧財產局或智慧財產法院往昔針對大部分案件所提出之市場調查報告，或以市場調查公司或機構的公信力、調查方式、問卷內容設計、內容與結論之關聯性有所瑕疵而未採認。

㈢有將「市場調查報告」作為商標識別性參考之判決
1.智慧財產法院103年度行商訴字第83號行政判決

　　智慧財產法院103年度行商訴字第83號行政判決[17]針對一件以化妝品瓶身及顏色結合作為立體商標之商標註冊申請案，採認了商標註冊申請人所委託市場調查公司之市場調查報告，判決認定該立體商標具備商標識別性，而撤銷了智慧財產局核駁處分及經濟部之訴願決定。

　　智慧財產法院特別指出，商標註冊申請人提出之市場調查報告，為經公正與專業公司之結果，法院審究其內容包含從事市場調查業務之期間、營業數量、調查報告之經驗、調查期間、調查方法、調查人員之素質、調查技巧、調查地區範圍、調查對象、抽樣方法、母體及樣本數、問卷種類、題目類型、題目區

---

[17] 智慧財產法院103年度行商訴字第83號行政判決於104年12月31日為最高行政法院104年度判字第792號行政判決所維持。

分、基本原則、結構安排、目標設計、因果關係等事項。由調查報告得知，整體受訪者有 69% 知道該案申請商標註冊為商標申請人銷售之特定品牌之商品瓶身，甚至有 51% 不須任何產品類別之提示，僅憑瓶身即可說出品牌全名。從調查公司之公信力、調查方式、問卷內容之設計、調查地區、樣本數、問卷內容之設計與表達方式、調查所得與結論之演繹推論關係，暨誤差與信賴水準之說明，均能客觀與符合邏輯呈現市場調查之結論。因此，市場調查報告足證相關消費者，依該案申請註冊商標之立體形狀與顏色組合辨識商品來源。足證該案申請註冊商標之立體形狀與顏色組合，已取得後天識別性。

　　智慧財產法院所揭示之市場調查報告得採認之相關考量因素及事實認定，將極可能影響智慧財產局未來針對類似案件商標識別性審查之實務。

2. 智慧財產法院 104 年度行商訴字第 54 號行政判決

　　智慧財產法院 104 年度行商訴字第 54 號行政判決針對　「護唇膏之球狀包裝盒」之立體商標註冊申請之特定個案，則經審查商標註冊申請人所提之市場調查報告之市場調查公司的公信力、調查方式、問卷內容設計、內容與結論之關聯性的詳細內容後，採認市場調查報告作為判斷該商標是否具備商標識別性之參考，經參酌其他商標使用證據後，具體判決該案之立體商標應准予商標註冊❶❽。

---

❶❽　智慧財產法院 104 年度行商訴字第 54 號行政判決：「是系爭申請案在台灣地區之行銷時間不長，然因原告於系爭申請案申請後，有投入相當之行銷與廣告費用，而該產品適合於都會地區女性，以其短小輕便適於攜帶特性，適合於全台灣便利商店為銷售據點，且系爭申請案美國與大陸地區已為註冊，其所提出市場調查報告結果可證明相關消費者知悉該造型與護唇膏有關，是綜合原告於訴訟中提出之證據，應可證明系爭申請案具有後天識別性。」

與著名商標結合之廣告標語，並不當然具備先天或後天識別性

■智慧財產法院 106 年度行商訴字第 100 號行政判決

蔡瑞森／陶思妤

一、法律問題

依據智慧財產局所發布之《商標識別性審查基準》，用於宣傳服務或商品的廣告標語，對一般消費者而言，通常需要在標語經過相當的使用後，才會認識到該標語與一定的商品或服務的來源有關，此時標語才具有區別來源的功能，而具有識別性。因此，在審查實務上，廣告標語一般不會被認為具備先天識別性，申請人必須證明廣告標語已取得後天識別性，始得准予註冊。但《商標識別性審查基準》亦同時指出，高度創意性的標語或含有高度識別性商標的標語，則例外可被認為具備先天識別性，惟若該標語整體仍為商品或服務的說明，仍不具識別性。綜言之，含有著名商標的標語是否具備識別性，以及應如何認定，乃有相當之疑義，仍須視個案狀況具體決定。

二、智慧財產法院之見解

智慧財產法院 106 年度行商訴字第 100 號行政判決於「DESIGNED BY APPLE IN CALIFORNIA」商標（即系爭商標）核駁之具體個案，針對與著名商標結合之廣告標語，應如何認定先天或後天識別性，揭示重要決定原則。

就先天識別性而言，商標申請人於該具體個案中主張「APPLE」商標為享譽國際之極著名商標，智慧財產局不應忽視系爭商標中極具識別性之「APPLE」商標，而遽認為「DESIGNED BY APPLE IN CALIFORNIA」僅為一般或標榜用語。智慧財產法院支持智慧財產局之觀點認為，縱使該標語含有享譽國際之極著名商標，先天識別性仍須就商標之整體呈現觀察。

至於後天識別性而言，商標申請人稱其早於 94 年 2 月即開始使用系爭商標，已為消費者所熟知，並於世界多國取得註冊。惟智慧財產法院則指出，後天識別性亦須視我國相關消費者是否已認識該標語為原告商品或服務之識別標

識，而本案相關證據顯示，消費者仍須併用「IPHONE」、「IPAD」、「APPLE」
等商標始能辨別其商品來源，因此「IPHONE」、「IPAD」、「APPLE」等主要商
標才是辨別商品來源之指示，若移除該主要商標，商標是否具備後天識別性，
仍應就所申請註冊之商標整體之使用狀況，作為判斷。

圖形商標近似程度應著重於外觀設計之比對，並應以相關消費者之認知為準

智慧財產法院 107 年度行商訴字第 99 號行政判決

蔡瑞森／陶思妤

一、法律問題

依照智慧財產局公告施行之《「混淆誤認之虞」審查基準》，判斷二商標間有否混淆誤認之虞，共有 8 項應該考量之因素：㈠商標識別性之強弱；㈡商標是否近似暨近似之程度；㈢商品／服務是否類似暨其類似之程度；㈣先權利人多角化經營之情形；㈤實際混淆誤認之情事；㈥相關消費者對各商標熟悉之程度；㈦系爭商標之申請人是否善意；㈧其他混淆誤認之因素。此 8 項因素之參酌在強弱要求上，智慧財產局在審查時可能會因案情的不同而有所差異。其中，「商標是否近似暨近似之程度」又為商標間產生衝突時最常見之爭議。針對圖形商標近似程度之判斷，《「混淆誤認之虞」審查基準》指出，應著重於「外觀設計的比對」。

判斷兩圖形商標間是否有混淆誤認之虞時，應如何綜合考量商標外觀及觀念之近似程度，及其他混淆誤認之因素之比重，在實務上為較具爭議之議題。針對此議題，智慧財產法院 107 年度行商訴字第 99 號行政判決於商標異議具體個案中揭示了值得參考的見解。

二、本件事實

本案之被異議商標為一「斜置圓形水果輪廓、果身右上方內部有黑色蒂頭、果身外有二與果身分離、大小不一、向上延伸成相對之葉片所組成」之水果狀設計圖。相對而言，據以異議商標則為「正置之蘋果果身、果身右側有咬痕、上方具有一片與果身分離葉片」之水果狀設計圖。被異議商標及據以異議商標皆指定使用於第 9 類「電腦軟體、電腦硬體」及第 42 類「電腦周邊設備經銷、電腦程式設計」等商品服務上。

異議人主張，被異議商標與果身分離之橢圓葉片設計，與據以異議商標之

葉片設計極為近似。此外,異議人指出近期於美國所進行之測試,證明與果身分離之葉片為消費者辨識據以異議商標之重要元素。此外,異議人亦主張,被異議商標於申請時,據以異議商標已達國內一般消費者皆知悉之著名程度,應予以較大之保護。然而,做出異議不成立處分之智慧財產局則答辯,被異議商標為果身完整且具有兩片大小不一葉片之柑橘類水果,而據以異議商標則係具有咬痕缺口且僅有一片葉片之蘋果。被異議人進一步說明,被異議商標在觀念上所表彰之意涵為「柑橘」,據以異議商標之意涵則為「蘋果」,因此兩商標明顯有別。

三、智慧財產法院之認定

　　智慧財產法院首先釐清,據以異議商標主要為一蘋果剪影,且經國內判決實務認為已達高度著名之程度,應認據以異議商標具有強烈之識別性。針對兩商標之近似性,智慧財產法院進一步說明,智慧財產局雖主張被異議商標為柑橘類水果,因而兩商標在觀念上有所不同,然兩商標之整體造型不脫圓形水果及上方有與果身分離之葉片的水果造型圖案。此外,智慧財產法院指出,以相關消費者之認知為準,被異議商標之圓形輪廓、蒂頭、葉片等外型特徵,未必會認為是柑橘類水果。

　　值得注意的是,法院命智慧財產局提出與據以異議商標有關之水果圖形爭議案件資料,審查結果認為下方呈圓形之蘋果圖樣、果身右側完整無缺口、上方有枝無葉、或有一葉或兩葉、果身正置或斜置者,智慧財產局均認為異議或評定成立。因此,基於平等及行政自我拘束原則,應認為本案被異議商標及據以異議商標有混淆誤認之虞。

　　智慧財產法院乃直接做成命智慧財產局撤銷該被異議商標之判決。

地理名稱與指定商品或服務間無關連時，得具先天識別性

▪最高行政法院 108 年度判字第 566 號行政判決

湯舒涵

一、法律問題

商標法第 29 條第 1 項第 1 款規定，商標若僅由描述所指定商品或服務之產地所構成者，應認不具識別性，不得註冊。按商標的主要功能在於識別商品或服務來源，而地理名稱係指地球上地理區域的名稱，包括國家、省、縣市、街道等人為的地理區劃，及海洋、河流、湖泊、山岳、沙漠等自然的地貌。地理名稱使用於商品或服務，給予消費者的印象，通常只是商品或服務與該地理區域有所關連的說明，用以表示商品的製造地、生產地、設計地、商品或服務的商業來源地、或服務的提供地，而非識別來源的標識。本條意旨即在於排除此種地理名稱無法指示及區別特定商品或服務的來源，而不具有識別性之情況。尤其在地理名稱以特定商品之生產或特定服務之提供聞名時，更是如此。

惟，假使地理名稱與指定商品或服務間沒有任何關連，且消費者不會認為該地名、地點與商品或服務有關時，則此等地理名稱是否屬任意使用而具有先天識別性，則有爭議。

二、 最高行政法院之見解

最高行政法院於 108 年 12 月 12 日 108 年度判字第 566 號行政判決中表示，該案所涉「SAN FRANCISCO」商標，字典查詢結果係「舊金山」之英文地名，然而舊金山與申請人所請之「鉛字、印刷鉛字或印刷鉛字模」商品間似乎沒有任何關連，且消費者亦不會認為舊金山是該商品之產地、服務提供地等，應具有先天識別性。最高行政法院更進一步指出，地理名稱與指定商品或服務間是否具關連性，應就各類商品給予消費者之印象個別判斷，不得僅因一地理名稱與某類商品具關連性，即遽然認定該地理名稱就其他種類商品亦具備關連性而不具有識別性。又商標採屬地主義，一地理商標雖於國外核准註冊，惟該地理名稱是否產生商品說明之聯想，而得於我國核准註冊，仍應以我國消費者

之認知為準。

　　若一地理名稱不具先天識別性，然經申請人於市場使用後，相關消費者已經將其視為指示及區別一定來源的標識，則該地理名稱可取得後天識別性，而得准予註冊。為證明地理名稱取得後天識別性，申請人應提出相關證據資料，包括地理名稱與指定使用商品或服務的關係、競爭同業使用情形、申請人使用方式與實際交易情況等，由商標專責機關衡酌個案實際交易市場的相關事實綜合審查及判斷。申請人於個案中，如何說服商標審查人員一地理名稱與指定商品或服務間不具備關連性，或可取得後天識別性，仍係值得關注之議題。

修正法規

財政部關務署修正《海關執行商標權益保護措施實施辦法》 自106年1月1日施行

蔡瑞森

　　為強化對商標權人之保護及落實電子化政府及簡化行政程序,財政部關務署發布修正「海關執行商標權益保護措施實施辦法」,自106年1月1日施行。財政部關務署表示,本次修正主要內容如下:

　　1.海關核准提示保護期間由1年延長至商標權期間屆滿日。例如:商標權期間距屆滿日尚有5年,海關即核准5年提示保護期。商標權人無需每年檢具資料向海關申請延長提示保護。

　　2.商標權人提供智慧財產局已延展註冊之文件,即可向海關申請延長提示保護。刪除原商標權人未於提示保護期屆滿前申請延長應重新申請之規定。

　　3.提示保護相關資訊有變更時,商標權人應向海關申請變更。

　　4.在我國境內無住所或營業所之商標權人需委任代理人辦理提示保護相關事宜。

　　5.海關得提供商標權人疑似侵權物照片,俾其預為判斷是否前往海關鑑定貨物真偽。

　　該署呼籲,由於核准之提示保護期變長,提示保護相關資訊有變更時,商標權人應向海關申請變更,提供海關最新資訊,以利海關之邊境執法。此外,商標權人申請提示保護及延長提示保護已於103年10月起提供線上申辦,節省申請時間及成本,商標權人普遍反應良好。該署為提供更便利之服務,自105年12月起,更增加申請補充及變更提示保護資料之線上申辦項目。

專利

民事訴訟程序——主體

智慧財產法院應指定智慧財產局輔助何造當事人？

◣最高法院 102 年度台上字第 1800 號民事判決

簡秀如

一、法律問題

　　97 年 7 月 1 日生效的智慧財產案件審理法，其中第 17 條規定，若當事人（通常為被告）於侵權訴訟中抗辯專利權無效時，法院於必要時得命智慧財產局參加訴訟，俾就專利有效性之爭點表示意見，且此「參加」性質為「輔助參加」，亦即需適用民事訴訟法第 61 條規定之「參加人得按參加時之訴訟程度，輔助當事人為一切訴訟行為。但其行為與該當事人之行為抵觸者，不生效力」。換言之，智慧財產局參加訴訟時，不僅應對專利有效性之爭點表示意見，亦僅能輔助原告或被告中之其中一造。

　　然而，由於當事人可能同時亦向智慧財產局提出舉發程序，而其程序尚未完結，智慧財產局實難在參加訴訟時對專利有效性具體表示意見，亦難以決定其應「輔助」原告、被告中之何造。縱使並無舉發案繫屬於智慧財產局，因其究非發生爭議的當事人，要求智慧財產局之審查官事先仔細閱卷通盤瞭解當事人間之爭議，俾於訴訟上妥適表示意見，現實上亦難以期待。鑑於智慧財產局參加訴訟之結果並未對侵權訴訟之審理提供實質助益，故智慧財產法院在成立後，似較少在訴訟中積極運用此制度。

二、最高法院之見解

　　有鑑於此，最高法院於 98 至 100 年間曾多次於判決中闡述「智慧財產局參加訴訟」之重要性，包括 98 年度台上字第 2373 號民事判決❶、99 年度台上字

---

❶　最高法院 98 年度台上字第 2373 號民事判決：「次按『當事人主張或抗辯智慧財產權有應撤銷、廢止之原因者，法院應就其主張或抗辯有無理由自為判斷，不適用民事訴訟法、行政訴訟法、商標法、專利法、植物品種及種苗法或其他法律有關停止訴

第 112 號民事判決❷、100 年度台上字第 480 號民事判決❸、100 年度台上字第

訟程序之規定』、『前項情形，法院認有撤銷、廢止之原因時，智慧財產權人於該民事訴訟中不得對於他造主張權利』，智慧財產案件審理法第 16 條第 1 項、第 2 項固有明文，然同法第 17 條亦規定：『法院為判斷當事人依前條第 1 項所為之主張或抗辯，於必要時，得以裁定命智慧財產專責機關參加訴訟』，蓋就智慧財產權有無應撤銷或廢止原因之爭點，與智慧財產專責機關之職權有關，為使法院取得更周全之訴訟資料，作出正確之判斷，並儘量避免與專責機關之判斷發生歧異，始有賦與專責機關參與程序並表達意見機會之必要，自不因有技術審查官參與訴訟程序，而可忽略。」

❷ 最高法院 99 年度台上字第 112 號民事判決：「按『當事人主張或抗辯智慧財產權有應撤銷、廢止之原因者，法院應就其主張或抗辯有無理由自為判斷，不適用民事訴訟法、行政訴訟法、商標法、專利法、植物品種及種苗法或其他法律有關停止訴訟程序之規定』、『前項情形，法院認有撤銷、廢止之原因時，智慧財產權人於該民事訴訟中不得對於他造主張權利』，智慧財產案件審理法第 16 條第 1 項、第 2 項固定有明文，惟同法第 17 條亦規定：『法院為判斷當事人依前條第 1 項所為之主張或抗辯，於必要時，得以裁定命智慧財產專責機關參加訴訟』，蓋就智慧財產權有無應撤銷或廢止原因之爭點，與智慧財產專責機關之職權有關，為使法院取得更完整之訴訟資料，以作出正確之判斷，自有賦與專責機關參與程序並表達意見機會之必要，不因有技術審查官參與訴訟程序，而可忽略。」

❸ 最高法院 100 年度台上字第 480 號民事判決：「按依智慧財產案件審理法第 16 條第 1 項規定，於智慧財產權爭訟事件，當事人主張或抗辯智慧財產權有應撤銷、廢止之原因者，法院雖應就其主張或抗辯有無理由自為判斷，不適用民事訴訟法等法律有關停止訴訟程序之規定，然智慧財產權之審定或撤銷，與該財產權專責機關依職權審查所為之實體判斷相關，該等事件動輒涉及跨領域之科技專業知識，智慧財產法院並依智慧財產法院組織法第 15 條第 4 項及智慧財產案件審理法第 4 條之規定，配置有技術審查官，使其受法官之指揮監督，依法協助法官從事案件之技術判斷，蒐集、分析相關技術資料及對於技術問題提供意見（性質上屬於受諮詢意見人員）。是以，智慧財產法院審理是類訟爭事件就自己具備與事件有關之專業知識，或經技術審查官為意見陳述所得之專業知識，倘認與專責機關之判斷歧異，自應依智慧財產案件審理法第 8 條及第 17 條第 1 項規定，將所知與事件有關之特殊專業知識對當事人適當揭露，令當事人有辯論之機會，或適時、適度表明其法律上見解及開示心證，或裁定命智慧財產專責機關參加訴訟及表示意見，經兩造充分攻防行言詞辯論後，依辯論所得心證本於職權而為判決，此觀同法第 8 條立法說明揭櫫：『……如未

1013 號民事判決❹及 100 年度台上字第 986 號民事判決❺等，強調當智慧財產

於裁判前對當事人為適當揭露，使當事人有表示意見之機會，將對當事人造成突襲……』、『為避免突襲性裁判及平衡保護訴訟當事人之實體利益及程序利益……』、第 17 條立法說明：『……智慧財產訴訟之結果，與智慧財產專責機關之職權有關，自宜使其得適時就智慧財產之訴訟表示專業意見……』，以及智慧財產案件審理細則第 16 條理由說明揭示『……法官如欲將技術審查官意見採為裁判之基礎，應依本法第 8 條第 1 項規定，予當事人有辯論之機會……』等意旨自明。」

❹ 100 年度台上字第 1013 號民事判決：「按依智慧財產案件審理法第 16 條第 1 項規定，於智慧財產權爭訟事件，當事人主張或抗辯智慧財產權有應撤銷、廢止之原因者，法院雖應就其主張或抗辯有無理由自為判斷，不適用民事訴訟法等法律有關停止訴訟程序之規定。然同法第 8 條規定：『法院已知之特殊專業知識，應予當事人有辯論之機會，始得採為裁判之基礎。審判長或受命法官就事件之法律關係，應向當事人曉諭爭點，並得適時表明法律見解及適度開示心證』，另智慧財產案件審理細則第 16 條理由復說明：『……法官如欲將技術審查官意見採為裁判之基礎，應依本法第 8 條第 1 項規定，予當事人有辯論之機會……』。揆其立法意旨，乃因智慧財產權之審定或撤銷，與該財產權專責機關依職權審查所為之實體判斷有關，故智慧財產法院審理是類訟爭事件就自己具備與事件有關之專業知識，或經技術審查官為意見陳述所得之專業知識，而擬採為裁判基礎者，應予當事人有辯論之機會，以避免造成突襲性裁判及平衡保護訴訟當事人之實體利益及程序利益。又智慧財產案件審理法第 17 條第 1 項規定：『法院為判斷當事人依前條第 1 項所為之主張或抗辯，於必要時，得以裁定命智慧財產專責機關參加訴訟』。因此，智慧財產法院倘其認定與專責機關之判斷歧異時，尤應依智慧財產案件審理法第 8 條及第 17 條第 1 項規定，將所知與事件有關之特殊專業知識而擬採為裁判基礎者，對當事人為適當揭露，令當事人有辯論之機會，或適時、適度表明其法律上見解及開示心證，或裁定命智慧財產專責機關參加訴訟及表示意見，以保障當事人之聽審機會及使其衡量有無進而為其他主張及聲請調查證據之必要。」

❺ 最高法院 100 年度台上字第 986 號民事判決：「按當事人主張專利權有應撤銷之原因，依法應由其負舉證責任。次按『當事人主張或抗辯智慧財產權有應撤銷、廢止之原因者，法院應就其主張或抗辯有無理由自為判斷，不適用民事訴訟法、行政訴訟法、商標法、專利法、植物品種及種苗法或其他法律有關停止訴訟程序之規定。』『前項情形，法院認有撤銷、廢止之原因時，智慧財產權人於該民事訴訟中不得對於他造主張權利。』智慧財產案件審理法第 16 條第 1 項、第 2 項固定有明文，然同法第 17 條亦規定：『法院為判斷當事人依前條第 1 項所為之主張或抗辯，於必要時，

局已審定舉發不成立時，倘若法院欲推翻其判斷，即應斟酌情形命智慧財產局參加訴訟。其中100年度台上字第986號民事判決更進一步指出，若尚有舉發案繫屬於智慧財產局，智慧財產法院應考慮有無待舉發案確定後，再實質探知智慧財產局專業意見之必要。

因最高法院已在判決中反覆闡述前述原則，智慧財產法院嗣多命智慧財產局參加訴訟，以免造成程序上的瑕疵。然前述智慧財產局難以表示意見之原因仍然存在，故縱使法院踐行命智慧財產局參加訴訟之程序，往往亦淪為形式，而難見成效。特言之，智慧財產案件審理法所要求「智慧財產局應輔助一造當事人」之規定，更是流於具文。對此，最高法院於102年9月25日之102年度台上字第1800號民事判決❻中，極為具體地指示智慧財產法院應如何改進。

依據上開最高法院判決意旨，智慧財產法院在裁定命智慧財產局參加訴訟

得以裁定命智慧財產專責機關參加訴訟。」蓋就智慧財產權有無應撤銷或廢止原因之爭點，與智慧財產專責機關之職權有關，為使法院取得更周全之訴訟資料，作出正確之判斷，並儘量避免與專責機關之判斷發生歧異，自有賦予專責機關參與程序並表達意見機會之必要。」

❻ 最高法院102年度台上字第1800號民事判決：「按法院為判斷當事人依智慧財產案件審理法第16條規定所為智慧財產權有應撤銷、廢止原因之主張或抗辯者，於必要時，得以裁定命智慧財產專責機關參加訴訟；智慧財產專責機關依法院裁定參加訴訟時，以關於上開主張或抗辯有無理由為限，適用民事訴訟法第61條之規定（智慧財產案件審理法第17條第1項、第2項規定參照）。準此，智慧財產專責機關參加訴訟，仍應依民事訴訟法第58條第1項、第61條規定，輔助其中一造當事人為一切訴訟行為，智慧財產法院裁定命智慧財產專責機關參加訴訟，即應於裁定中表明智慧財產專責機關所輔助當事人為何造，俾智慧財產專責機關有所遵循，而得提出其攻擊防禦方法。原法院於101年3月13日裁定命智慧財產專責機關即智慧局參加訴訟，未於裁定中表明智慧局應輔助何造當事人，智慧局雖於準備程序及言詞辯論期日到場，但未為任何聲明或表明輔助何造參加訴訟而提出攻擊防禦方法，且原判決於當事人欄逕列智慧局為被上訴人之參加人，殊與智慧財產專責機關為智慧財產註冊審核之主管機關，智慧財產訴訟之結果，與智慧財產專責機關之職權有關，法院為判斷智慧財產權有無應撤銷、廢止原因，宜使該專責機關得適時就智慧財產權有效性之訴訟上爭點表示專業上意見之立法意旨有違，原法院所踐行之程序，已嫌疏略。」

時，應表明智慧財產局所輔助當事人為何造，俾其有所遵循，而得提出攻擊防禦方法。最高法院並在判決中指摘：智慧財產法院未於裁定中表明智慧財產局應輔助之對象，亦未使其於開庭時為任何聲明或表明輔助何造參加訴訟，卻在判決中逕列智慧財產局為被告之參加人，顯與智慧財產案件審理法之立法目的相違。

最高法院上開見解，是否會對智慧財產法院及智慧財產局日後處理「參加訴訟」之程序造成困擾，頗值關注。蓋智慧財產法院在何種情況下應命智慧財產局輔助原告以維護專利權有效性、何種情形又應輔助被告支持專利無效之立場，顯有疑問；尤其是當智慧財產局所審理的舉發程序尚未終結時，更形困難。

法人指派自然人代表行使職務時，經法人指派之自然人代表尚非屬登記事項

▪智慧財產法院 105 年度民專上字第 2 號民事判決

湯舒涵

一、法律問題

依據公司法第 27 條第 1 項規定，政府或法人為股東時，得當選為董事或監察人，但須指定自然人代表行使職務。是以，公司法對於公司之負責人並不僅限於自然人，法人亦得為公司之負責人，惟於執行職務時，應指定自然人代表行使職務。實務有爭議者在於，法人所登記之代表人、與其指派至他公司行使職務之自然人，是否必須為同一人？又，該法人是否應就該指定行使職務之自然人代表予以登記？

二、本件事實

本件被上訴人公司之代表人為甲公司，上訴人公司即主張由於公示資料顯示甲公司之代表人係 A 自然人，故甲公司指派至被上訴人公司行使職務之自然人亦應該為 A 自然人，被上訴人應出具由 A 自然人簽章之委任書。

三、智慧財產法院之認定

惟智慧財產法院 105 年度民專上字第 2 號民事判決卻認為，法人為公司股東時，其指定行使股東權利或代表法人董監事執行職務之代表人與法人間，其性質應為民法上之委任，由法人或代表人出具足資證明其委任關係之文件即為已足，故在被上訴人公司提出甲公司董事監察人指派書並主張甲公司指派至被上訴人公司行使職務者為 B 自然人之情況下，即足以證明甲公司指定 B 自然人代表情事。至於甲公司所登記之代表人、與其指派至被上訴人公司行使職務之自然人有所不同者，智慧財產法院則肯認經濟部 89 年經商字第 89215323 號函釋意旨並表示，經法人指派之自然人代表尚非屬登記事項，故不須予以登記，被上訴人公司登記之負責人僅須登記法人股東即甲公司即為已足，而毋庸登記為法人股東指派之代表人，甲公司登記之法定代表人為何人、與其指定行使職務之自然人為何人，係屬二事。

民事訴訟程序——保全程序

行使專利權之預防性程序是否應予侵權人陳述意見機會？

▪最高法院 103 年度第 12 次民事庭會議決議 ❼

簡秀如／湯舒涵

一、法律問題

專利權人於行使其權利時，常見以各種預防性措施達到事前保全目的，例如聲請假扣押，凍結侵權人之財產以預防其脫產，進而保全日後就損害賠償金額之執行；或聲請定暫時狀態處分，禁止侵權人繼續產銷侵權產品，以避免專利權人所受損害繼續擴大。另亦可聲請證據保全，就證明侵權或損害額之重要證物先予保全，以防遭竄改或滅失，並可協助專利權人評估實際情況，達到預防訴訟之目的。

上開各種預防性措施中，在假扣押及證據保全方面，因考量日後執行之順利，避免侵權人事先知悉情形而設法脫產或隱匿重要證據，通常均採取秘密審理原則，僅在執行當日始將假扣押裁定或證據保全裁定送達侵權人，透過此種「突襲式」的執行方式達到目的。但對於定暫時狀態處分，則因慮及停止相關產銷活動可能對侵權人事業之經營造成極大衝擊，故民事訴訟法及智慧財產案件審理法均明定，原則上法院於裁定前應使侵權人有陳述意見之機會。

然而，當上開聲請遭第一審法院駁回，專利權人若不服而欲向第二審提出

---

❼ 最高法院 103 年度第 12 次民事庭會議決議：「院長提議：債權人聲請法院對債務人為假扣押裁定，第一審法院駁回債權人之聲請，債權人提起抗告，抗告法院於裁定前，是否應通知債務人陳述意見？決議採丙說：民事訴訟法第 528 條第 2 項規定：抗告法院為裁定前，應使債權人及債務人有陳述意見之機會。旨在保障債權人及債務人之程序權，並使抗告法院能正確判斷原裁定之當否。惟假扣押係保全程序，假扣押裁定具隱密性，為防止債務人隱匿或處分財產，以保全債權人之強制執行，其執行應依強制執行法第 132 條第 1 項規定，於裁定送達債務人之同時或送達前為之。考量此項立法趣旨，債權人對駁回其假扣押聲請之裁定提起抗告，倘假扣押隱密性仍應予維持，即無須使債務人有陳述意見之機會。」

抗告時，依據民事訴訟法第 528 條第 2 項規定之「抗告法院為裁定前，應使債權人及債務人有陳述意見之機會」，不論假扣押、證據保全或定暫時狀態處分，法院原則上將一律通知侵權人表示意見。如此一來，即便抗告法院認同專利權人之主張而裁准其聲請，原本假扣押及證據保全程序所注重之隱密性盡失。此時若專利權人仍欲爭取假扣押或證據保全之可能性，常僅能放棄抗告，甚至另擇法院提出假扣押之新聲請；但在目前智慧財產法院對智慧財產案件享有優先管轄權之情況下，「另擇法院」之作法有其不確定性。

按假扣押既屬保全程序，即應特別注意其隱密性，俾防止侵權人於執行假扣押之前先行隱匿或處分財產；強制執行法第 132 條第 1 項即規定，假扣押之執行應於裁定送達債務人之同時或送達前為之。準此，其抗告程序亦應採相同原則，否則難符假扣押制度之立法目的。

二、最高法院之見解

對於此項司法實務界爭議已久、且對專利權人或其他一般債權人造成相當困擾之法律問題，最高法院終於在 103 年 8 月 19 日第 12 次民事庭會議中決議，當債權人對駁回其假扣押聲請之裁定提起抗告，倘假扣押隱密性仍應予維持，即無給予債務人陳述意見機會之必要。

惟對於同樣有隱密性需求的證據保全程序，目前尚未見最高法院表示相同立場。專利權人之證據保全聲請若遭第一審法院駁回，仍難以透過抗告之提出，而達到原本希冀藉由突襲性實施證據保全而取得有利證據之目的。

民事訴訟程序——裁判費

專利侵權訴訟之共同被告於上訴時是否應各自繳納裁判費?

- 智慧財產法院 106 年度民專抗字第 5 號民事裁定
- 最高法院 107 年度台抗字第 54 號民事裁定

簡秀如／黃柏維

一、法律問題

於專利侵權民事訴訟實務中,常見專利權人將參與侵權行為之上、下游供應鏈中之數人,包括侵權產品製造人、品牌擁有人、經銷商等,均列為共同被告,主張該等被告應連帶負擔損害賠償責任,且均應停止侵害行為。於起訴時,法院即據民事訴訟法相關規定,計算專利權人所主張之損害賠償請求權及排除暨防免侵害請求權之訴訟標的價額,核算應繳納之裁判費;此時,雖被告有多數人,但因請求之標的競合,故僅以其中最高額定其訴訟標的價額(民事訴訟法第 77 條之 2 第 1 項規定參照),亦即其計算與被告人數並無關涉。惟若共同被告遭敗訴判決而欲上訴時,共同被告間得否主張當其中一人繳納依上訴利益計算之上訴裁判費時,其餘被告即不需繳納?似有疑義。

二、本件事實

再抗告人 A 公司與 B、C、D 共四家公司為專利侵權民事訴訟之共同被告,案經智慧財產法院第一審判決共同被告敗訴,命 A、B、C 三家公司不得製造販賣且需回收及銷毀系爭侵權產品。法院分別就 A、B、C 公司之上訴聲明核定訴訟標的價額及應繳之二審裁判費,B、C 公司並已完成繳納。惟 A 公司向智慧財產法院提起抗告,主張 A、B、C 公司三者為不真正連帶關係,當不真正連帶債務人中之一人就判決提起上訴並繳納全額訴訟費用者,其所為之清償,既已滿足債權之全部,則其餘不真正連帶債務人提起上訴時,應毋庸再繳納訴訟費用。

三、法院之認定

就此，智慧財產法院 106 年度民專抗字第 5 號民事裁定認定 A 公司主張無理由而駁回抗告，蓋系爭侵權產品係由 B、C 二公司聯合製造，再由 A 公司代理銷售，針對原判決所命 A、B、C 三公司排除侵害及回收並銷毀系爭侵權產品之義務，三家公司對於不行為及行為具有個別自主之決意力，故 A 公司不因 B、C 二公司已遵行，即免除其自身之義務。進一步言之，A 公司與 B、C 二公司各自對該判決之上訴利益不同，故上訴利益應分別計算，並分別繳納第二審裁判費。

前述見解為最高法院所維持，最高法院於 107 年 1 月 24 日作成 107 年度台抗字第 54 號民事裁定，認為共同訴訟之被告係各自就其不利部分提起上訴，並無標的競合關係存在，應依各自之上訴聲明，計算該上訴利益之訴訟標的價額，與其他上訴人上訴利益之計算無涉，亦不因其他上訴人已繳納上訴裁判費，便得免徵其自身之裁判費。

民事訴訟程序——訴訟種類

被控侵權人之另一個選擇：確認不侵權之訴

▪智慧財產法院 102 年度民專訴字第 102 號民事判決
▪智慧財產法院 102 年度民專訴字第 54 號民事判決
▪智慧財產法院 99 年度民專訴字第 166 號民事判決

簡秀如

一、法律問題

依台灣目前實務，被控侵權人可在專利侵權訴訟中提出不侵權抗辯及專利無效抗辯，智慧財產法院於審理後，僅需認為此二抗辯之其中一項成立，即可予被控侵權人勝訴判決；基於智慧財產法院之高審理效率，被控侵權人面臨的侵權爭議通常可在較短期間內解決。但若專利權人僅是寄發警告信或在市場上散布消息，卻遲未於法院提起專利侵權訴訟，雖然被控侵權人也可向智慧財產局提出舉發，請求撤銷其專利權，然舉發案之審理通常需要 1 年以上甚至更久的時間，在此期間內被控侵權人將一直處於不安定的法律狀態。尤其是當被控侵權人對於自己的不侵權主張或專利無效證據有相當之自信時，卻因沒有侵權訴訟繫屬，導致無法及早取得法院勝訴判決，進而影響其在市場上的信譽及營業績效。

二、智慧財產法院之見解

面對此種情況，被控侵權人可考慮向智慧財產法院提起確認之訴，請求確認專利權人並無相關請求權之存在。智慧財產法院已有數則判決，其結果均對於被控侵權人有利。例如：

智慧財產法院 102 年度民專訴字第 102 號民事判決[8]，以被告曾發函予原

---

[8] 智慧財產法院 102 年度民專訴字第 102 號民事判決：「因訴外人京華城公司不再與原告交易，使原告無法在該通路地點銷售系爭產品，而被告主張原告等侵害系爭專利，並未對原告起訴，致原告等之系爭產品是否侵害被告之系爭專利陷於不明確狀態，

告設有展場或櫃位之各大通路商主張原告之產品侵害系爭專利，造成原告產品遭要求下架，但被告卻未對原告起訴，致原告之產品是否侵害被告之系爭專利陷於不明確狀態，認原告有受確認判決之法律上利益，故得提起確認之訴。此判決以系爭專利不具進步性為由，確認被告對原告之系爭產品侵害系爭專利之損害賠償請求權、排除侵害請求權及防止侵害請求權不存在。

智慧財產法院 102 年度民專訴字第 54 號民事判決❾亦以系爭專利不具進步性為理由，判決確認被告對於原告之排除侵害請求權及損害賠償請求權均不存在。其背景事實亦為被告曾發函警告原告侵權，但遲未起訴。

智慧財產法院 99 年度民專訴字第 166 號民事判決❿則採納原告主張，以

原告等私法上之法律地位有受侵害之危險，而此危險得以確認判決除去，依上揭規定，原告提起本件確認之訴，並無不合。原告提起本訴乃在排除系爭烘碗機是否侵害被告系爭專利權陷於不明確之狀態。2.被告雖抗辯若原告對其系爭產品侵害系爭專利之事實有疑義，並非不得依專利法或其他行政訴訟程序行使權利，原告提起本訴訟，顯違反民事訴訟法第 247 條第 1 項後段、第 2 項規定等語。惟原告得依專利法規定向經濟部智慧財產局提起舉發，係以系爭專利有得撤銷其專利權之行政爭訟事件，舉發程序中所審酌者係舉發之引證案能否證明系爭專利不具新穎性或進步性，並非確認系爭烘碗機有無侵害系爭專利之確認私權爭執之民事訴訟，故非上揭民事訴訟法第 247 條第 2 項規定所稱之『得提起他訴訟』者，被告抗辯尚不足採。」

❾ 智慧財產法院 102 年度民專訴字第 54 號民事判決：「被告雖主張原告之系爭產品落入系爭專利更正後申請專利範圍第 1、6 項，然被證 1、5 之組合足證系爭專利更正後申請專利範圍第 1、6 項不具進步性，依智慧財產案件審理法第 16 條第 2 項規定，被告不得基於系爭專利權對原告主張權利，從而，原告依民事訴訟法第 247 條第 1 項之規定，請求確認被告基於系爭專利權對於原告之排除侵害請求權及損害賠償請求權均不存在等情，於法有據，應予准許。」

❿ 智慧財產法院 99 年度民專訴字第 166 號民事判決：「查本件被告於 99 年 5 月 17 日以原告產製『台灣神隆三水合多賜特舒 (Docetaxel Trihydrate SPT)』原料藥之製程（下稱系爭產品製程）侵害其系爭專利為由，向本院聲請保全證據，並依本院 99 年度民聲字第 8 號民事裁定，於 99 年 5 月 17 日至原告處所保全『台灣神隆三水合多賜特舒』原料藥產品（下稱系爭產品）。原告依法院指示提出系爭產品等供保全，致原告無從利用或銷售該等遭保全之產品，且可預期被告將依法對原告以系爭專利為由提起專利侵權之訴（被告嗣向本院提起侵害專利權之本案請求，經本院以 99 年度民專訴字第 159 號審理），因而有確認原告製造系爭製程是否有侵害被告系爭專利之

其產品製程未落入被告系爭專利之範圍，判決確認被告對於原告之排除侵害請求權及損害賠償請求權均不存在。值得一提者，被告事實上已於提出專利侵權訴訟，法院仍認為原告有提起確認之訴的法律上利益。

　　由上，確認之訴的制度，為被控侵權人提供了主動出擊的另一選項。

　　必要。亦即，原告係為確認兩造間有無侵權行為法律關係，而此一法律關係之存否對原告有得否繼續製造、利用或銷售系爭產品、並排除被告以行使專利權為名所為之干擾行為（包括提起民事訴訟等）等具有法律上利益。揆諸前揭說明，原告私法上地位之危險，以對於被告等之確認判決所得予除去，而有即受確認判決之法律上利益。故原告此部分確認之訴，於法並無不合，應予准許。」

民事訴訟程序──訴訟標的

專利權人於民事訴訟程序中就專利範圍申請更正，是否屬訴之變更？

▪ 智慧財產法院 101 年度民專上字第 28 號民事判決
▪ 最高法院 104 年度台上字第 1651 號民事判決

簡秀如／湯舒涵

一、法律問題

　　依據民事訴訟法規定，原告於訴狀送達後，原則上不得任意變更或追加其訴，除非經他造同意，或其變更或追加之訴符合法律所定之特定情形，例如主張之基礎事實同一，或僅係擴張或減縮應受判決事項之聲明等。

　　智慧財產案件審理法 97 年施行後，被控侵權人得在民事侵權訴訟中提出專利有效性抗辯，法院必須自為判斷；專利權人為求因應，常於訴訟中另向智慧財產局就其專利範圍提出更正申請，並主張法院應以更正後之請求項為裁判依據。智慧財產法院實務上多允許專利權人於訴訟程序中提出更正，且於審查其更正認應准許後，依更正後之請求項進行專利有效性及侵權爭點之判斷。至於專利權人於起訴後始更正其專利範圍，造成權利內容之變動，此是否屬訴之變更，實務上少見探討，觀察智慧財產法院見解，亦多將此類情形視為專利權人之攻擊防禦方法，以保障專利權人藉由更正防禦其專利權有效性之機會。

二、法院之見解

　　智慧財產法院在 102 年 8 月 15 日所作成之 101 年度民專上字第 28 號判決中明確認為，專利權人於提起上訴後提出申請專利範圍之更正，應屬訴之變更；惟若對造仍係以與原審所提相同證據抗辯有效性，則因其更正後之主要爭點仍有共同性，應認其請求之基礎事實同一，毋須得對造同意。

　　最高法院於 104 年 9 月 2 日作成第三審判決（104 年度台上字第 1651 號民事判決）廢棄智慧財產法院上開判決，惟其理由僅指摘原審如認定係屬訴之變

更，並以其變更為合法，則專利權人在第一審原訴之訴訟繫屬，即因訴之變更而消滅，二審程序僅得就變更之新訴審判，而不得就第一審之原訴更為裁判。最高法院對於申請專利範圍之更正性質上究否屬訴之變更，並未具體表示意見。

　　如前述，智慧財產法院實務上均直接審理申請專利範圍更正之議題，若認為更正應准許，即基於更正後之申請專利範圍進行有效性及侵權爭點之判斷。分析智慧財產法院於前開判決後作成之裁判，上述作法似未改變，惟日後發展仍有待觀察。

專利權人於民事訴訟程序中提出合法專利更正，非屬訴訟標的之變更

▪智慧財產法院 106 年度民專上字第 17 號民事判決

吳詩儀

一、法律問題

　　專利權人經公告取得專利權後，得申請更正說明書、申請專利範圍或圖式。因此，在專利侵權訴訟中，一旦被控侵權人提出足以證明所涉專利不具可專利性之先前證據時，專利權人即可能為了克服專利有效性之缺陷，於訴訟程序進行中向經濟部智慧財產局提出專利更正之申請。此時，依據智慧財產案件審理細則第 32 條之規定，除了該更正之申請顯然不應被准許，或依准許更正後之請求範圍不構成權利之侵害外，法院仍應斟酌更正程序之進行程度進行審理。

　　然而，當專利權人請求法院以更正後之專利申請範圍進行審理時，是否會構成民事訴訟法上訴訟標的之變更，還是僅為攻擊防禦方法之補充，實務上即有不同見解。

　　所謂訴訟標的，係指經原告主張並以原因事實特定後，請求法院審判之實體法上法律關係，因此，基於不同之原因事實所主張之權利，即為不同之訴訟標的（最高法院 105 年度台上字第 702 號民事判決意旨參照）。一旦認定為訴訟標的之變更，依據民事訴訟法規定，訴狀送達後原則上不得任意為之，除非經他造同意，或是符合法律所定之特定情形（例如主張之基礎事實同一，或僅係擴張或減縮應受判決事項之聲明等）。因此，訴訟標的之變更以及攻擊防禦方法之補充，兩者之區別實益，即在於認定合法性之法令及標準不同。

二、向來實務見解

　　實務上有認為，基於專利之各請求項均可獨立作為主張權利之依據，且為認定專利有效性、判斷侵權以及計算損害賠償之重要基礎，故申請專利範圍一旦更正，必然導致法院判斷所依據之基礎事實之實質變更，因而將此一變更視為訴之變更，此見解即為智慧財產法院 104 年度民專上更㈠字第 7 號❶、101

年度民專上字第 28 號、99 年度民專上字第 12 號等民事判決所採。

然更多實務判決認為，專利權人提出專利申請專利範圍之更正，僅為爭執專利有效性之常見防禦方法之一種，因此多允許專利權人於訴訟程序中提出更正，且於審查其更正認應准許後，依更正後之請求項進行專利有效性及侵權爭點之判斷，以保障專利權人藉由更正防禦其專利權有效性之機會。

三、智慧財產法院 106 年度民專上字第 17 號民事判決[12]

智慧財產法院即針對此一議題，於 106 年 9 月 14 日作成之 106 年度民專上字第 17 號民事判決中，明白表示申請更正之內容屬於申請專利範圍之減縮、請求項之刪除、及誤記之訂正，仍包含於原主張之申請專利範圍內，故非屬訴訟標的之變更，僅為事實上之更正以及原攻擊防禦方法之補充。

由此可知，因更正申請，除誤譯之訂正外，不得超出申請時說明書、申請專利範圍或圖式所揭露之範圍，故實務上趨於認定一旦更正符合法定要件，即屬防禦方法之補充，非為訴訟標的之變更。

---

[11] 智慧財產法院 104 年度民專上更㈠字第 7 號民事判決：「本件上訴人雖於原審主張被上訴人侵害其新型第 I250932 號『鑽孔用高散熱潤滑鋁質蓋板及其製法』專利（下稱系爭專利），然因原審敗訴而提起上訴後，上訴人更正系爭專利之申請專利範圍。觀諸系爭專利更正後請求項 1，實為原請求項 2。因現行專利申請實務，關於專利之撰寫，均係以單一項次代表發明人所欲保護之技術思想，故原則上每個項次，無論係獨立項或附屬項，僅須具備可專利要件之技術思想，均為一單獨之權利。揆諸前揭說明，本件上訴人固於第二審以系爭專利更正後請求項 1 向被上訴人主張專利權，因更正請求項涉及申請專利範圍之變更，非屬新攻擊防禦方法之提出，應屬訴之變更。惟其更正後之主要爭點具有共同性，應認其請求之基礎事實同一，原審原告上訴後，其為上訴人得於第二審為訴之變更，毋須得被上訴人同意，其為法之所許。」

[12] 智慧財產法院 106 年度民專上字第 17 號民事判決：「經查上訴人於原審即主張系爭產品落入系爭專利一請求項 1、2、3、5、6、7、9、10 之均等範圍，嗣系爭專利一雖經更正，惟其申請更正之內容屬於申請專利範圍之減縮、請求項之刪除、及誤記之訂正，仍包含於原主張之申請專利範圍內，且係為合法之更正，故其主張之原因事實同一，非訴訟標的之變更，僅為事實上之更正以及原攻擊防禦方法之補充，且該更正之事實發生於第一審法院言詞辯論終結後，揆諸上開規定，即不受民事訴訟法第 447 條第 1 項前段之限制。」

民事訴訟程序——訴訟標的價額

「侵害防免請求權」之訴訟標的價額

▪最高法院 102 年度台抗字第 317 號民事裁定
▪智慧財產法院 102 年度民抗更㈠字第 1 號民事裁定

簡秀如／湯舒涵

一、法律問題

在專利侵權訴訟案件中，原告於起訴時需按「訴訟標的價額」之一定比例繳納裁判費。由於專利權人於起訴時通常至少會主張「損害賠償請求權」與「侵害防免請求權」，而後者請求之內容係要求被告不得為侵害行為，此項請求並不如「損害賠償請求權」般有具體價額，故「侵害防免請求權」之訴訟標的價額該如何核定，曾引發不少爭議。

過去常見當事人援引民事訴訟法第 77 條之 12 規定：「訴訟標的價額不能核定者，以第 466 條所定不得上訴第三審之最高利益額數加十分之一定之。」並主張以新台幣 165 萬元作為「侵害防免請求權」之訴訟標的價額（按：目前不得上訴第三審之最高利益額為新台幣 150 萬元，故依此規定所定之訴訟標的價額即為新台幣 165 萬元）。在此情況下，雖然被告多半會爭執「侵害防免請求權」之訴訟標的價額並非不能核定，然因被告亦無法證明「侵害防免請求權」之訴訟標的價額確切為何，在避免專利侵權訴訟受無謂程序議題的不當延宕之考量下，智慧財產法院亦常逕援用前述民事訴訟法第 77 條之 12 規定，以新台幣 165 萬元作為「侵害防免請求權」之訴訟標的價額。

二、法院之見解

對此，最高法院於 102 年 4 月 24 日作成 102 年度台抗字第 317 號民事裁定[13]中，指出智慧財產法院不宜僅以兩造均未能提出依據為由，即認其訴訟標

---

[13] 最高法院 102 年度台抗字第 317 號民事裁定：「惟按民事訴訟法第 77 條之 12 所謂訴訟標的之價額不能核定，係指法院在客觀上不能依民事訴訟法第 77 條之 1 第 2 項規

的之價額不能核定。

於最高法院將前揭案件發回更審後，智慧財產法院嗣於 102 年 9 月 12 日作成 102 年度民抗更㈠字第 1 號民事裁定❹，認為侵害防免請求權之訴訟標的價額應以原告因被告停止侵害系爭專利權所能獲得之利益為準，並具體要求兩造提供證據供法院估算上開利益，而不再援用民事訴訟法第 77 條之 12 規定，以訴訟標的價額不能核定為由，逕認其為 165 萬元。

智慧財產法院於上開裁定中，提出若干因素作為核定侵害防免請求權訴訟標的價額之依據，包括：專利物品與被控侵權物品間之市場競爭關係、兩造間之交易往來關係、專利權人於起訴前每年銷售專利物品之平均數量、專利權人起訴時就專利物品之獲利率、系爭專利權剩餘年數與該案件可能之審理期間，以及其他可替代非侵權產品之市場占有率等。智慧財產法院最後判定該案之侵害防免請求權訴訟標的價額達新台幣 2,000 餘萬元，高出同案之損害賠償請求金額（200 萬元）。

定核定訴訟標的價額而言，而依同條第 3 項之規定，法院因核定訴訟標的之價額，本得依職權調查證據。倘法院在客觀上可得依其職權之調查，資以計算核定其訴訟標的價額，即不得謂訴訟標的之價額不能核定。相對人基於修正前專利法第 84 條第 1 項規定為上開排除侵害之請求，應以其因再抗告人停止侵害所獲得之利益核定訴訟標的價額，兩造雖均陳再抗告人未向相對人或其經銷商購買威而剛，然原法院是否無法參照各種客觀事實（如再抗告人於起訴前每年銷售系爭產品之平均數量、相對人起訴時就威而剛之獲利率、系爭專利權賸餘年數與案件審理期間、其他可替代非侵權產品之市場占有率等）綜合概算再抗告人停止侵害後，相對人可得之所有利益？並非無疑，自有進一步調查研酌之必要。乃原法院未調查並說明其無法依其調查結果核定上開排除侵害聲明訴訟標的價額之理由，僅以再抗告人為地區性經銷商，兩造均未能提出核定依據，即認其訴訟標的之價額不能核定，自有未合。」

❹ 智慧財產法院 102 年度民抗更㈠字第 1 號民事裁定：「關於起訴聲明第 1 項之不行為請求，因屬侵權行為之排除侵害聲明，起訴時並無交易價額之可言，是此部分訴訟標的之價額，以相對人就訴訟標的所有之利益為準，即相對人因抗告人停止侵害系爭專利權所獲得之利益。由於兩造均已就上開排除侵害聲明訴訟標的價額充分陳述意見並提供多項證據資料，足供本院參照各種客觀事實綜合概算抗告人停止侵害後相對人可得之所有利益（詳後述），是本件並無民事訴訟法第 77 條之 12 所稱其訴訟標的之價額不能核定之情事。」

　　智慧財產法院於前揭案例中，雖然改變過去作法，就「侵害防免請求權」之訴訟標的價額採取實質調查之態度；惟如觀察該法院於同時期所作成之相關裁定，似並未全面不採民事訴訟法第 77 條之 12 所規定之便宜措施，例如於 102 年度民專抗字第 11 號民事裁定以及 102 年度民專抗字第 14 號民事裁定❺中，仍以新台幣 165 萬元作為「侵害防免請求權」之訴訟標的價額。

❺　智慧財產法院 102 年度民專抗字第 14 號民事裁定：「抗告意旨雖主張抗告人目前已無法生產系爭電動自行車，因交通部已廢止系爭電動自行車型號生產許可，且生產系爭電動自行車之工廠已經辦理歇業廢止登記，是抗告人事實上、法律上皆無可能生產系爭電動自行車侵害相對人之專利權，相對人無起訴後排除侵害之實益部分；然此部分為抗告人提起二審上訴有無理由之問題，與上訴利益、訴訟標的價額核定無涉，蓋抗告人所稱交通部廢止系爭電動自行車型號生產許可，且生產系爭電動自行車之工廠已經辦理歇業廢止登記等節縱然屬實，抗告人仍有可能在未經許可或未經安全審驗合格之情形下於其他處所製造，或仍販賣、使用、為販賣之要約或為上述目的而進口系爭電動自行車，及其他侵害系爭專利之行為，尚非如抗告人所稱已無可能侵害相對人之專利，抗告人之主張，即無可採。準此，本件上訴利益計算方式，其中上訴聲明關於排除、防止侵害請求權之上訴利益，因訴訟標的價額難以核定，依民事訴訟法第 77 條之 12 規定為 165 萬元。另損害賠償之上訴利益為 970,979 元，併算各項訴訟標的價額即上訴利益為 2,620,979 元。」

申請專利範圍之解釋

申請專利範圍中涉及功能敘述之特徵之解讀

陳初梅

一、法律問題

　　專利之申請專利範圍係以文字撰寫。欲以文字描述一發明之概念與特徵以劃定專利申請人欲享有之權利範圍本即不易，實務上一請求項中同時涉及結構、成分、動作與功能等描述者實非罕見。而對於請求項中看似描述功能的界定或敘述，應如何解讀以劃定申請專利範圍，長期以來一直是實務上困難而存有爭議的議題。

二、《專利審查基準》：「功能界定物」、「手段功能用語」

　　《專利審查基準》並不否定請求項中包含功能性用語或敘述之合法性，僅強調「純功能」而未記載其他技術特徵的請求項會導致請求項不明確。特別的是，在 102 年版《專利審查基準》第 2-1-34 頁僅定義出兩種請求項中以功能所描述的技術特徵：一為「功能界定物」，另一為「手段功能用語」。所謂「**功能界定物**」多數是指如「儲存裝置」、「輸出電路」 ❶❻ 等已經是極為習知慣用之技術名詞，因為對熟知該領域技術者而言，與其以文字對其下一複雜之定義，還不如以此種廣泛功能性的界定更簡潔明確（審查基準中另規定「依說明書中明確且充分揭露的實驗或操作，能直接確實驗證該功能」）；且解釋上應包含所有能夠實現該功能之實施方式。而所謂「**手段功能用語**」則必須記載形式符合「手段／裝置用以達成某功能 (means for...)」 且用語中不得記載足以達成該特定功能之完整結構、材料或動作；解釋上應包含說明書中對應於該功能之結構、材料或動作及其均等範圍。

　　目前對請求項中之功能敘述之解讀上，最大的判斷難題在於：當功能敘述句既非如「儲存裝置」、「輸出電路」等明確可知的功能界定物形式，亦非明顯

---

❶❻　請參智慧財產法院 103 年度民專訴字第 48 號民事判決。

以「手段／裝置用以達成某功能 (means for...)」之形式撰寫，而是以類似下列之方式撰寫時：「一種改變照明效果之裝置，其具有一凸透鏡，……藉此，凸透鏡可選擇地位於第一區間或第二區間中，從而使發光元件發射的光束可由散光效果之照明變成聚光效果之照明……」此種敘述句應判斷為功能界定物，或是手段功能用語？或者，僅僅依據其字面意義解讀？

三、《專利侵權判斷要點》：包含「功能性子句」

對此，由智慧財產局研擬並於 105 年 7 月發布之《**專利侵權判斷要點**》**提出第三類的「功能性子句」**技術特徵，例如，請求項中記載：「一種……轉向裝置，包括……，藉此 (whereby)……達成快速轉向目的。」其中「藉此……達成快速轉向目的」即為「功能性子句」。草案中並引述類似於上述之凸透鏡位置與功能之敘述，將「藉此……」之後定義為「功能性子句」，而非「功能界定物」或「手段功能用語」。

但是，「功能性子句」於解讀時對於申請專利範圍會不會造成限制？就此，侵權判斷要點指出應依個案決定，並提出兩種方案：

㈠**方案 1**：若經判斷該功能性子句僅是表示該技術標的所欲達到之功能或結果時，則其對專利權範圍不具限定作用；

㈡**方案 2**：若該功能性子句對於申請專利之物的結構或方法的步驟有影響或改變者，則該功能性子句對專利權範圍有限定作用。

《專利侵權判斷要點》雖然明確界定出第三種類的請求項所出現之功能敘述，然而智慧財產局與法院在具體個案判斷上，會不會如過去在某些案件中因為認定包含有功能敘述的用語所記載之結構、材料或動作不足以達成所記載之功能，就認定此包含功能敘述之用語為「手段功能用語」，而將說明書中之對應該功能之結構、材料或動作均列入為申請專利範圍之限制？或者，參酌智慧財產局所列之方案 1 與方案 2 解讀之？未來實務發展實待觀察。

如何判斷說明書之實施例是否應排除於專利權範圍？

▌智慧財產法院 107 年度民專上字第 26 號民事判決

簡秀如／游舒涵

一、法律問題

　　於專利侵權訴訟中，申請專利範圍之文義解釋為當事人攻防重要核心，專利法第 58 條第 4 項、第 5 項已明定若干解釋申請專利範圍之原則，如發明專利權範圍以申請專利範圍為準，於解釋申請專利範圍時，並得審酌說明書及圖式等。惟是否說明書中所記載內容，特別是實施例揭示之實施態樣，可一律作為解釋申請專利範圍之依據？實務上迭有討論。

　　智慧財產法院於 109 年 2 月 6 日作成之 107 年度民專上字第 26 號民事判決中，即根據專利說明書之記載及專利權人於申請階段所提之申復書，認定專利權人有意將說明書中特定實施例排除於申請專利範圍外，進而判斷系爭侵權物品並未落入專利範圍。

二、本件事實

　　藥廠 A 為系爭專利 「治療心臟血管疾病複方藥品之固體劑型」 之專利權人，起訴主張藥廠 B 所生產之藥品 C（即系爭藥品）落入系爭專利之範圍。系爭專利之請求項 1 為：「一種治療心臟血管疾病之複方藥品之固體劑型，其含有活性成份為貝那普利 (benazepril) 或其藥學上可被接受的鹽類， 以及氨氯地平 (amlodipine) 或其藥學上可被接受的鹽類所組成的組合，其特徵在於該等活性成份均勻混合。」藥廠 B 抗辯系爭藥品就上開二活性成份（即貝那普利及氨氯地平） 間具有明顯分層，非屬 「成份均勻混合」。藥廠 A 則主張專利說明書所載之實施例 4 亦為一種雙層錠劑，故請求項 1 「該等活性成份均勻混合」 應解釋為該等活性成份相互接觸 （全部混合或部分混合），彼此間並無相互隔離之結構，即其從未排除或放棄如實施例 4 之相互接觸之雙層錠劑之態樣，雙層錠劑間若有 「部分混合之結構」 仍屬落入上述文義範圍。

三、智慧財產法院之見解

　　法院審酌系爭專利說明書之內容及系爭專利之申請歷史檔案 (file history)，認為依系爭專利說明書中記載內容，可知活性成份呈均勻分散之狀態，係指任意取樣分析所製得混合物中，各組分之組成應為相同、理應不會呈現物理上不均勻、分隔或分層狀態。又根據系爭專利之申請歷史檔案可知，專利權人於申請階段過程之申復書中，已說明系爭專利與先前技術（引證 1 之雙層錠劑）有所區別，系爭專利係提出完全不同之技術方案、無需採用此等活性成份相互分隔設計等語，故請求項 1 之「該等活性成份均勻混合」應指「活性成份相互均勻混合，該等活性成份安定共同存在，無須採用使此等活性成份相互分隔」。此外，專利權人於申復書中僅提出系爭專利固體劑型之安定性可由實施例 1 至 3 證實，從未在申復過程中主張實施例 4 亦屬於「該等活性成份均勻混合」之固體劑型之態樣，可見該固體劑型態樣不包括實施例 4 所載之「雙層錠劑」。準此，法院不採藥廠 A 主張，並認為系爭藥品既將二活性成份置於不同分層打錠而成之錠劑，顯與系爭專利請求項「該等活性成份均勻混合」文義特徵不同，故未侵權。

　　由上開判決意旨可知，即便專利權人於申請過程中僅「消極不爭執特定實施例屬於系爭發明態樣」，亦可能為法院執以作為於解釋申請專利範圍之依據之一。

最高行政法院對於申請專利範圍解釋原則之闡述

▪最高行政法院 109 年度判字第 130 號行政判決

沈宗原

一、法律問題

　　不論在專利有效性或侵權爭議，首要之點厥為申請專利範圍應如何解釋。就此，最高行政法院 109 年 3 月 12 日 109 年度判字第 130 號行政判決中，闡述了請求項差異化原則和禁止讀入原則之適用。

　　於該案中，上訴人之涉訟專利經提起舉發，於被上訴人智慧財產局為舉發成立之處分後，上訴人向智慧財產法院提起行政訴訟，智慧財產法院審理後則亦認定系爭專利欠缺進步性而應予撤銷，上訴人因而向最高行政法院提起上訴。

二、最高行政法院之見解

　　最高行政法院審理後，首先闡述：「請求項差異原則係指每一請求項之範圍均相對獨立，而具有不同之範圍，不得將一請求項解釋成另一請求項，而使兩請求項之專利權範圍相同。因此，請求項之間對應之技術特徵以不同用語予以記載者，應推定該不同用語所界定之範圍不同，且上開原則僅係用以解釋請求項所涵蓋範圍，而不得變更基於申請專利範圍、專利說明書及申請歷史檔案所確定之專利權範圍。基此，申請專利範圍之解釋如無致二請求項權利範圍相同之情形，自無請求項差異原則之適用。」而上訴人所主張之請求項 2 係進一步限縮請求項 1 之權利範圍，是系爭專利請求項 1、2 之限制條件本不同，其權利範圍即非相同，並無請求項差異原則之適用，智慧財產法院判決並無違誤。

　　最高行政法院另外闡述：「解釋申請專利範圍時，得審酌說明書及圖式，俾以瞭解該發明之目的、作用及效果，惟申請專利範圍係就說明書中所載實施方式或實施例作總括性之界定，除非說明書中已明確表示申請專利範圍之內容應限於實施例及圖式，否則不得將說明書及圖式之限制條件讀入申請專利範圍，而變更申請專利範圍對外公告而客觀表現之專利權範圍。」因此，上訴人雖指摘自系爭專利圖式所揭示之元件可知請求項中所稱之「耦接」僅指直接電性連

接云云，但智慧財產法院判決實參酌系爭專利說明書之內容，認定請求項中所稱之「耦接」包含直接與間接電性連接，上訴人上開主張有違反禁止讀入原則而不足採。

 **侵權判斷**

最高法院確立均等論分析由「特徵比對」原則改為「整體比對」原則

■最高法院 103 年度台上字第 1843 號民事判決

張哲倫

一、專利侵權均等論分析之法律標準：「特徵比對」vs.「整體比對」

　　有關專利侵權均等論分析之法律標準，台灣法院實務向來採取美國式的「特徵比對」(element by element) 原則，而非德國式的「整體比對」(as a whole) 原則。均等論依「特徵比對」原則進行分析，其成立均等論侵權之空間，相較於「整體比對」原則，理論上必然較狹窄。然而，最高法院在 103 年 9 月的一則判決，明確改採「整體比對」原則，對於均等論分析之法律標準而言可謂係極為重要的變革，而且對於專利權人較為友善。

二、最高法院採「整體比對」原則

　　最高法院於 99 年第一次在個案判決中，明確表示均等論之判斷應以「整體比對」原則進行，這是第一次最高法院就此重要之法律爭議表達立場❶。不過，在該判決之後，專責審理專利侵權案件之智慧財產法院，仍堅守「特徵比對」之立場，在為數眾多的一審及二審判決中，持續適用「特徵比對」原則。

　　在一件涉及「眼罩」專利之個案，其事實略為：「系爭專利申請專利範圍第一項之主機本體係……。而系爭產品之主機本體係……。二者技術手段之差異在於：系爭專利申請專利範圍第一項之主機本體內，除具有導氣管、震動馬達及接線板外，並界定充氣幫浦、洩氣閥、蜂鳴器等三構件；而系爭產品之主機本體內僅含導氣管、震動馬達及接線板之構件，將充氣幫浦、洩氣閥、蜂鳴器等三構件置於控制器中。是以系爭產品之主機本體中減少充氣幫浦、洩氣閥、

---

❶　最高法院 99 年度台上字第 406 號民事判決參考。

蜂鳴器之元件，與系爭專利申請專利範圍第一項將此三構件與其他構件集中於主機本體上之技術手段並不相同。」

　　在眼罩案，二審之智慧財產法院兩度本於「特徵比對」原則，認定不成立均等而判決專利權人敗訴，經專利權人上訴，最高法院兩度廢棄原判決並發回智慧財產法院重審，在智慧財產法院第三次的二審審判程序，終於改採「整體比對」原則，改判專利權人勝訴。雖經被告向最高法院提出上訴，最高法院於103 年 9 月駁回上訴，全案乃告確定 ❶❽。

　　經過眼罩案三度上、下最高法院的過程，一般咸認為「整體比對」原則業經確立，日後專利權人應得本於眼罩案之最高法院判決主張均等論侵權，並藉此追求相對較寬廣之均等論成立空間。

---

❶❽　最高法院 103 年度台上字第 1843 號民事判決參考。

最高法院要求均等侵權判斷應詳加調查證據確認是否有實質差異

▄ 智慧財產法院 103 年度民專上字第 29 號民事判決
▄ 最高法院 106 年度台上字第 585 號民事判決

陳初梅

一、法律問題

　　專利侵權與否之判斷，依據現行專利侵權判斷要點及法院實務，原則上係先將專利範圍（請求項）中的特徵拆分，以利與被控侵權物之特徵逐一比對。拆分之原則為將能夠獨立執行特定功能、得到特定結果的特徵作為比對之單元，以便能在第一階段「文義讀取」之判斷後，對於經判定不符合文義讀取之技術特徵進行第二階段「均等侵權」之判斷。在均等侵權判斷階段，原則上採用所謂的「三部測試 (triple identity test)」，亦即，分析請求項中不符合文義讀取之各技術特徵的「技術手段、功能、結果」，將其與被控侵權物所對應之技術手段及因此產生之功能與結果一一比對，於三者「實質相同」時始可認定構成均等侵權。另一種可採行之判斷方式為「無實質差異測試」 (insubstantial differences test)，亦即系爭專利之請求項與被控侵權對象的對應技術特徵之間的差異為非實質改變 (insubstantial change) 者，或者對應技術特徵之置換為該發明所屬技術領域中具有通常知識者於侵權行為發生時所已知，且置換後所產生之功能為實質相同者。兩種方式的目的均在避免他人事實上採用了某專利技術而僅在技術手段上作非實質改變造成文義不讀取，即輕易脫免侵權責任。

　　一般而言，機械或電機類專利的請求項特徵，比較適合拆解成能夠獨立執行特定功能、得到特定結果的作為比對單元之特徵，故通常採用三部測試判斷是否構成均等侵權。最高法院於 106 年 4 月作成之 106 年度台上字第 585 號民事判決，認為僅以一般的三部測試判斷仍有未足，應就被控侵權人提出之諸多證據與主張詳加調查、判斷專利與被控侵權物是否確實無實質差異，始得認定侵權。茲摘要該案例如下。

二、本件事實

上訴人公司主張其為系爭專利之專利權人，被上訴人公司所販售之系爭產品，經鑑定落入系爭專利請求項1，而侵害系爭專利權，乃起訴請求被上訴人公司及其負責人連帶賠償損害，並排除、防止對系爭專利之侵害，及銷毀侵害系爭專利權之物品、器具。被上訴人公司則抗辯系爭產品並未落入系爭專利請求項1之文義或均等範圍。

三、法院之認定

智慧財產法院於104年8月作成103年度民專上字第29號關於侵害自行車輪轂專利之判決，其不但採用「三部測試」，且亦已論及「無實質差異測試」，均得出被控侵權產品均等侵害該專利之結論。案經上訴，最高法院於106年4月24日作成106年度台上字第585號民事判決，廢棄智慧財產法院的判決，其主要理由為：

㈠系爭專利一獨立請求項中有4個技術特徵並未文義讀取，可見兩者構造確有不同。

㈡兩者因某些構造上差異，造成作動方式不同；尤其，依據系爭專利實施之產品，「消費者牽動自行車時，必須在牽動之前，需要再以腳或手扳動踏板往後轉動，才能使踏板不會轉動，顯帶給消費者較多之不便與麻煩」。

㈢被控侵權人稱：其產品係實施其自身的新型專利M440895，而經濟部訴願會已指出系爭專利與M440895號專利不同[19]。

四、討　論

最高法院認為以上三點均攸關兩者在對應技術特徵上之技術手段、功能及結果是否確實相同而無實質差異，應詳細調查；而原審僅以兩者均係運用凸輪或類似之原理，即認定二者係採用實質相同之方式、發揮實質同一功能、產生

---

[19]　作者註：經查被控侵權人之M440895號專利曾遭受本案專利權人以系爭專利作為前案提起舉發，但經濟部訴願會與智慧財產法院均認為M440895號專利與系爭專利不同，具進步性。

實質相同之結果，惟，具有通常知識者是否確能輕易思及兩者差異處且能輕易置換技術特徵，仍有待釐清。

　　就前述第㈢點而言，邏輯上，被控侵權人實施自身專利仍有可能構成侵權（即，其專利係利用他人專利技術之「再發明」），而專利侵權比對仍應以系爭專利之請求項特徵與被控侵權人所做之「產品」進行比對，至於被控侵權產品是否實施另一專利，乃另一問題。然而，最高法院可能是顧慮到若果真被控侵權產品是實施「另一專利」，而該「另一專利」已經被同一法院基於通常知識者之立場認定不同於系爭專利技術時，此時新型專利 M440895 舉發不成立一事與本件專利侵權案雖形式上屬不相關聯案件，仍有事實面上可能出現矛盾的問題。至於技術面，消費者最終使用時之自行車操作方式不同，未必會影響「三部測試」之判斷結論。因為系爭專利產品與被控侵權產品於消費端之操作方式不同未必是直接由於請求項所載技術特徵以及被控侵權產品之對應技術特徵所導致。

　　本案中，最高法院發回並要求智慧財產法院就被控侵權人提出之主張與證據作「全面」調查後，再以具有通常知識者之角度判斷能否輕易置換完成，以決定是否有實質差異。惟本案於智慧財產法院更審時，因當事人撤回上訴而告確定。

以「系爭專利與被控侵權物之差異能否輕易完成」作為均等侵權之判斷因素

🔖最高法院 106 年度台上字第 585 號民事判決

紀畊宇

一、法律問題

「均等論」為判斷專利侵權的重要原則之一，其意義係基於保障專利權人利益的立場，避免他人僅就系爭專利之請求項的技術手段稍作非實質之改變，即規避專利侵權之責任。進一步而言，「均等論」係為彌補請求項語言的侷限性，專利權範圍並非僅限於請求項界定之「文義範圍」，而得適度擴大至「均等範圍」。

依我國目前司法實務，當系爭專利之請求項的技術特徵與被控侵權對象之技術內容不相同，而欲判斷彼等是否「均等」時，一般採用所謂的「三步測試法」(triple identity test or tripartite test)。亦即：若被控侵權對象對應之技術內容與系爭專利之請求項的技術特徵係以實質相同的方式 (way)，執行實質相同之功能 (function)，而得到實質相同的結果 (result) 時，應判斷被控侵權對象之對應技術內容與系爭專利之請求項的技術特徵為無實質差異，二者為均等。

在實際運用「均等論」之際，爭議點通常發生在如何判斷「實質相同」此一不確定法律概念。智慧財產局於 105 年 2 月 15 日大幅修正公布之《專利侵權判斷要點》，其中對於「均等論」之「實質相同」判斷原則，有如下界定：「所謂『實質相同』，係指二者之差異為該發明所屬技術領域中具有通常知識者能輕易完成或顯而易知者。」似援用一般用以判斷「進步性」之標準（是否能輕易完成或顯而易知），二者如何分辨或有疑義，此由最高法院於 106 年 4 月 24 日作成之 106 年度台上字第 585 號民事判決理由即可窺見。

二、本件事實

本案中，被控侵權人主張其產銷之系爭產品採取「凸露部下緣面配合凸塊斜面」之設計，故「棘齒」與「花轂」經常呈「常閉狀態」，因而消費者可直接

牽動自行車前進或後退，而無須擔心踏板隨之轉動。反之，系爭專利則採「凸柱配合抵掣孔斜槽」結構設計，消費者必須先將踏板往後轉動，以帶動棘齒件向後轉動，進而令棘齒上之凸柱轉至抵掣孔之內側端，方能達到使「棘齒」與「花轂」分離而呈「常閉狀態」之結果，因此消費者牽動自行車時，必須在牽動之前，需要再以腳或手扳動踏板往後轉動，才能使踏板不會轉動，顯較為不便與麻煩。

三、最高法院之認定

　　最高法院認為，智慧財產法院原判決對於系爭專利之「凸柱配合抵掣孔斜槽」與系爭產品「凸露部下緣面配合凸塊斜面」之差異部分，是否皆運用類似凸輪原理，且是否為無實質差異之等效置換並未詳查，因而將原判決廢棄並發回更審。

四、討　論

　　最高法院雖在判決中指出：「所謂專利侵害之均等論，係指比對被控侵權物與訟爭專利請求項，兩者在技術手段、功能及結果三者是否實質相同。所謂實質相同，乃侵害物所採取之替代手段，對所屬技術領域中具有通常知識者於閱讀說明書（尤其是請求項及發明說明）後，基於一般性之專業知識及職業經驗，易於思及所能輕易置換者。」等語，與前開《專利侵權判斷要點》之要旨大致相符，但查其判決之論理架構，被控侵權人對於均等論之抗辯似採取類似「進步性」判斷之論述方式，強調其系爭產品相較於系爭專利功效較佳，其差異非通常知識者所能輕易完成者，故無「均等論」適用之餘地。此種論述方法似獲最高法院之認同。

均等判斷與先前技術阻卻

智慧財產法院 108 年度民專訴字第 74 號民事判決

羅文妙

一、法律問題

　　根據現行《專利侵權判斷要點》，判定被控侵權對象是否構成侵權，應先判定被控侵權對象是否符合「文義讀取」；如果不符合「文義讀取」，再進一步判斷被控侵權對象是否適用「均等論」。「均等論」的適用與否需受限制事項約束，包括全要件原則、申請歷史禁反言、先前技術阻卻及貢獻原則等；若有任一限制事項成立，則應判斷被控侵權對象不構成均等侵權。

　　智慧財產法院於 109 年 2 月 10 日作成 108 年度民專訴字第 74 號民事判決，即以「先前技術阻卻」否定均等侵權。於判決理由中，法院並闡述何以均等論必須以「先前技術阻卻」加以限制之法理，在於「平衡專利權人與公眾之利益」；蓋如果專利權人藉由均等論主張擴大系爭專利請求項的範圍，使其涵蓋單一先前技術，或單一先前技術與申請時所屬技術領域之通常知識之簡單結合，經擴大的範圍不僅侵犯公眾利益，也可能造成專利權無效。

二、本件事實

　　上開判決中，原告主張之系爭專利的發明目的係提供一單鍵搜尋式遙控器，只需按住搜尋鍵一次即可搜尋到電器代碼，操作上不需區分電器品牌，簡化操作方式並且節約時間。依據其專利說明書所述，過去由於電器品牌眾多，每個品牌有多個機型，所以指令碼組別多如繁星，故傳統萬用遙控器可能需按壓多次搜尋鍵，經重複多次的搜尋作業，才能找到對應的指令碼。而系爭專利所提供之「單鍵搜尋式」遙控器即可改良此問題。

　　相對於系爭專利，被告之系爭產品在設定時需按設置鍵，再依各品牌對應鍵進行搜尋，最後再按設置鍵進行記憶並結束設定，因此從開始設定到完成鎖碼至少需按壓 3 次按鍵才能完成設定。被告認為並不構成文義讀取。

　　原告則主張系爭產品不過是將系爭專利之「單鍵式」簡單替換為「多鍵

式」，屬該發明所屬技術領域中具有通常知識者所能輕易完成或顯而易知者，且系爭產品所執行的功能及所得到的結果，與系爭專利的技術特徵實質相同，故應構成均等侵害。

三、智慧財產法院之認定

智慧財產法院審理後否決原告均等論之主張，認為如果系爭產品需配合品牌的「多鍵式搜尋」，如此繁複耗時的按鍵操作模式屬原告所述系爭專利「單鍵式搜尋」之簡單替換，因而屬該發明所屬技術領域中具有通常知識者能輕易完成或顯而易知，則需預先參照電器品牌的系爭產品係依照系爭專利說明書中所述傳統分批模式搜尋的萬用遙控器之已知技術，與該技術領域通常知識之簡單結合，符合先前技術阻卻之適用，應不構成均等侵害。

有關製造方法專利所製成之物之侵權舉證責任

▪智慧財產法院 106 年度民專上字第 23 號民事判決

沈宗原

一、法律問題

專利法第 99 條第 1 項規定 「製造方法專利所製成之物在該製造方法申請專利前,為國內外未見者,他人製造相同之物,推定為以該專利方法所製造」,然而,要適用本條規定之前提乃製造方法專利之專利權人必須先就「依該製造方法專利所製成之物,於該專利申請前為國內外所未見」及「他人製造之物品與方法專利所製造之物品相同」 負舉證責任,智慧財產法院 107 年 1 月 25 日106 年度民專上字第 23 號民事判決再次援引上開要旨而為認定。

二、本件事實

本件中,原告公司為台灣第 I298015 號「低硝酸蔬菜暨其栽培系統及方法」發明專利(下稱「系爭專利」)之專利權人。系爭專利主要之技術特徵即在於利用一特定栽培系統與方法所生產之蔬菜, 蔬菜達到低硝酸態氮 $(NO_3^- - N)$ 檢出量之結果。專利權人主張其自被告公司所經營之生鮮超市蔬菜販賣陳列架上多次購得多種低硝酸鹽蔬菜,因而起訴主張被告公司侵害系爭專利請求項 1 (一種低硝酸鹽蔬菜栽培系統) 以及請求項 2 (低硝酸鹽蔬菜栽培方法)。

三、智慧財產法院之認定

智慧財產法院審理後,就侵害系爭專利請求項 1 之部分,認為專利權人無法證明被控侵權蔬菜具有請求項 1 之全部技術特徵,且亦無法顯示被告公司有使用具有請求項 1 全部技術特徵之栽培系統,因而認定不符合全要件原則 (All Element Rule),不構成侵權。至於請求項 2,專利權人亦無法證明被告公司有使用具有請求項 2 全部技術特徵之栽培方法,亦不符合全要件原則,而不構成侵權。

專利權人雖主張具有低硝酸鹽性質蔬菜並非自然生長的蔬菜,系爭專利為

生產低硝酸鹽性質蔬菜的唯一方法，而依 SGS 食品實驗室之報告，被告公司所販售之蔬菜均落入系爭專利請求項 2 所界定硝酸態氮含量之範圍，且蔬菜外包裝標有「低硝酸鹽」，因此，應依專利法第 99 條第 1 項規定，推定被告公司所銷售之低硝酸鹽蔬菜為以系爭專利請求項 2 之專利方法所製造。然而，被告公司提出於系爭專利申請日前即已公開之學術論文，該論文顯示在採收蔬菜前以斷氮自來水處理，可有效降低硝酸鹽，且依該論文顯示，可達系爭專利請求項 2 所界定硝酸態氮含量之範圍中。此外，系爭專利說明書亦自承如中國等對蔬菜的硝酸態氮殘留量之標準亦低於系爭專利請求項 2 所界定之範圍，足證在該製造方法專利申請前，低硝酸鹽性質蔬菜並非為國內外未見者。法院審酌兩造攻防後，認為被告公司所提出之文獻已顯示於系爭專利申請前，已存在低硝酸鹽性質蔬菜，即使該等文獻所使用之方法可能不同於系爭專利請求項 2，仍無礙依系爭專利請求項 2 之製造方法專利所製成之物，於該製造方法申請專利前，非屬國內外未見者之結論，從而，不發生專利法第 99 條第 1 項之舉證責任轉換之效果，亦即，專利權人仍須證明被控侵權品為以相同於系爭專利請求項 2 之方法所生產。

　　因製造方法專利之專利權人往往無法輕易得知被控侵權人實際的實施方法，因此，製造方法專利於執行上常有困境，專利法雖參考國際立法例加入舉證責任轉換之規定，然而製造方法專利之專利權人仍須於申請時即預先留意「依該製造方法專利所製成之物，於該專利申請前為國內外所未見」之要件，或者考慮改以物品專利保護。

# 設計專利

設計專利侵權比對應就視覺性設計整體為考量

■最高法院 104 年度台上字第 1775 號民事判決

湯舒涵

一、設計專利之侵害判斷

　　設計專利之侵害判斷，包括「確定專利權範圍」，及「比對、判斷確定後之專利權範圍與被控侵權對象」等步驟。於「比對、判斷確定後之專利權範圍與被控侵權對象」時，則應以該設計專利所屬技藝領域中具有通常知識者之水準，解析被控侵權物品之技藝內容，再由普通消費者之選購商品觀點，並依圖面所揭露形狀、花紋、色彩所構成的整體視覺性設計，就設計專利圖面與被控侵權物進行比對，有關前揭判斷標準可以參考《專利侵權判斷要點》第二篇、第三章之規定。由上可知，被控侵權物品之技藝內容如未經正確解析，即可能影響整體視覺性設計判斷之正確性。

二、最高法院之見解

　　最高法院於 104 年度台上字第 1775 號民事判決中廢棄智慧財產法院關於設計專利侵權之認定，其理由即係因為事實審法院於比對、判斷確定後之專利權範圍與被控侵權對象時，未就被控侵權對象正確解析，以致影響整體視覺設計之視覺效果判斷。例如：最高法院認為該案之專利權人於比對設計專利範圍與被控侵權對象時，曾將被控侵權對象之「尾箱」拆卸，最高法院認為此舉可能導致被控侵權對象無法被正確解析。此外，事實審法院比對設計專利範圍與被控侵權對象時，未將被控侵權對象所揭露之花紋與色彩納入考量，亦被最高法院認為影響整體視覺效果之判斷[20]。

---

[20]　最高法院 104 年度台上字第 1775 號民事判決：「依專利侵害鑑定要點下篇貳、第三章、第二節、一及四㈤規定，比對、判斷新式樣專利之視覺性設計整體與待鑑定物品是否相同或近似，應從普通消費者之選購商品觀點，並依圖面所揭露之點、線、

　　判斷整體視覺性設計統合視覺效果，雖應以專利範圍中主要部位之設計特徵為重點，再綜合其他次要部位之設計特徵，惟如未能說明將所揭露形狀、花紋、色彩排除之原因，或未能考量被控侵權對象之新穎特徵，即有可能被認定就設計專利範圍與被控侵權對象之比對不正確。

面再構成三度空間形體，而以圖面所揭露之形狀、花紋、色彩所構成的整體視覺性設計為比對。且以新式樣範圍中主要部位之設計特徵為重點，再綜合其他次要部位之設計特徵，構成整體視覺性設計統合的視覺效果，考量所有設計特徵之比對結果，予以客觀綜合判斷。查訴外人鄭漢騰已取得另案專利，乃兩造所不爭，嗣被上訴人以該專利有違核准時專利法第 110 條第 4 項及第 111 條規定，提起舉發，經參加人為舉發不成立之處分（見原審卷一第三二○至三二二頁之舉發審定書）。而依附圖二之一、二之二所示，系爭產品前面板對稱繪有由外側上方向中央飾板下方彎弧之弧線，似與另案專利圖面相仿，且該圖面之車體後方有置物箱，箱前側面形成半圓弧面造型（同上卷第三二四至三二七頁之專利公報），倘可愛馬公司稱系爭產品之尾箱業經被上訴人拆除乙情非屬子虛，則該產品似具有另案專利之新穎特徵。果爾，此新穎特徵若為系爭專利所無，得否僅因系爭產品與系爭專利之新穎特徵近似，而謂其構成整體視覺性設計之視覺效果與系爭專利近似，非無再推求之餘地。乃原審未遑詳予比對究明，遽以系爭產品縱將『尾箱』列入與系爭專利整體比對，亦不影響其與系爭專利新穎特徵近似，致普通消費者混淆誤認之結果，且將系爭產品前面板所繪上開弧線恝置不論，而為上訴人不利判斷，自屬可議。」

設計專利圖式中純功能性特徵之認定及對專利權範圍之影響

🔖 智慧財產法院 106 年民專上易字第 1 號民事判決
🔖 智慧財產法院 104 年行專訴字第 115 號行政判決

陳初梅

一、法律問題

　　依據專利法之規定，純功能性之物品造形並非可授予設計專利之標的。但若是設計專利的圖式所揭示的特徵的某些為「具有功能性的特徵」，該特徵是否應被採認為有意義之設計特徵之一？亦即，是否作為與先前技術比對以判定其對專利權範圍之新穎性與創作性是否有貢獻的特徵之一？以及，是否應被採用與被控侵權產品比對，以判定被控侵權產品是否採用該設計專利之相同或近似特徵？

　　解決以上問題的關鍵，依據專利法，是在於判斷該「具有功能性的特徵」是否為「純功能性」的特徵。換言之，縱然是具有某種功能的設計特徵，若就設計者而言，仍有採用不同形狀、外形配置的相當程度之設計自由度，能因此產生不同視覺效果，則非純功能性設計特徵，應納入作為判斷新穎性、創作性以及侵權比對的設計特徵　（智慧財產法院 104 年度行專訴字第 32 號行政判決可為參照❷❶）。在近期法院實務操作上，對此則引入「與習用技術（作者註：未必是引證案）相比是否產生特殊視覺效果」的判斷準則。

---

❷❶　智慧財產法院 104 年度行專訴字第 32 號行政判決：「設計係工業產品之造形創作，而工業產品常因其基本之機能與實用目的上之限制而使其在外觀形狀上形成一難以改變之基本形態，此等基本形態並非設計專利審查之重點，而應就其可透過造形設計技巧作造形變化之部分予以審酌，是否具有創意上之變化並產生不同之視覺效果。設計專利係結合設計與產品，產品必然有其功能性，故判斷一設計是否屬純功能性特徵，應在於所論斷的特徵除功能性外，如尚具有裝飾性而可產生不同之視覺效果，即不應認定其為純功能性特徵。」

二、智慧財產法院之見解

例如，106 年 9 月 28 日智慧財產法院 106 年度民專上易字第 1 號民事判決指出：「引擎冷卻水箱入水口與該等流口等元件之設置，雖係為了與引擎之管路連結而有其實用性之目的，惟其設置位置及數量仍可透過設計手法或重新構成而產生兼具視覺性特徵之結果（作者註：法院並認為入水口、入流口、出流口占該水箱整體外觀具有極大之視覺面積），⋯⋯於侵權及有效性比對、判斷時，仍應予以考量。⋯⋯螺孔與鎖固件僅為一般習見之鎖固圓孔及鎖固元件（多角形螺帽）而無特殊之視覺性創作，⋯⋯僅係取決於必然匹配 (must-fit) 之設計，⋯⋯為純功能性特徵而非屬系爭專利之專利權範圍。」105 年 7 月 15 日智慧財產法院 104 年行專訴字第 115 號行政判決指出：「齒形的正齒或斜齒之差異係為機械領域習用之功能性選用而難謂影響其整體視覺效果，⋯⋯齒形具導角係用以減少轉動之磨擦，乃習用技藝亦屬功能用途，而難謂影響其整體視覺效果。⋯⋯」

三、討　論

值得注意的是：在此二案例中，未必是因引證案揭露完全相同或近似於系爭設計專利之功能性特徵故該特徵被認定為「純功能性」之特徵，但是，基於判斷者對通常知識／習用技術之瞭解以及實際案件中的設計特徵，若該功能性特徵並未產生特殊視覺效果，將不被認為是在設計專利中具有意義之設計特徵。所謂通常知識或習用技術，有可能是判斷者於審閱甚多先前技術文件後所綜合得到之知識；惟，以專利權人或專利申請人的立場而言，若設計相較於習用技術確已進行相當程度之形狀或配置等造形改變，而有一定程度之視覺效果，為取得對己方有利之判斷，宜主動蒐集並提出證據（如習用技術之文件）說明之。

何人應為判斷設計專利侵權之主體？

■智慧財產法院 105 年度民專訴字第 62 號民事判決

簡秀如／曾鈺珺

一、設計專利之侵權比對

我國專利法第 136 條第 1 項規定設計專利權人專有排除他人未經其同意而實施「該設計」或「近似該設計」之權，故設計專利之侵害，係以被控侵權對象與系爭專利是否「相同」或「近似」為斷。關於如何比對被控侵權對象與系爭專利之相同或近似，智慧財產局於 105 年制訂公布之現行《專利侵權判斷要點》指出「應以『普通消費者』選購相關商品之觀點，就系爭專利權範圍的整體內容與被控侵權對象中對應該專利之設計進行比對，據以判斷被控侵權對象與系爭專利是否為相同或近似物品，及是否為相同或近似之外觀」。易言之，上開《專利侵權判斷要點》將設計專利之侵權比對步驟分為「物品之相同或近似」及「外觀之相同或近似」兩個階段，並以「普通消費者」作為虛擬的判斷主體。

二、智慧財產法院有不同見解

惟智慧財產法院於 106 年 7 月 14 日所作成之 105 年度民專訴字第 62 號民事判決，卻不依循前述《專利侵權判斷要點》所規範之原則，而就「物品之相同或近似」與「外觀之相同或近似」兩步驟採取不同的判斷主體。

(一)物品之相同或近似判斷：採「外觀設計創作者」之觀點

上開判決指出，設計專利保護物品之外觀視覺訴求創作，為落實設計專利之周延保障，避免有心人士將設計進行無創作價值之轉用，即可脫免權利範圍，故物品是否相同或近似，即應以此類外觀設計創作者是否可輕易地將系爭專利轉用於被控侵權物品而為判斷。

該判決表示，相較於「普通消費者」觀點，採「外觀設計創作者」觀點將使設計專利之權利範圍較大，即使普通消費者可以完全區辨兩物品間之差異，

但仍可因此類外觀設計創作可輕易轉用（例如：將汽車設計轉用於模型汽車），而認為物品相同或近似。

㈡外觀視覺訴求之相同或近似判斷：採「普通消費者」之觀點

該判決認為「畢竟物品設計創作是供普通消費者選購之實用產業」，故對於外觀之相同或近似，仍採普通消費者觀點進行判斷。

由於前述判決在現行《專利侵權判斷要點》所規範之原則外，另行創設不同的判斷準則，與智慧財產法院其他判決之見解亦不相同，此等特殊見解在後續實務發展上將發生何等效應，應值持續關注。

 **損害賠償**

智慧財產法院就新專利法第 97 條第 1 項第 2 款所得利益計算之判決觀察

莊郁沁

一、修法前

　　修正前專利法第 85 條第 1 項第 2 款規定專利權人可選擇以 「侵害人因侵害行為所得之利益」（總利益）作為損害賠償計算之基礎；但復規定「於侵害人不能就其成本或必要費用舉證時，以銷售該項物品全部收入為所得利益」（總銷售額），亦即侵害人得就其「成本」及「必要費用」舉證，以降低損害賠償責任。針對該款之適用，於智慧財產法院原已漸成共識，亦即多數判決見解認定逕採財政部公布之同業利潤標準計算並非妥適，此等見解並經最高法院於 100 年度台上字第 1091 號民事判決所肯認；智慧財產法院並具體落實由侵害人就成本及必要費用舉證而計算其毛利，且該成本及必要費用應僅限於侵害人為銷售侵權產品所直接投入之製造成本及必要之費用，而不能將侵害人經營事業之其他固定成本及費用納入；如未能舉證，則以全部收入計算損害賠償金額。

二、修法後

　　俟新專利法於 100 年 12 月 21 日全文修正通過（並於 102 年 1 月 1 日起施行），將前開條文修正於第 97 條第 1 項第 2 款，雖保留前述「侵害人因侵害行為所得之利益」部分，但將後段均予刪除，亦即僅保留總利益說，而刪除總銷售額說，其修正理由記載：「現行規定採總銷售說，……其所得之賠償顯有過當之嫌。爰刪除該款後段，於請求損害賠償時，依實際個案情況衡量計算之。」此等修正影響損害賠償之計算及舉證責任之分配，故自修法以來即引發專利權人及實務工作者之關切。

　　自新法施行迄今，目前已有若干智慧財產法院之判決，適用新法第 97 條第 1 項第 2 款計算損害賠償，部分判決仍採用先前達成之共識，即由侵害人就其

「成本」及「必要費用」舉證以計算損害賠償金額，但亦有部分判決已回歸「同業利潤標準」之「淨利」數據為損害賠償之計算。茲簡要彙整如下：

㈠侵害人就其「成本」及「必要費用」舉證

查智慧財產法院 102 年度民專訴字第 78 號民事判決❷（判決日：103 年 1 月 27 日）、102 年度民專訴字第 69 號民事判決❸（判決日：103 年 4 月 22 日）及 102 年度民專訴字第 115 號民事判決❹（判決日：103 年 4 月 11 日）於原告主張依專利法第 97 條第 1 項第 2 款規定計算被告所得利益時，均仍以侵權產品售價扣除被告所提出之成本資料，再乘以銷售數量以計算賠償金額。惟，其中並未明確分析說明該等成本是否限於侵害人為銷售侵權產品所直接投入之製造成本及必要之費用，或亦包括其他固定成本及費用。

㈡「同業利潤標準」之「淨利」

另一方面，智慧財產法院 102 年度民專訴字第 3 號民事判決❺（判決日：102 年 12 月 17 日）則詳為陳述本次修法之立法理由及其修正精神，並重申損害填補原則，即「按侵權行為賠償損害之請求權，乃在填補被害人之實際損害，而非更予以利益」。其並說明縱使於修正前專利法第 85 條第 1 項第 2 款，雖因權利人舉證損害發生之金額及侵害行為與損害間之因果關係等困難，故於後段增加舉證責任轉換之規定，但「惟無論係依前段或後段之規定請求，均無使專利權人填補損害過度之意」。根據前述原則，該判決明確揭示於新專利法第 97 條第 1 項第 2 款保留前段「總利益說」，係因「考量專利權人舉證之困難度及預防、遏止侵權行為之發生」，而「得依實際個案情況衡量計算之」。

---

❷ 智慧財產法院 102 年度民專訴字第 78 號民事判決部分於 105 年 3 月 31 日為同法院 103 年度民專上字第 18 號民事判決所廢棄。

❸ 智慧財產法院 102 年度民專訴字第 69 號民事判決部分於 104 年 1 月 15 日為同法院 103 年度民專上字第 23 號民事判決所廢棄。

❹ 智慧財產法院 102 年度民專訴字第 115 號民事判決於 103 年 10 月 30 日為同法院 103 年度民專上易字第 3 號民事判決所維持。

❺ 智慧財產法院 102 年度民專訴字第 3 號民事判決部分於 105 年 4 月 7 日為同法院 103 年度民專上字第 9 號民事判決所廢棄。

　　自該判決所揭示之原理觀之，其似未否定於「實際個案情況衡量計算」時，仍得依過往由侵害人舉證其「成本」及「必要費用」之方式計算。惟查，於該具體個案中，原、被告業已合意就被告之總營業額乘以財政部公布之同業利潤標準，僅就毛利或淨利有所爭執。就此，因該案被告之營業項目僅有製造銷售被控侵權產品，故該判決認定：被告之「營業額自均屬製造銷售系爭產品之收入」，且「營業費用亦均與製造銷售系爭產品直接相關」，「而該等營業費用於無被告……侵害專利之行為，權利人製造銷售系爭專利產品時亦會發生，故該等營業費用自應從……銷售額扣除，方屬倘無侵害人侵害專利之行為，權利人將因此可以得到之利益，故原告主張應以同業利潤標準之毛利率計算損害賠償額，洵非有據，而應以同業利潤標準之淨利率計算之」。此等法律分析似回歸至「專利權人實際損害」之角度予以個案衡量，而認定權利人自行製造銷售時亦會產生營業費用，故以淨利計算損害賠償金額。

　　智慧財產法院 102 年度民專訴字第 56 號民事判決 ❷（判決日：103 年 5 月 14 日）亦採相同之分析方式，亦採用同業利潤標準之淨利率計算損害賠償。該判決並另闡明：「財政部每年均就營利事業各種同業，核定利潤標準，作為課徵所得稅之依據，其核定之同業利潤標準，係依據各業抽樣調查並徵詢各該業同業公會之意見而為核定，可謂依統計及經驗所定之標準，本院於酌定損害額時自得參酌之。」

　　由上述判決現況觀之，新法施行後，目前有 3 件判決仍採由侵害人就其「成本」及「必要費用」舉證之方式計算損害賠償金額，但另有 2 件判決則詳為分析本次修正意旨，並明確闡釋法院得參酌同業利潤標準之淨利率計算損害賠償金額。

---

❷　智慧財產法院 102 年度民專訴字第 56 號民事判決部分於 104 年 4 月 2 日為同法院 103 年度民專上字第 26 號民事判決所廢棄。

侵權與非侵權零件組合物如何計算損害賠償？

智慧財產法院 104 年度民專訴字第 62 號民事判決

沈宗原

一、法律問題

現今工業產品多由複數個零組件組合、製造後銷售，而每個零組件或有不同專利保護，如該產品中之某零組件侵犯某一專利時，應如何計算損害賠償，智慧財產法院 105 年 6 月 21 日 104 年度民專訴字第 62 號民事判決❷有詳盡之闡述。

二、智慧財產法院 104 年度民專訴字第 62 號民事判決

㈠本件事實

本件原告起訴主張其為中華民國第 D141942 號設計專利（下稱「系爭專利」）之專利權人，被告公司所銷售之行李箱產品，其手把部分（下稱「被控侵權物」）與系爭專利之圖面進行比對後，以普通消費者選購商品之觀點，被控侵權物與系爭專利之視覺性設計整體構成相同或近似，且包含系爭專利之新穎特徵，而侵害系爭專利，並請求以被告因侵害行為所得之利益作為損害賠償之數額。

㈡智慧財產法院之認定

法院審理後，認為系爭專利所應用之物品即為行李箱手把，此與被控侵權物屬相同物品；且以普通消費者選購商品之觀點，經整體比對並綜合判斷兩者視覺外觀時，亦有使普通消費者誤認係同款型式之行李箱手把，而產生混淆之視覺印象，是被控侵權物整體外觀與系爭專利屬近似。準此，法院認定被控侵權物已落入系爭專利之專利權範圍。

對於如何決定損害賠償數額部分，原告主張被控侵權物與行李箱共同銷售，

---

❷ 智慧財產法院 104 年度民專訴字第 62 號民事判決於 106 年 6 月 15 日為同法院 105 年度民專上字第 27 號民事判決所維持。

並無單獨銷售，故應以被告所販售之行李箱之利益計算專利權人所受損害。然而，法院認為，被控產品如係由專利侵權元件及非侵權元件所組合而成，僅於 1.侵權零件及非侵權零件通常係共同銷售，且 2.須共同作用始得發揮專利所欲達成之效果，3.專利權人復已舉證證明該專利元件係促使交易相對人購買該產品之主因時，始得以侵權人銷售整體產品（包括侵權零件及非侵權零件）之利益作為其因侵害行為所得之利益。本件中，被控侵權物與行李箱雖符合第 1.及 2.之要件，惟依通常交易情形，行李箱之尺寸大小、箱體設計、外殼材質、內裝變化、輪子設計、顏色花紋、安全防護均為交易相對人選購之重要考量因素，原告行銷販售時亦未強調行李箱把手之設計特徵，因此認定無法以「被告所販售之行李箱」之整體利益計算損害賠償，而應以「被控侵權物（即：行李箱把手）」之利益單獨計算。

　　關於此，智慧財產法院前於 105 年 4 月 7 日 103 年度民專上字第 9 號民事判決中，亦曾提出類似之判斷標準，該判決表示：「倘非專利零件與專利零件通常係共同銷售，且二者須共同作用始得發揮專利所欲達成之效果，而專利零件對於產品功效之作用復為消費者購買該產品之原因時，自應以產品之整體價值計算專利權人所受損害，而不應將專利零件之價值予以割裂抽離。」足資參照。

專利侵權行為與不當得利競合問題

▬智慧財產法院 105 年度民專上字第 24 號民事判決
▬最高法院 106 年度台上字第 2467 號民事判決

沈宗原

一、法律問題

　　於台灣的民事法體系下，專利人得依侵權行為或不當得利等請求權，向侵權人請求損害賠償或返還所受利益，然而，侵權行為的請求權係適用 2 年的短期消滅時效，不當得利的請求權消滅時效則有 15 年，兩者相競合時，應如何適用？損害賠償與返還所受利益的範圍是否有所差異？最高法院 107 年 9 月 26 日 106 年度台上字第 2467 號民事判決對此有所闡述。

二、法院之見解

(一)智慧財產法院：專利權人得另依不當得利請求，侵權人返還所受利益範圍：專利授權金數額

　　本件中，因專利權人已逾 2 年之侵權行為消滅時效，因此改以不當得利請求返還侵權人所受之利益，二審法院肯認專利權人得另依不當得利請求，並認為無法律上原因實施他人專利，可能獲得相當於專利授權金之利益，判命侵權人返還相當於專利授權金數額之所受利益[28]。

---

[28]　智慧財產法院 105 年度民專上字第 24 號民事判決：「而本件係請求返還因無法律上原因而實施他人專利，致他人所減少收取之專利授權金，而非以產品之收益作為計算標準，故應與貢獻度無涉。亦即一旦無法律上之原因而實施他人專利，依據不當得利之法律關係，即應給付依既有授權合約所應給付之授權金。國碩公司既因未經授權或同意即無法律上原因而實施飛利浦公司之請求項 6，致國碩公司受有利益，並使飛利浦公司受有損害，則飛利浦公司主張請求返還之不當得利數額，以公開之授權合約中之約定作為飛利浦公司得收取系爭專利授權權利金之依據，應為可採。況飛利浦公司於本件實際請求之數額僅為得請求 33 億多元中之 10 億 5 千萬元，且實際請求之計算期間係自 91 年至 102 年年底，故本院認其請求國碩公司返還 10 億 5 千萬元之不當利得，為有理由。」

㈡最高法院：專利權人得另依不當得利請求，侵權人返還所受利益範圍：客觀上所能獲致之實際利益

　　對此，最高法院認為，一旦專利權之支配關係受到破壞，隨著專利權之受損害，往往發生不正當財產損益之變動，而產生「專利侵權」與「不當得利」競合之情形，而專利法並無排除民法不當得利適用之規定，基於財產法體系而論，專利權人自仍得依民法不當得利之法律關係主張其權利。然而，對於返還所受利益的範圍，最高法院則有不同意見。

　　最高法院認為，依最高法院 61 年台上字第 1695 號判例，不當得利制度不在於填補損害，而係返還其依權益歸屬內容不應取得之利益，故依不當得利法則請求返還之範圍，應以受領人所受之利益為度，且關於應返還數額，應以返還義務成立時為計算標準。因此，本件侵權人擅自實施他人之專利財產權，使用人所能獲得利益，應依其實施該專利，於客觀上所能獲致之實際利益為計算標準，而非逕以專利權人所受短收授權金之損害為判斷依據，二審法院命侵權人返還相當於專利授權金之利益，即有所違誤，而予以廢棄❷❾。

　　此外，最高法院亦指出，民法第 148 條第 2 項規定「行使權利，履行義務，應依誠實及信用方法」，此項規定，於任何權利之行使及義務之履行，均有其適用。權利人在相當期間內不行使其權利，如有特別情事，足使義務人正當信任權利人已不欲行使其權利，其嗣後再為主張，即應認有違誠信而權利失效。法院為判斷時，應斟酌權利之性質、法律行為之種類、當事人間之關係、社會

---

❷❾　最高法院 106 年度台上字第 2467 號民事判決：「惟按不當得利制度不在於填補損害，而係返還其依權益歸屬內容不應取得之利益，故依不當得利法則請求返還之範圍，應以受領人所受之利益為度，非以請求人所受損害若干為準（本院 61 年台上字第 1695 號判例參照）。且關於應返還數額，應以返還義務成立時為計算標準。查上訴人未經被上訴人授權，即製造、販賣具有請求項 6 技術特徵之系爭產品，受有不當利益，致被上訴人受有損害，被上訴人得請求上訴人返還其所受之不當利益等情，為原審確定之事實。果爾，原審就上訴人應返還之不當利益，自應以其返還義務成立當時，所受之利益為度。而擅自實施他人之專利財產權，使用人所能獲得利益，應依其實施該專利，於客觀上所能獲致之實際利益為計算標準，而非逕以專利權人所受短收授權金之損害為判斷依據。」

經濟狀況及其他一切情事，以為認定之依據。又權利失效係基於誠信原則，與消滅時效制度無涉，要不因權利人之請求權尚未罹於時效而受影響。本件中，專利權人早已知悉侵權事實，然歷經 10 年始提起本件訴訟，10 年間未再對侵權人為任何之權利主張，侵權人基於正當信賴而長期使用系爭專利生產產品，於其長期且大量生產後，專利權人再為本件不當得利之權利行使，此是否有違誠信原則而有權利失效之適用，亦命原審法院應一併查明。

三、討　論

　　基此，專利權人應特別留意前述最高法院之見解，亦即如有長期未主張權利之事實，縱未罹於時效，仍有可能有權利失效之問題；此外，最高法院認為專利權人如基於不當得利請求返還所受利益，應係以侵權人實施該專利於客觀上所能獲致之實際利益為計算標準，而非以權利金為度，然而，最高法院對於無權占用土地的不當得利時，向來均認為返還之範圍為相當於租金之利益，則最高法院認為不得以權利金作為無權實施專利之不當得利計算標準，二者是否有所齟齬？其區別之理論基礎為何？均尚待司法實務進一步釐清。

智慧財產法院關於專利貢獻率之認定

陳佳菁

一、專利侵權訴訟損害賠償之計算

　　智慧財產法院針對專利侵權訴訟損害賠償之計算，向依據專利權人主張之損害賠償計算方式（如：具體損害賠償計算說、差額說、總利益說、合理權利金說；專利法第 97 條）及兩造當事人所提出之卷證資料進行酌定。針對涉訟專利於被控侵權產品之貢獻率，過往固有侵權人於訴訟上主張應為法院酌定損害賠償之基礎，然智慧財產法院之見解，有以欠缺法律依據而不採依專利貢獻率計算損害賠償者；有依專利貢獻率計算損害賠償者或雖肯認專利貢獻率之概念，然依個案情事認定不採為計算損害賠償之基礎者。本文即羅列智慧財產法院相關判決探討智慧財產法院關於專利貢獻率之認定。

二、不採依專利貢獻率計算損害賠償之判決

㈠以無法律依據而不採依專利貢獻率計算損害賠償之判決

　　智慧財產法院 102 年度民專上字第 4 號民事判決 （判決日：102 年 10 月 17 日）、102 年度民專上字第 16 號民事判決（判決日：102 年 11 月 28 日）及 104 年度民專上更㈠字第 3 號民事判決（判決日：106 年 5 月 25 日），該等案件之侵權人雖主張計算損害賠償時應審酌系爭專利對系爭產品收益之貢獻比例或所占比例，然法院以修正前專利法第 85 條第 1 項第 2 款既未規定計算損害賠償時應審酌系爭專利對系爭產品收益之貢獻比例或所占比例，自仍應以「侵害人因侵害行為所得之利益」計算損害為由，不採依專利貢獻率計算損害賠償。

㈡智慧財產法院 105 年度民專訴字第 1 號民事判決（判決日：106 年 2 月 10 日）

　　該判決則以系爭專利獨立項或附屬項均有其獨立之權利範圍，無所謂區別各請求項貢獻度計算損害賠償可言為由，不採依專利貢獻率計算損害賠償，其認為：「被告雖辯稱應依侵害系爭專利請求項對於系爭專利整體貢獻程度比例折

算賠償金額云云，然系爭專利獨立項或附屬項均有其獨立之權利範圍，當無所謂區別各請求項貢獻度計算損害賠償之可言，被告所辯尚乏依據，自不足採。」

三、肯認損害賠償之計算應考量專利貢獻率之判決

㈠依專利貢獻率計算損害賠償者

1.智慧財產法院 99 年度民專訴字第 156 號民事判決　（判決日：101 年 2 月 22 日）

　　該案法院在酌定合理授權金額時，將系爭專利技術對侵權產品獲利及技術之貢獻程度列入考量因素，其表示：「本院審酌上開估算之數字及已可證明之侵權事實，並衡量原告為一專業研究單位，被告為一國際知名手機品牌，系爭專利一尚未授權他人實施，**系爭專利技術對侵權產品獲利及技術之貢獻程度**，系爭侵權產品之市場佔有率，原告舉證證明損害賠償額之困難程度等一切情狀，認原告至少得請求被告連帶給付 300 萬元之合理授權金額。」

2.智慧財產法院 100 年度民專訴字第 63 號民事判決（判決日：100 年 12 月 28 日）

　　該案法院計算專利侵權損害賠償時，參考系爭產品（胎緣固定套板）對輪胎之貢獻度，並以一般消費者或零售業者雖不會僅單購買該胎緣固定套板，惟販售輪胎時均會一併附加該胎緣固定套板，屬販售輪胎不可或缺之產品，否則輪胎將不易搬運或疊置，具有一定之效用，故綜合上開一切情況，認定系爭產品扣除成本後，對於每個輪胎之貢獻度應至少仍有 5 元，並據此計算侵權人被告所得之利益。

3.智慧財產法院 102 年度民專上字第 3 號民事判決　（判決日：102 年 11 月 14 日）

　　該判決明揭法院於核定該案損害賠償金額時，亦將**專利技術對侵權產品獲利或技術之貢獻程度**納入考量因素，表示：「法院依衡平原則審酌相近技術專利之授權金、以侵權事實推估授權合約之特性及範圍、授權人與被授權人之市場地位、專利技術對侵權產品獲利或技術之貢獻程度，侵權產品之市場佔有率等

一切情況，定一適當之合理權利金，茲依卷內現有證據資料加以審酌核定本件損害賠償金額。」

4.智慧財產法院 103 年度民專上更㈠字第 2 號民事判決（判決日：104 年 11 月 12 日）

該判決採納當事人提出之學術論文認定系爭專利在系爭產品貢獻度，並以此計算損害賠償，表示：「逢甲大學紡織工程研究所『台灣內衣產業之專利分析與 TRIZ 導入設計趨勢』碩士論文……其整理我國專利資料庫各專利後（另就美國部分參考美國專利商標局資料分析），就內衣結構設計部分分析如下：其成本考量（專利 1 件）技術 0.5%、（專利 21 件）舒適性 9.8%、便利性（專利 1 件）0.5%、美觀（專利 16 件）7.4%、姿態調整（專利 8 件）3.7%、塑體功能（專利 34 件）15.8%，合計（專利 81 件）37.7%，其餘則為布料（專利 38 件）17.7%、穿著方式（專利 49 件）22.8%、鋼條或其他附加物（專利 47 件）21.9%，合計 100%；上述塑體功能包括：托胸、防副乳、塑腰等身體各部位雕塑，其自我國專利資料庫檢索分析得到上述各項數據，足為本件就女性內衣技術分析參考資料……上述學術論文係就我國申請並取得專利之內衣資料分析，就技術結構占內衣功效 37.7% 具客觀性，可作為系爭專利在系爭產品一之貢獻度依據。」

5.智慧財產法院 102 年度民專訴字第 7 號民事判決　（判決日：105 年 8 月 19 日）

該案法院除將專利技術貢獻程度納入計算損害賠償考量因素外，並囑託鑑定機關鑑定系爭專利對系爭產品價格之貢獻度為何，其表示：「鑑定機關經由上開相關途徑蒐集資料，均無法覓得與系爭產品相同或近似規格之產品，始以各別具有『多媒體收集器與播放器』、『USB 2.0 半導體存儲裝置（裝設快閃記憶體）』之商品，組合成複數種商品之價格，以此作為調查商品之價格，與系爭產品進行比對分析，並詳述其分析比對之方法，本院認為鑑定機關本於專業知識所為之分析及判斷，並無不當之處……系爭產品共銷售 25,000 個，以『魔力 IGD4』、『魔力 IBD5』、『魔力 ICD7』分別銷售 8,334 個、8,333 個、8,333 個計

算，上開三項產品銷售金額各為 15,734,592 元、16,566,004 元、22,399,104 元，乘以貢獻度 5.68%，系爭三項產品應負擔之損害賠償金額應為 3,106,943 元。」

6. 智慧財產法院 104 年度民專訴字第 66 號民事判決（判決日：105 年 12 月 30 日）

該判決參酌當事人事證認定該案系爭專利貢獻度，並以該專利貢獻度計算損害賠償，表示：「有無實施系爭專利之行李箱之價格差額，所占整體行李箱價格之比例，應可視為系爭專利對於整體行李箱產品之貢獻度……被告禮得公司提出原告公司之『CLASSIC FLIGHT』系列行李箱，改款前（未實施系爭專利）之四輪標準登機箱售價為 19,470 元，改款後售價為 21,400 元之網頁資料 (http://www.travelrent.com.tw/n ews_detail_82.html)，本院認為該資料係針對同款行李箱有無實施系爭專利結構之價格比較，應可採為判斷之基礎，依此計算，原告實施系爭專利前後之價差為 1,930 元（21,400 − 19,470 = 1,930 元），對於原來產品整體售價之貢獻度為 9.91%。」

7. 智慧財產法院 104 年度民專訴字第 25 號民事判決（判決日：106 年 6 月 29 日）

該判決則於核定該案損害賠償金額時，以專利權人主張被侵權之專利個數估算作為各專利技術對侵權產品獲利或技術之貢獻程度，認為：「原告主張系爭產品除侵害系爭 287 號專利權外，尚侵害其餘 2 個專利權，故系爭 287 號專利之貢獻度僅為三分之一，亦即本件被告侵害系爭 287 號專利權所獲得之利益為 1100 萬元之三分之一，計算原告可得請求之損害賠償額為 3,666,667 元。」

8. 智慧財產法院 104 年度民專訴字第 90 號民事判決（判決日：106 年 8 月 11 日）

該案當事人針對系爭專利貢獻度之討論皆提出事證支持其主張，法院最後採侵權人主張之貢獻度計算損害賠償，表示：「本院審酌系爭專利欲解決水管本體容易纏繞、糾結，形成使用後收集不便，並以編織外管限制彈性內管撐張之口徑大小，防止彈性內管因水壓撐張而爆開破裂之虞之技術問題及解決問題之

技術手段，暨系爭專利請求項 4、7 之快速接頭、接頭元件之管塞部形成鋸齒狀表面對發明目的、技術之關連程度，並參酌被告等提出之相關產品市價查詢資料等各情，認被告等辯稱系爭專利請求項 4、7 之貢獻度為 15.90%，尚屬適中，原告亦認至少有前開比率之貢獻度，是承上被告威鵬公司銷售系爭產品之所得利益為 16,381 元，復以 15.90% 核估系爭專利請求項 4、7 對系爭產品之貢獻度，本件損害賠償金額為 2,605 元。」

㈡雖肯認專利貢獻率之概念，然依個案情事認定不採為計算損害賠償之基礎者

1.智慧財產法院 100 年度民專訴字第 61 號民事判決（判決日：101 年 6 月 28 日）

　　該案件侵權人辯稱系爭專利僅占 DVD6C 之 400 件專利之一，故專利權人得請求之金額應除以 400。法院則以下述理由不採侵權人之主張：

　　⑴侵權人所製造之光碟是否均須使用 DVD6C 之 400 件專利、系爭專利與其餘 399 件專利之分擔授權金之比例為何，均未見侵權人舉證；及

　　⑵系爭專利係 DVD 規格書之一部分，其技術特徵附著於整個光碟無從單獨分離，且若缺乏系爭專利則該光碟即無價值，足見系爭專利對該光碟貢獻度係占百分之百，侵權人認應以 400 分之 1 賠償專利權人損害，並無理由。

2.智慧財產法院 101 年度民專訴字第 34 號民事判決（判決日：102 年 1 月 25 日）

　　該案件侵權人主張計算專利侵權損害賠償時，尚須討論侵害專利行為實際上對於侵害人銷售侵權產品利潤之貢獻度如何，並以市調資料佐證其主張。法院以市調未揭露多少消費者以與系爭專利有關之「造型」為次要或再次要之因素，故未能全面顯示「造型」影響消費者選購機車之真正比重為何，而不採依專利貢獻率計算損害賠償。

3.智慧財產法院 101 年度民專上字第 7 號民事判決（判決日：101 年 12 月 27 日）

　　該案件侵權人主張依專利貢獻度，不應依系爭產品（胸罩）之整體價格計算損害賠償額。法院則依系爭產品之型錄認定侵權人於販售系爭產品時強調該產品具系爭專利技術特徵之 N 字型撐條，且該背片無從與系爭產品分離而為販售，故仍應依系爭產品之整體價格計算侵權人因侵害所得利益。

四、討　論

　　現行專利法雖未明文規定計算損害賠償時應審酌專利貢獻率，然法院依專利貢獻率計算專利侵權損害賠償仍有其法律依據，即於當事人難依專利法第 97 條規定計算專利權人所受損害之數額，或證明顯有重大困難，法院得依民事訴訟法第 222 條第 2 項規定，綜合相關事證（如：相近技術專利之授權金、以侵權事實推估授權合約之特性及範圍、授權人與被授權人之市場地位、**專利技術對侵權產品獲利或技術之貢獻程度**，侵權產品之市場佔有率等一切情況）核定損害賠償之數額。

　　由前揭智慧財產法院之判決觀之，侵權人多傾向提出專利貢獻率為損害賠償計算之抗辯之一，法院在審酌是否採納專利貢獻率為損害賠償計算之基礎或以多少專利貢獻率計算損害賠償時，當事人所提出之事證扮演關鍵角色，若侵權人可具體提出專利技術對侵權產品獲利或技術之貢獻程度之事證，法院傾向採納依專利貢獻率，而不以侵權人就侵權產品獲利之全部計算損害賠償。相對地，若專利權人可提出事證證明系爭專利對侵權產品之貢獻率為百分之百，則亦有機會說服法院以侵權人就侵權產品獲利之全部計算損害賠償。值得注意的是，法院對於是否採納專利貢獻率計算損害賠償之態度，已漸趨肯定。

智慧財產法院關於專利貢獻度之發展

簡秀如／黃柏維

一、法律問題

　　智慧財產法院針對專利侵權訴訟損害賠償之計算，向來依據專利權人依專利法第 97 條所主張之計算方式進行認定。現行專利法雖未明文規定計算損害賠償時應審酌涉訟專利對於被控侵權產品之貢獻度，然歷來不乏侵權人據以主張作為調整損害賠償額之基礎，智慧財產法院對此見解雖不盡一致，惟 106 年 7 月 5 日做成的 103 年度民專訴字第 48 號民事判決針對貢獻度之適用情況與判斷基準作了詳盡的說明，足供專利侵權案件探討貢獻度之參考。

二、過往智慧財產法院採納貢獻度概念計算損害賠償額之類型

㈠專利元件與侵權產品可輕易分離者

　　99 年度民專訴字第 156 號民事判決（麥克風元件之於手機產品）、100 年度民專訴字第 63 號民事判決及 101 年度民專上字第 4 號民事判決 （胎緣固定套板之於輪胎） 等，該等案件所涉專利內容，概屬機械、裝置類之發明，與系爭侵權產品均可輕易區別為不同之部件，法院採用貢獻度進行調整損害賠償額。

㈡系爭專利僅為侵權產品上相關眾多專利一部分者

　　如 104 年度民專訴字第 25 號民事判決， 專利權人起訴主張系爭產品侵害其 3 項專利， 經智慧財產法院作成中間判決認定系爭產品僅侵害其中一項專利，法院進一步認為該項專利對系爭產品之貢獻度僅占 3 分之 1，亦即侵權人侵害該項專利所獲得之利益應為系爭產品總利益的 3 分之 1，此亦為法院適用貢獻度概念之案例。

三、智慧財產法院 103 年度民專訴字第 48 號民事判決：只有專利元件與侵權產品可輕易分離者才有考量貢獻度之必要

　　然而，上述之案例類型是否必然就適用貢獻度來計算損害賠償額，並非無疑，蓋並無一明確可資依循的標準足供參考，直到智慧財產法院 103 年度民專訴字第 48 號民事判決對此給了完整而具有說服力的論述，該案侵權人主張製造系爭產品所需之技術非僅系爭 2 件專利，尚有多達數百種技術始能竟其功，且至少已可證明系爭 3 件產品上有 3 件有別於系爭 2 件專利之專利技術存在，故系爭 2 件專利不足以造就系爭 3 件產品之銷售利潤，還需以系爭 2 件專利之貢獻度計算合理之銷售利益云云，智慧財產法院指出：「法院於認定侵害專利權之損害賠償金額時，應否納入被侵害之專利權對於侵權產品整體價格之貢獻度時，應綜合考量專利技術對於該產品整體所產生之效用增進、消費者之購買意願、市場一般交易情形等因素決定之，不應僅以某產品上使用多少數量之專利，而直接按專利數量之比例分配。換言之，考量專利技術對於侵權產品價格之貢獻度，除了技術層面之考量（例如該專利技術對於提昇產品功能之助益為何？係增進產品之主要功能或附隨功能？欠缺該專利技術，產品是否仍能達成主要之功能）之外，尚涉及經濟層面之考量（例如該功能之增進是否足以影響消費者之購買決定？專利與非專利元件物理上可否拆分？可拆分之元件是否可單獨成為交易客體？一般交易習慣等），並非單純之數學問題。」法院並認為該案系爭專利一、二之技術內容（記憶體寫入操作方法）涉及系爭 NAND Flash Memory 產品主要功能及效用之提升，無論由結構上或功能上均無從與系爭產品之其他部分強行區分，於計算侵害專利權之損害賠償額時，無須另外計算系爭專利對於系爭產品價格之貢獻度；縱認應計算其貢獻度，亦應認其貢獻度為 100%。

　　由上揭判決可知，智慧財產法院明確肯認只有專利元件可輕易與侵權產品分離者，才有考量系爭專利貢獻度之必要，而在專利部件與侵權產品難以切割分離之情形，應以「侵權產品整體價值」計算損害賠償額；縱認應考量其貢獻度，應以 100% 計算之。且所謂「難以分離」並不侷限於物理上可否拆分，而應包含技術層面、經濟層面、結構上與功能完整性等不同面向的綜合考量。至於專利數量是否僅占系爭侵權產品專利數目之一部分並非採納貢獻度的判斷因

素，而應綜合考量專利技術對於該產品整體所產生之效用增進、消費者之購買意願、市場一般交易情形等因素決定。

在前開判決之前，智慧財產法院 100 年度民專訴字第 61 號民事判決已闡述類似觀點，指出：「被告辯稱系爭專利僅占 DVD6C 之 400 件專利之一，故原告得請求之金額應除以 400 云云，然被告所製造之光碟是否均須使用 DVD6C 之 400 件專利、系爭專利與其餘 399 件專利之分擔授權金之比例為何，均未見被告舉證以實其說，其逕以 DVD6C 之專利有 400 件，即認原告僅能請求 400 分之一，尚不足採。且原告系爭專利係 DVD 規格書之一部分，其技術特徵附著於整個光碟無從單獨分離，且若缺乏系爭專利則該光碟即無價值，足見系爭專利對該光碟貢獻度係占百分之百，被告認應以 400 分之一賠償原告損害，並無理由。」此與 103 年度民專訴字第 48 號民事判決見解相同。

綜上，即使實務上對貢獻度於個案是否及如何適用之意見尚未完全趨於一致，然可看出智慧財產法院傾向綜合審酌專利對侵權產品之整體影響，並就個案實質判斷是否採納以及如何認定貢獻度，非率然採取侵權人純就專利或請求項之數量所為之量化計算，在產品之結構及功能日益複雜化、產業鏈分工愈趨精細，一項產品上往往有多重專利技術堆疊的今日，法院此等見解有助於專利權人請求其應得之權益，殊值肯定。

# 權利濫用

專利嗣後無效並未當然構成權利濫用

簡秀如／湯舒涵

一、專利權人之權利濫用

　　權利濫用理論係美國法上的重要議題，美國實務迄今亦累積了大量有關專利權濫用的案例，實務上常見主張專利權濫用之情況包括：拒絕授權、將無效專利或專利期間已屆滿之專利納入「專利聯盟」或「專利池」(Patent Pool) 中、提起惡意訴訟等等。廣意的惡意訴訟，包含濫用專利權申請策略、隨意提起訴訟，貿然使用訴訟前之保全程序、不當提起假扣押、假處分等保全程序等。

　　隨著近年來專利權人愈發重視智慧財產權之維護與保障，專利侵權訴訟之被告也不斷採取各式的防禦方法，例如提起舉發、於專利侵權訴訟中提出專利無效抗辯、提起另訴或反訴主張權利濫用或妨礙公平競爭等等。實務上常見，專利侵權訴訟之被告於說服法院認定專利無效或其不構成侵權而勝訴後，另行起訴主張專利權人明知專利權無效或明知侵害鑑定結果不實，卻仍持以向法院聲請定暫時狀態處分或假扣押等保全程序等，此等舉措已構成權利濫用，屬民法第 184 條規定之侵權行為或公平交易法所規制之不正競爭行為，而應負擔損害賠償責任云者。

二、法院之見解

　　針對類似主張，台灣台北地方法院曾於 93 年度智字第 7 號民事判決中表示「權利人聲請假處分或假扣押是否不當，原屬假處分法院、假扣押法院及抗告法院審理事項，自不得單以其聲請假處分或假扣押，即謂其係不當行使權利」，以及「聲請假處分或假扣押裁定，本不以提出鑑定報告為要，且系爭鑑定報告鑑定意見之採納與否，端由假扣押、假處分之法院依其職權加以判定。……然專業鑑定機構間，縱便依同一檢驗基準，亦有可能發生鑑定結果相異之情況」，並認定「尚難直接得出專利權人係有濫用專利權之故意，而以聲請假處

分、假扣押等司法手段侵害被控侵權人權益之情形」。

智慧財產法院於 101 年 9 月 21 日作成之 100 年度民公訴字第 3 號民事判決中則指出，縱然事後判決認定系爭專利不具進步性，仍無法據以推論專利權人於聲請假扣押時即明知該專利有應撤銷原因存在，故不得據此主張專利權人行使權利有侵權之故意或過失。

前揭 100 年度民公訴字第 3 號民事判決業經智慧財產法院作成 101 年度民公上字第 5 號民事判決❸（判決日：103 年 1 月 22 日）予以維持。於二審判決中，智慧財產法院除重申，系爭專利迄今仍為有效，縱嗣後經行政訴訟認定具有應撤銷之原因，仍無法據以推論專利權人於聲請假扣押時即知專利有應撤銷原因存在。

附帶一提者，智慧財產法院雖曾於 99 年 12 月 2 日作成之 99 年度民公上字第 3 號民事判決❹中，認定該案專利權人聲請定暫時狀態處分之行為有侵害被控侵權人之過失，惟其主要理由係因專利權人於聲請定暫時狀態處分時所提出之鑑定報告並未完成文義比對；然就被控侵權人其他指述專利權人濫用專利權之主張，法院則未明白表示意見。

此外，有關專利侵權訴訟之被告於主張專利權人權利濫用時應盡到何等舉證責任，智慧財產法院前述之 100 年度民公訴字第 3 號民事判決中表示，其應證明專利權人於聲請假扣押之際，確實明知其權利有所侷限或不得向被控侵權人主張權利。

---

❸ 智慧財產法院 101 年度民公上字第 5 號民事判決於 104 年 5 月 7 日為最高法院 104 年度台上字第 820 號民事判決所維持。

❹ 智慧財產法院 99 年度民公上字第 3 號民事判決於 101 年 2 月 23 日為最高法院 101 年度台上字第 235 號民事裁定所維持。

新型專利技術報告之不利記載內容與權利濫用之判斷

▪智慧財產法院 106 年度民專訴字第 76 號民事判決

簡秀如／吳詩儀

一、法律問題

　　台灣專利法下，新型專利係採取形式審查制度，智慧財產局無須就專利要件為實體審查，惟因未經實體審查即授與專利權保護，為防止權利人濫用權利，專利法第 116 條規定新型專利權人行使新型專利權時，如未提示新型專利技術報告，不得進行警告。此外，同法第 117 條復規定，新型專利權人之專利權遭撤銷時，就其於撤銷前，因行使專利權所致他人之損害，應負賠償責任；但其係基於新型專利技術報告之內容，且已盡相當之注意者，不在此限。

　　倘新型專利權人確已取得新型專利技術報告，惟該報告給予比對結果代碼 6，並認為「……即使參酌說明書與圖式，仍無法明確認定請求項之創作，因此無法進行有效之調查與比對」，而新型專利權人仍據此為行使專利權之行為，嗣後該專利遭主管機關撤銷，則其行使權利之行為是否構成權利濫用？

二、本件事實

　　本件專利權人之新型專利技術報告之所有請求項比對結果為「無法發現足以否定其新穎性等要件之先前技術文獻」（代碼 6），但於說明中記載「即使參酌說明書與圖式，仍無法明確認定請求項之創作，因此無法進行有效之調查與比對」，而專利權人仍基於此新型專利技術報告寄發「敬告函」、聲請證據保全及提起民事侵權訴訟，嗣後該新型專利因「申請專利範圍未能為說明書及圖式支持，致申請專利範圍不明確而無法瞭解其內容」之無效事由（即違反專利法第 26 項規定之要件，簡稱「明確性」要件）而遭智慧財產局撤銷。被控侵權人乃主張專利權人明知系爭專利形式上雖取得專利證書，但系爭專利請求項之申請專利範圍未載明必要技術特徵，未能為說明及圖式所支持，違反 93 年專利法第 108 條準用第 26 條第 3 項、第 4 項規定，專利權人所為係明知或至少因過失而不知系爭專利有無效事由，仍藉保全處分方式及後續起訴程序，侵害被控侵

權人生產、銷售系爭產品之權益，故提起本件訴訟，請求專利權人賠償其因停止銷售系爭產品及商譽之損失。

三、智慧財產法院之認定

智慧財產法院 107 年 4 月 23 日 106 年度民專訴字第 76 號民事判決對此表示見解。首先，法院認為新型專利技術報告記載之「即使參酌說明書與圖式，仍無法明確認定請求項之創作，因此無法進行有效之調查與比對」等語，並未與專利法規定之「明確性」要件用語相對應，且新型專利技術報告並非行政處分，不生拘束之效力，故上開記載自不等於智慧財產局已認定系爭新型專利違反「明確性」要件。

其次，在該案中，被控侵權人直至專利侵權訴訟進入二審程序後，始以系爭新型專利違反「明確性」要件為由提出舉發，法院認為實難苛責專利權人於取得新型專利技術報告後仍須對此撤銷原因負擔高度之注意義務。而專利權人於寄發敬告函及事後提起證據保全、訴訟程序等行使系爭專利權，主觀上應係認知系爭專利為合法有效，自無侵害原告權利之故意或過失存在。

此外，該案專利權人雖因新型專利技術報告之上開記載，而曾向智慧財產局提出更正申請，將說明書之內容增訂至請求項中，然智慧財產法院仍認為僅由此亦無從認定專利權人已知悉系爭專利有違反「明確性」要件之情事。是以，智慧財產法院以專利權人行使專利權行為，均係本於系爭專利合法有效之認知，且於發函前已盡相當之注意，認定無權利濫用之故意或過失，駁回被控侵權人之損害賠償請求。

四、討　論

本案對新型專利權人行使權利是否構成權利濫用，採取較為嚴格的判斷標準，惟雖如此，新型專利權人於行使權利時，仍應留意技術報告之比對結果及記載內容，以避免被指控濫用權利之風險。

# 權利歸屬

職務上發明之認定暨台灣法院對於大陸專利權歸屬爭議之審理

▪ 智慧財產法院 102 年度民專上字第 20 號民事判決
▪ 最高法院 103 年度台上字第 1479 號民事判決
▪ 智慧財產法院 103 年度民專上更㈠字第 7 號民事判決

簡秀如／吳詩儀

一、本件事實

　　乙擔任甲公司總經理一職，雙方曾以合約約定，倘乙使用甲公司之資源進行研發，研發成果由雙方共享。乙任職期間，甲公司負責人對乙提供開發新物件之想法、照片及意見，並指示其開發新物件，之後乙提出新物件之研發想法（下稱「系爭創作」），並利用甲公司人力與金錢繪製圖式、製作模型與生產模具，最後據此研發成果以自己為新型創作人單獨申請與取得 A 新型專利（「系爭台灣專利」），進而依此專利資料向大陸地區申請，取得 B 實用新型專利（「系爭大陸專利」），申請專利之費用均由甲公司支出。甲公司主張系爭創作應為職務上發明而為甲公司所有，縱非職務上發明，依雙方合約之約定，亦應由雙方共有，甲公司因而提起確認之訴。

二、法律問題㈠

㈠職務上發明之判斷

　　受雇人於職務上完成之發明，其專利申請權及專利權之歸屬，原則屬於雇用人，但契約另有約定者，從其約定（專利法第 7 條第 1 項）。是以，當受雇人於任職期間所完成之研發成果專利權利歸屬產生疑義時，應先探究該研發成果是否屬於「職務上發明」，與雙方有無契約特別約定。

　　針對上述案件事實，智慧財產法院於 102 年 11 月 14 日作成之 102 年度民專上字第 20 號民事判決中，認為系爭創作並非乙之「職務上發明」。案經上訴

至最高法院，於 103 年 7 月 17 日以 103 年度台上字第 1479 號民事判決廢棄發回，智慧財產法院隨即於 104 年 8 月 27 日作成 103 年度民專上更㈠字第 7 號民事判決，改認系爭創作為甲乙共有。

㈡法院之認定

　　甲公司主張乙前擔任其總經理，工作內容包括研發，然智慧財產法院 102 年度民專上字第 20 號民事判決中採信乙之說法，認乙擔任總經理職務，固有從事工程協助及開發產品之製作，但不得遽認其專司技術研發，故無法證明乙研發之系爭專利，為其職務上之發明。

　　此外，甲公司雖提出多名證人欲證明系爭專利之研發過程並非乙獨立創作完成，然而智慧財產法院前述民事判決中，則採乙之主張，認為甲公司負責人提供構想之行為，僅係推廣公司業務所需，並非提供專利研發之必要資訊，況其所提供之構想及資料，僅屬自然法則或單純之構思或建議，並無專利之必要技術手段；而甲公司之工程師雖協助專利說明書之繪圖，亦僅為專利申請行政程序所需文件，非研發過程。至於甲公司人員協助製作模型及生產模具之行為，亦僅屬生產製造流程之部分，均與專利之研發創作無關。智慧財產法院乃據此否定系爭專利為乙職務上完成之發明。

　　至於甲公司主張雙方曾合意共享乙利用甲之資源完成的研發成果乙節，智慧財產法院則認為合約中「研發成果共享」之文句並非等同於系爭專利權共有之合意，且甲公司在乙以自己名義申請專利之過程中均無異議，而不採甲公司之主張。

　　惟本案上訴至最高法院後，遭最高法院以 103 年 7 月 17 日 103 年度台上字第 1479 號民事判決廢棄並發回更審。最高法院認為，雙方既然曾在合約中言明，若乙使用甲公司資源進行研發，則研發成果應由雙方共享，原審卻認為此文句不代表雙方有「系爭專利權共有」之合意，其解釋契約有違常情。最高法院進一步指出，甲既曾支付專利申請費用、提出開發構想、繪圖並於繪製期間與乙為瞭解及口頭溝通、參與洽商生產與開模等事宜，其主張系爭專利為兩造共有，亦非無研求餘地。至於智慧財產法院對於系爭專利之技術內容非屬「職務上發明」的判斷，最高法院則無不同意見。

　　全案發回智慧財產法院後，旋作成 103 年度民專上更㈠字第 7 號民事判決，認為雙方之合約確有「系爭專利權共有」之合意，且乙係利用甲之資源進行研發，故系爭專利應為兩造共有。

三、法律問題㈡

㈠台灣法院對於大陸專利權歸屬爭議之審理

　　各國專利權制度多採取屬地主義，由某國家或某地區之專利主管機關所核發之專利權，其權利之取得及效力，一般均依各該國家或地區法令而定。若當事人間對於在甲國（甲地區）取得之專利權歸屬發生爭執，能否於乙國（乙地區）法院訴請裁判，其準據法又應如何認定，即有疑問。

㈡智慧財產法院之認定

　　智慧財產法院 102 年度民專上字第 20 號民事判決認為，基於民事訴訟法「以原就被」之精神，只要被告之住、居所位於台灣，台灣法院對此類案件仍有管轄權；至於權利歸屬之實體判斷，則以權利成立地，亦即大陸之專利法令為準據法。而該法院之前述更審判決，經函詢大陸最高人民法院後，進一步認為當事人若對大陸地區之專利權歸屬有爭執，經提起確認之訴勝訴確定後，可向大陸人民法院申請認可和執行後，向其主管機關辦理專利權移轉手續，故有確認利益存在。

誰才是「真正發明人」？

簡秀如／吳詩儀

一、專利「真正發明人」之認定

專利的申請，須由具有專利申請權者為之；依據專利法第 5 條第 2 項規定，專利申請權人原則上僅指發明人、新型創作人、設計人或其受讓人或繼承人。由於發明、創作或設計等行為均屬事實行為，故當專利遭他人冒名為發明人、創作人或設計人（為簡便起見，下文合稱為「發明人」）而提出申請時，真正發明人應如何認定，必須仰賴法院依據個案事實做成判斷。

二、智慧財產法院之見解

觀察智慧財產法院 102 年至 103 年有關發明人認定之相關判決，可發現其傾向採取「實質相同或近似」之判斷標準，即就主張為真正發明人所提之證據資料顯示之發明內容，與系爭專利之申請專利範圍進行比對，若該發明內容與系爭專利申請範圍「實質相同或近似」，則肯認提出該證據之人為真正發明人。

㈠ 101 年度民專上字第 2 號民事判決（判決日：102 年 4 月 11 日）

甲公司主張系爭器材為其員工所研發設計，然甲公司因向下游代工廠詢價而將系爭器材之原始構圖流出，致乙知悉系爭器材之技術內容而具名申請系爭專利，甲公司遂以乙為被告，起訴請求智慧財產法院確認其方為系爭專利之申請權人。

智慧財產法院於判決中援引著作權抄襲爭議所依據之判斷標準，包括：1. 被控侵權物與著作間是否構成「實質近似或相同」，以及 2.被告有無「接觸」著作之事實等，對本案進行判斷。

首先，智慧財產法院經比較系爭專利之請求項與系爭器材之技術內容後，認為兩者間雖有若干微小差異，惟其差異仍為所屬技術領域中具有通常知識者所能輕易思及，故就整體而言（乃指全要件原則之比較之下），兩者實已構成實質近似或相同。

　　其次，針對乙是否曾接觸創作草圖之事實，甲公司雖提出數份電子郵件為證，然均遭乙抗辯上開文書皆非其所發送或接收，無從判斷其真偽，且相關證物均無法勾稽證明乙確實曾輾轉取得系爭器材之技術內容，進而持之申請系爭專利云云。

　　對此，智慧財產法院表示：「有關專利申請權人誰屬問題既屬一般民事爭議事件，就證據證明力之要求自以『優勢證據之程度』即足，換言之，兩造本件爭議中究竟何人主張可採，自以其各自所提證據何者較占優勢為斷。」換言之，於甚難證明「接觸」事實之有無時，基於優勢證據之法理，法院乃採取「有無接觸之可能」作為認定依據，即在客觀證據業已足以證明乙確有接觸之「可能性」，乙又無法舉反證時，即應肯認甲公司主張之事實。

　　智慧財產法院最終以乙有接觸創作草圖之高度可能性，且系爭專利技術特徵與系爭器材實質近似，判決認定專利權應歸屬於甲公司。

㈡ 102 年度民專上字第 9 號民事判決（判決日：103 年 5 月 15 日）

　　A 公司起訴主張系爭專利為其員工 X 於 90 年完成之發明，專利權人 B 公司之廠長 Y 於當時亦為 A 公司之員工，參與此發明相關之研發與實驗。惟 Y 於 93 年離職後，於 95 年成立 B 公司並將相關發明申請專利。A 公司主張 Y 係冒用發明人名義申請系爭專利，並提出 X 與 Y 尚任職於 A 公司時所撰寫之實驗紀錄簿等資料為證。

　　智慧財產法院於審閱上述實驗紀錄簿之內容時，雖肯定其與系爭專利相關，然就 A 公司主張系爭專利之技術特徵均已揭示在該實驗紀錄簿乙節，表示「判斷系爭專利之申請專利範圍與證據所顯示之創作是否實質相同，仍應就申請專利範圍之整體技術內容加以比對，而非僅就部分技術特徵加以比對」；由於 A 公司所提實驗紀錄簿並無一處完整記載系爭專利之整體配方，且其記載之配方組成亦與系爭專利技術特徵所示之配方組成與成分不同，故二者之技術內容並非實質相同，因而駁回 A 公司之主張。

　　智慧財產法院於判決中，特別對於「實質相同」之認定，說明如下：「所謂實質相同，於發明或新型專利，指系爭專利申請專利範圍中所載之技術與證據所揭露之技術無實質差異，只要系爭專利申請專利範圍中所載之技術未逸脫證

據之創作構思、技術手段及功效即足，兩者之文字及圖式形式不必相同。因此，判斷系爭專利權是否為上訴人所有，應就系爭專利之申請專利範圍與上訴人實驗工作紀錄簿所顯示之相關創作內容作比較。」

　　雖然智慧財產法院並未肯認 A 公司應為系爭專利之真正權利人，但其判決結果仍對 B 公司不利。按 A 公司於備位聲明請求確認 B 公司之專利權及專利申請權不存在，由於 B 公司無法提出發明實驗歷程以證明其確實為系爭專利之申請權人（B 公司辯稱相關資料因公司及專利事務所均有搬遷故無法尋得云云），且系爭專利記載發明人之一之 Y 的證言亦與系爭專利之技術特徵有所矛盾，故智慧財產法院乃判決確認 B 公司對於系爭專利之申請權及專利權均不存在。

　　最終，爭執之雙方均被認定非為系爭專利之申請權人。

共同開發之專利申請權歸屬判斷

■ 智慧財產法院 108 年度民專上字第 5 號民事判決

簡秀如／曾鈺珺

一、法律問題

　　專利法第 7 條第 3 項規定：「一方出資聘請他人從事研究開發者，其專利申請權及專利權之歸屬依雙方契約約定；契約未約定者，屬於發明人、新型創作人或設計人。」針對出資人及受聘人間未約定研發成果之權利歸屬，且其研發成果實際上係由雙方所共同完成之情形，智慧財產法院於 108 年 12 月 12 日所作成之 108 年度民專上字第 5 號民事判決中，就其專利申請權歸屬之判斷表示見解。

二、本件事實

　　該案原告主張，其受被告委託辦理「水庫泥砂濃度及流速超音波量測設備測試研發計畫」，雙方並未約定專利申請權之歸屬，嗣被告就上開研究成果向智慧財產局申請取得發明專利權。原告遂向智慧財產法院提起民事訴訟，請求法院判決該專利權應為雙方所共有，獲智慧財產法院第二審判決勝訴（即上開判決）。

三、專利權權利歸屬判斷：具實質貢獻之人

　　智慧財產法院於判決中首先闡明專利權權利歸屬之判斷原則：「發明人為申請專利範圍所記載之技術特徵，具有實質貢獻之人。所謂實質貢獻之人，係指為完成發明而進行精神創作之人，其須就發明所欲解決之問題或達成之功效產生構想，並進而提出具體而可達成構想之技術手段者。而當申請專利範圍記載數個請求項時，發明人並不以對各請求項均有貢獻為必要，倘僅對一項或數項請求項有貢獻，即可表示為共同發明人（參照最高法院 104 年度台上字第 2077 號民事判決）。」

　　原告提出其研究記錄簿及與被告間之電子郵件等證據，主張系爭專利之核

心技術乃其員工所開發。經調查比對該等證據資料後,法院認為原告之員工確實就系爭專利之請求項之發明構思具有實質貢獻,雖原告無法證明該員工對於其餘請求項亦具有實質貢獻,但該員工至少應為系爭專利之共同發明人。復因該員工就有實質貢獻之部分乃其任職原告公司之職務上發明,依據專利法第7條第1項所定「受雇人於職務上所完成發明,其專利申請權屬於雇用人」之原則,故判決系爭專利應由雇用人即原告與被告所共有。

專利權人之借名登記——專利證書所示之專利權人是否真為實質權利人？

智慧財產法院 102 年度民專訴字第 121 號民事判決

簡秀如／吳詩儀

一、專利證書所示之專利權人非必為實質權利人

　　專利權為無體財產權之一種，其所保護之客體為技術思想或設計，不具有一定之形體。為了表彰其權利之存在、範圍與歸屬，必須由專利專責機關即智慧財產局公告相關資訊作為權利內容之公示外觀；除此之外，智慧財產局亦會發給權利人乙紙專利證書為證。即便有讓與、信託、授權他人實施或設定質權等情事而致權利之歸屬有所變動，依據專利法第 62 條規定，亦需向智慧財產局登記，否則不得對抗第三人。換言之，智慧財產局所公告或專利證書上所登載之專利權人，原則上應享有專利法所賦予之排他權利，而得對實施其發明、創作、設計之人主張侵權責任。

　　惟智慧財產法院於 103 年 10 月 31 日作成之 102 年度民專訴字第 121 號民事判決[32]中，以原告雖為系爭專利證書與專利申請書所記載之權利人，然該專利僅係以「借名登記」之方式登記於原告名下，因而認定原告並非系爭專利真正權利人。

二、本件事實

　　原告甲為系爭新型專利之專利權人，與被控侵權之被告乙具有兄弟關係，兩人曾合夥經營事業，後因故拆夥而各自成立公司。甲發現乙銷售之產品侵害系爭專利，因而向乙提起訴訟主張損害賠償與排除侵害。乙抗辯系爭專利實為兩人父親丙所創作，僅借名登記於甲名下，因實際創作人丙同意兩造均得使用系爭專利，故主張其無侵害系爭專利之事實。

---

[32] 智慧財產法院 102 年度民專訴字第 121 號民事判決於 104 年 11 月 12 日為同法院 104 年度民專上字第 5 號民事判決所維持，104 年度民專上字第 5 號民事判決又於 105 年 1 月 14 日為同法院 104 年度民專上字第 5 號民事裁定維持。

三、智慧財產法院之認定

　　法院最終以：㈠甲雖抗辯系爭專利為其改良父親構想之創作，但系爭專利所登記之創作人並非只有甲一人，尚包含乙之事實；㈡丙已證述其為系爭專利之實際創作人，僅將該專利登記於甲名下，依其長年從事此行業之資歷，認定其陳述不違經驗法則；㈢證人丁亦證述乙曾參與系爭專利之創作；㈣甲無法提出系爭專利全部由其構想之證明等事證，認定被告乙為系爭專利創作人之一，並非無使用權源，且甲與其父親丙成立借名登記契約，故系爭專利僅「借名登記」於甲名義下，但真正權利人應為丙，而駁回甲之請求。

專利權人之借名登記──真正創作人得就專利申請權與他人成立借名登記契約

智慧財產法院 103 年度民專訴字第 3 號民事判決

簡秀如／吳詩儀

一、專利申請權之借名登記契約

我國專利之申請必須由具有「專利申請權」人為之，至於何謂專利申請權人，依專利法第 5 條第 2 項之規定，原則上僅限於發明人、新型創作人、設計人（下合稱「真正創作人」）或其受讓人或繼承人，然而，於專利法另有規定（如第 7 條之雇用人或出資人）或契約另有約定下，專利申請仍可能由非真正創作人或其受讓人或繼承人為之。

智慧財產法院於 103 年 10 月 31 日作成之 103 年度民專訴字第 3 號民事判決❸❸中，肯認真正創作人得就專利申請權與他人約定「借名登記契約」，以借用他人（下稱「出名人」）之名義申請專利並取得專利權，若當事人間信賴關係動搖時，雙方得適用民法委任之規定隨時終止委任關係，出名人並應依民法雙方互負回復原狀義務之規定，將原登記之專利權移轉予真正創作人。

二、本件事實

原告甲為原告乙與被告丙之父親；原告甲主張系爭專利為其與原告乙所共同創作，但因其年歲漸高、原告乙入行尚淺，故與被告丙成立「借名登記」之約定，以借用丙之名義提出系爭專利之申請，然因其與被告丙間失去信賴關係，故終止該借名登記契約，並請求被告丙將系爭專利移轉登記於原告甲、乙名下。

被告丙雖提出諸多抗辯，如專利申請權歸屬爭議應透過行政舉發程序而非提起民事訴訟、系爭專利係其所創作且原告未就借名登記契約之事實提出舉證、專利之公示外觀已顯示被告為創作人與專利權人、專利公報無專利授權、信託

---

❸❸　智慧財產法院 103 年度民專訴字第 3 號民事判決於 104 年 11 月 12 日為同法院 104 年度民專上字第 4 號民事判決所廢棄，104 年度民專上字第 4 號民事判決又於 105 年 1 月 14 日為同法院 104 年度民專上字第 4 號民事裁定維持。

等註記、系爭專利申請所需規費及年費均由被告所負擔等等,惟該等抗辯均未為法院所採。

三、智慧財產法院之認定

法院首先表明專利申請權係屬私法上權利,故相關歸屬爭議為民事私權糾紛事項,應由民事法院認定後,再持確定判決向專利專責機關申請之,而非得藉由行政訴訟程序確定私權歸屬;另關於本案之借名登記契約爭議,法院認為該契約僅為家族成員間之口頭約定,故僅能依兩造提出之事證推論,然依原告提出之事證(如甲長年從事該領域之資歷、系爭專利申請書載有原告乙為創作人、證人證述原告乙曾參與創作等情),以及被告丙未能提出系爭專利由其構想之證明等,已可認定兩造間存在借名登記契約,而應依最高法院對於借名登記契約之實務見解,適用民法委任相關規定。

法院最終認定,本案借名登記契約於原告起訴狀繕本送達被告當日即已終止,因各造依法負有回復原狀之義務,故被告丙應將系爭專利移轉予原告甲及乙。

專利共有人自行實施專利權無庸支付報酬予其他共有人

◥ 智慧財產法院 102 年度民專上字第 17 號民事判決

簡秀如／吳詩儀

一、台灣對於共有專利之規定

基於契約或其他原因，數人共有一個專利權之情形所在多有，然台灣專利法對此方面之規定卻稍屬簡陋，僅有下列少許條文：

㈠共有專利之申請

專利申請權為共有者，應由全體共有人提出申請。二人以上共同為專利申請以外之專利相關程序時，除撤回或拋棄申請案、申請分割、改請或本法另有規定者，應共同連署外，其餘程序各人皆可單獨為之。但約定有代表者，從其約定（專利法第 12 條第 1 項、第 2 項）。

若有任何共有人違反上開「應共同申請」之規定而單獨提出申請並取得專利時，他共有人得對該專利提出舉發，撤銷專利權（專利法第 71 條第 1 項第 3 款）。

㈡共有申請權之處分

專利申請權為共有時，非經共有人全體之同意，不得讓與或拋棄。專利申請權共有人非經其他共有人之同意，不得以其應有部分讓與他人。專利申請權共有人拋棄其應有部分時，該部分歸屬其他共有人（專利法第 13 條）。

㈢共有專利權之實施與處分

發明專利權為共有時，除共有人自己實施外，非經共有人全體之同意，不得讓與、信託、授權他人實施、設定質權或拋棄（專利法第 64 條）；發明專利權共有人非經其他共有人之同意，不得以其應有部分讓與、信託他人或設定質權。發明專利權共有人拋棄其應有部分時，該部分歸屬其他共有人（專利法第 65 條）。

　　由上可知，台灣專利法在專利權共有的規範上，僅對於專利之申請、申請權及專利權之處分等部分，明文要求應由共有人全體為之或應得共有人全體之同意；此外，雖在「實施」方面允許共有人自己為之，無庸得到其他共有人同意，但對於實施所得之收益是否需分配或支付報酬予其他共有人，則無明文，致實務上衍生諸多法律問題。對於此等專利法未明文規範之事項，僅能仰賴法院於具體案件中透過判決加以補充。

二、智慧財產法院 102 年度民專上字第 17 號民事判決

　　智慧財產法院於 102 年 9 月 26 日作成的 102 年度民專上字第 17 號民事判決中，對「專利權共有」的相關問題表示見解；其對於前述「專利共有人自行實施專利，是否需支付報酬予其他共有人」之法律問題，係採否定立場。

㈠本件事實

　　原告甲與被告乙公司為系爭專利之共同專利權人，甲發現乙公司未經其同意，委託丙公司使用系爭專利權製造產品交由乙公司販售，故甲認為乙公司單獨實施專利權已侵害其權利，又乙公司就超過使用專利權範圍為使用收益，亦有不當得利之適用，因而向乙公司提起訴訟主張損害賠償與不當得利返還。乙公司則抗辯其並無侵害系爭專利之共有，且無不當得利之情事，其抗辯如下：

　　1.系爭專利有應撤銷事由存在。

　　2.甲未舉證證明乙公司有實施系爭專利。

　　3.專利權為無體性，於使用、收益上不具有排他性，故專利共有人實施專利並不會侵害到其他專利共有人之專利權，且依專利法第 61 條規定，原則上專利權人本身可隨意實施專利權。

　　4.甲未曾表示反對乙公司使用系爭專利，若有使用系爭專利權，亦為甲與乙公司之共同行為，或為甲所默示同意。

　　5.甲之請求權已罹於時效。

　　6.若成立不當得利，他共有專利權人至多只能請求合理權利金（使用費）之半數，而非「實施專利權全部收入」之半數，且只能按證明已使用之系爭專利申請專利範圍之比例收取之。

㈡法院之認定

1.專利共有人不得於訴訟中為共有專利無效之抗辯

　　依專利法第 71 條第 1 項之規定「發明專利權有下列情事之一,『任何人』得向專利專責機關提起舉發」,其中得提起舉發之人,於智慧財產局 102 年版《專利審查基準》第 5-1-2 頁有關「2.1 提起舉發之人」一節,已敘明:「專利權人自為舉發者,因與本法規定舉發程序之進行均係以兩造當事人共同參與為前提,並應踐行交付專利權人答辯程序,且舉發案件以審酌舉發聲明、理由及所檢附證據為原則,審定舉發不成立時,尚對第三人發生一事不再理之阻斷效力,故上述所謂『任何人』並不包含專利權人自己在內,以免與公眾審查之制度不符,故專利權人自為舉發申請者,應不予受理。」準此,法院認為乙公司既是系爭專利權人之一,自不得為系爭專利無效之抗辯,故系爭專利即為有效。

2.專利共有人自行實施專利不需經其他共有人同意

　　法院認為專利法已明文規定共有人自己實施專利,不需得他共有人同意,故甲之主張並無理由。另甲亦援引 76 年 7 月施行之專利法施行細則第 40 條規定之「專利權為共有,而非由共有人全體實施時,應以契約規定共有人間之權利義務,並申請專利局備案」(按:系爭專利於 77 年申請、79 年核准公告)作為其主張之基礎。惟法院指出,上開施行細則已於 83 年 10 月修正刪除,而甲所主張乙實施系爭專利而應負損害賠償期間之始日則為 85 年 10 月,故認甲主張並不可採。

3.專利共有人自行實施專利,無須再支付他共有人報酬

　　法院認為,專利權人自行實施並非利用他人發明之行為,故不須支付權利金,與自己交換發明。且法律既已規定專利權人自行實施專利權不須經他共有人同意,自無須再支付他共有人使用報酬,否則將與「不需他共有人同意」之規範目的相違,進而架空該規定。

4.專利共有人自行實施專利，並不妨礙他共有人之利用或行使專利權，故無損害之發生，他共有人自無法請求不當得利及侵權行為之損害賠償

甲另主張，依民法物權相關規定，乙公司之實施行為仍應被排除，且應負擔損害賠償責任或返還不當得利。惟法院則認定，民法所規定之一般物權與無體財產權在本質上有相當之差異。無體財產權因其無體性，故於使用收益時不若一般物權會相互衝突，可同時由多人使用收益。因專利權與有體物權之本質亦不相同，故無法類推適用或準用民法規定，而得排除共有人之利用。又因專利共有人自行實施專利，並不妨礙他共有人之利用或行使專利權，依「無損害則無賠償」之法理，其他共有人自無法依民法請求不當得利及侵權行為之損害賠償。

共有專利之執行

簡秀如／吳詩儀

一、共有專利如何強制執行？

　　專利權雖為無體財產權之一種，其強制執行仍受台灣強制執行法之規範。依強制執行法第 117 條「特殊財產權」之規定，對專利權之執行程序係準用強制執行法中「對於其他財產權執行」之程序，即執行法院得核發扣押命令，禁止債務人就被執行之專利為移轉、授權、設定質權或為其他一切處分；但債權人之金錢債權因附條件、期限、對待給付或其他事由，致難以依前述規定辦理者，執行法院得依聲請，準用對於動產執行之規定，將該專利權拍賣或變賣之（強制執行法第 115 條第 1 項、第 3 項）；執行法院並得酌量情形，命令管理該專利權，而以管理之收益清償債權人（強制執行法第 117 條）。

　　當執行標的之專利權為多人共有，而其中一共有人之應有部分遭執行法院扣押、拍賣時，由於專利法規定各專利共有人對於其應有部分之處分，必須得到其他共有人之同意（專利法第 65 條第 1 項）❸❹，則法院應如何執行？實有疑問。

二、法院之見解

㈠執行法院得未經全體共有人同意，扣押專利共有人之應有部分

　　台灣高等法院於 102 年 7 月 4 日作成 102 年度抗字第 661 號民事裁定，就**「專利共有人之應有部分得否未經其他共有人之同意扣押之？」**作出見解如下：「專利法第 65 條第 1 項係就共有專利權應有部分『讓與』、『信託』或『設定質權』等情形所為之規定，如非屬上述『處分』共有專利權應有部分之行為時，則無上開法條之適用。」「執行法院核發執行命令，禁止抗告人就系爭專利權應有部分為移轉、授權、設質登記或其他一切處分，僅係就抗告人所有系爭專利權應有部分，進行『禁止處分』之扣押程序而已，非就抗告人所有系爭專利權

---

❸❹　專利法第 65 條第 1 項：「發明專利權共有人非經其他共有人之同意，不得以其應有部分讓與、信託他人或設定質權。」

應有部分,為拍賣或變賣等『處分』之換價程序,依前揭說明,尚無專利法第65條第1項規定之適用,是抗告人依據該等規定,對執行法院之扣押程序聲明異議,於法自難謂為有據。」

由上述高等法院之民事裁定可知,執行法院核發執行命令,禁止債務人處分其專利權應有部分,並無專利法第65條第1項規定之適用。

㈡共有人之應有部分遭執行法院拍賣時,無須取得全體共有人之同意

台灣新竹地方法院於102年11月15日作成之99年度司執字第32540號民事裁定中,就「**專利共有人之應有部分,是否需經其他共有人之同意始能進行拍賣?**」援引兩則實務意見而為否定之見解,茲分述於下:

1.台灣高等法院99年法律座談會認為專利應有部分之拍賣不應適用專利法第65條

台灣高等法院暨所屬法院於99年法律座談會民執類提案第54號審查意見中,就「**共有人之應有部分遭執行法院拍賣時,是否有專利法第65條之適用?**」之法律問題,採否定見解,該審查意見之結論表示:「專利法對於共有專利權之拍賣法無明文禁止,且若須得共有人全體之同意下才得以進行換價程序,反而造成全體共有人同意與否影響執行法院執行上之障礙事由產生,易形成債務人逃避執行之漏洞。故為滿足債權人之債權得以求償及確保執行程序進行之順遂,應不須得全體共有人之同意。」

基於專利法第65條會產生執行實務之困難,該法律座談會之結論採取否定見解,認為在專利法無明文禁止拍賣專利應有部分下,為達強制執行之目的,不應適用專利法第65條。

2.智慧財產局102年10月2日函釋亦採取無專利法第65條適用之見解

台灣新竹地方法院另曾針對該法律問題函詢智慧財產局,經智慧財產局以102年10月28日 (102) 智專一㈠15189字第10221464000號函回應:「專利案應有部分之拍賣,係依強制執行法之相關法令,專利法對此並無特別規定,亦

無專利法第 65 條之適用。」

是以，台灣新竹地方法院基於上述司法研討會之結論與主管機關之函文，於共有人之應有部分遭執行法院拍賣換價時，作出「專利法第 65 條規定並無適用」之認定，執行法院得不經其他共有人之同意，逕行拍賣債務人之專利應有部分。

(三)共有專利中，各共有人應有部分比例不清時，推定其為均等

在執行法院執行債務人之專利應有部分，無法知悉債務人與第三人共有專利之應有部分比例，法院與主管機關亦無法查知時，債務人之應有部分如何認定？台灣新竹地方法院於前述裁定中表示：「依民法第 817 條第 2 項規定，各共有人之應有部分不明時，推定其為均等。」

是以執行法院執行專利共有人應有部分之拍賣，得適用民法之規定，以共有人之人數推定債務人之應有部分比例以進行拍賣程序。

# 專利授權

被授權人行使未完成授權登記之專利權，是否為正當行使權利？

■最高法院 106 年度台上字第 1906 號民事判決

簡秀如／林芝余

一、法律問題

　　專利法第 62 條第 1 項規定，專利權人將專利權讓與或授權他人時，非經向專利專責機關登記，不得對抗第三人。實務上若有專利權之受讓人或被授權人，在未完成登記前，即執該專利權向他人行使權利主張侵權，公平交易委員會皆認為構成不正競爭，而加以處罰，例如公平交易委員會公處字第 098056 號及公處字第 097096 號處分書等。但最高法院於 106 年 8 月 10 日所作成之 106 年度台上字第 1906 號民事判決則認為被授權人既係經合法授權，應認屬正當行使權利。

二、本件事實

　　被告 A 前經智慧財產局核發新型專利，嗣將系爭專利讓與另一被告 B，被告 B 復將系爭專利專屬授權予被告 A。原告主張被告等明知系爭專利有應撤銷原因，仍發律師函予其下游通路商家，指稱原告之產品侵害系爭專利，因公平交易委員會認為被告 A 於未完成專利授權登記即發律師函之行為足以影響交易秩序而違反公平交易法，且系爭專利亦經智慧財產局撤銷，並經民事法院認定無效，原告乃起訴主張被告等上開發函行為，屬於權利濫用，且應負擔損害賠償責任。

三、智慧財產法院之認定

　　智慧財產法院一、二審均駁回原告之訴，以被告 A 既已取得系爭專利之專屬授權，自得本於專屬被授權人地位行使系爭專利權，其主觀上並無以損害特

定事業為目的而發函，尚難以公平交易委員會處分書遽認被告有侵權過失。最高法院亦同此見解，以上開判決駁回原告之上訴確定。

四、討　論

　　按專利授權或讓與登記之目的應為保障交易安全，而非保障侵害專利權之人，最高法院於 99 年度台上字第 921 號、103 年度台上字第 395 號、104 年度台上字第 671 號等民事判決中，一再申明此旨。是以，只要本於合法取得之權利向侵權人為主張，若無其他違反交易秩序或權利濫用之情事，不宜僅因未向智慧財產局完成登記，即以公平交易法相繩。

專利請求項部分無效後之授權契約效力問題

■最高法院 107 年度台上字第 755 號民事判決

沈宗原

一、法律問題

　　專利授權契約簽署後，如果發生部分專利或部分請求項被撤銷、或被實質限制權利範圍之情形，專利授權契約之效力會如何被影響呢？包括：被授權人能否拒絕支付或請求減少權利金？能否解除授權契約？最高法院 107 年 8 月 8 日 107 年度台上字第 755 號民事判決或可作為啟發。

二、本件事實

　　本件專利權人與被授權人就美國 A、B、C 三專利（下合稱「系爭專利」）簽署專利授權契約（下稱「系爭契約」），授與被授權人「得於美國地區製造、使用、進口、要約、銷售、出租或以其他方式處分（經銷）授權產品」，其中「授權產品」係指系爭契約附件所示「包括但不限於所有被授權人使用自己或客戶品牌經銷之產品，和任何被授權人使用自己或客戶品牌會侵害至少一個授權專利請求項之產品」；而被授權人應定期針對授權產品之銷售資訊提出銷售報告，並給付權利金。系爭契約並就如有請求項遭無效時有所約定，即如果發生系爭契約第 4 條所稱「所有授權專利請求項被實質限制範圍或被宣告無效」之情形，被授權人有權免除系爭契約所有義務。

　　專利權人起訴係主張被授權人未給付權利金，亦未交付銷售報告書，經催告無效後，專利權人乃終止系爭契約，並起訴請求被授權人提出終止前之銷售紀錄及給付權利金。被授權人則抗辯，「被授權人支付權利金」應與「專利權人擔保系爭專利之每一專利均應有效且可行使」立於互為對待給付之關係，且授權人所授權之技術應為授權產品所使用之技術。惟雙方簽約後，A 專利遭美國專利商標局 (United States Patent and Trademark Office, USPTO) 撤銷請求項至僅餘第 5、7 項，另 B 及 C 專利則經美國加州中區地方法院 (United States District Court for the Central District of California, C.D. Cal.) 作成專利範圍之限

縮解釋，而除去上開權利瑕疵後，該專利剩餘請求項之所有技術，對被授權人無任何利益，且系爭產品亦未使用剩餘請求項，故主張依民法第 226 條及第 256 條等規定，解除系爭契約，並拒絕專利權人提供該剩餘請求項之授權，請求全部不履行之損害賠償。

三、法院之認定

㈠智慧財產法院

智慧財產法院第二審判決（105 年 4 月 28 日 104 年度民專上字第 20 號民事判決，下稱「二審判決」）基於下列理由，維持第一審所為命被授權人提出相關銷售紀錄之決定，但減少被授權人應付之權利金金額：

1.系爭契約之授權範圍應解釋為，被授權人之任何授權產品只要有使用系爭專利任一請求項，均在系爭契約授權範圍內。因 A 專利尚剩餘第 5、7 項，而 B、C 專利均未遭無效，本件並無系爭契約第 4 條所稱「所有授權專利請求項被實質限制範圍或被宣告無效」之情形，被授權人無權免除所有合約義務。

2.系爭專利剩餘請求項既仍為有效，雖被授權人之系爭產品均未使用系爭專利剩餘請求項之技術，然此係其對專利權人所提供可使用之系爭專利有效請求項捨棄不用，不能以此主張對被授權人無利益，故本件不能主張民法第 226 條及第 256 條。

3.至於權利金金額部分，二審判決認為，被授權人雖不能依照系爭契約第 4 條之約定免除全部之給付義務，但於系爭契約簽署後，即發生 A 專利請求項部分無效之情事變更，非被授權人於簽約時所得預料，依其原有效果亦顯失公平，應准被授權人依民法第 227 條之 2 規定請求減少給付權利金。

㈡最高法院

雙方均不服二審判決，故均分別提出上訴至最高法院，最高法院審理後，認為二審判決部分判決就「給付權利金」部分有下列之違法，故將該部分廢棄發回；至於就專利權人請求被授權人提出銷售紀錄之部分，最高法院則認為二審判決並無違誤，故駁回被授權人此部分之上訴：

1.被授權之系爭產品均未使用系爭專利剩餘請求項之技術，既為二審判決

所認定,則系爭產品似非屬於系爭契約所稱「授權產品」之範疇,則二審判決以系爭產品之銷售金額計算權利金,而為被授權人不利之判斷,即有判決違法。

　　2.再者,依系爭契約第 4 條約定,顯見被授權人就契約履行中,系爭專利請求項可能發生全部被實質限制範圍或被宣告無效,其有權免除該契約所有義務之情事,已能預料,換言之,本件並未超出其依系爭契約原有效果足以承受之風險評估,自難認有何情事變更,二審判決以民法第 227 條之 2 規定准予減少給付權利金,即有判決違法。

四、討　論

　　從本件可發現,專利授權契約於簽署前,應思考如何清楚且具體界定授權範圍,本件所生爭議即在於系爭契約將授權產品(授權範圍)與「會侵害至少一個授權專利請求項」相掛鉤,則當部分專利請求項無效後,授權產品(授權範圍)即有可能因此發生變化而滋生疑義。另外,在部分專利請求項無效時,權利金是否及如何調整等,亦可於專利授權契約中事先約定,如無約定,即可能會回歸準據法的相關規定(如:台灣民法有關權利瑕疵擔保、一部給付不能之規定等),而徒增法律適用之不確定風險。

民事訴訟程序——再審

專利權被撤銷可作為侵權勝訴確定判決之再審事由

▪智慧財產法院 102 年度民專上再字第 4 號民事判決
▪最高法院 104 年度台上字第 407 號民事判決

簡秀如／吳詩儀

一、法律問題

　　專利侵權案件中,被控侵權人除得於侵權訴訟中向民事法院主張專利無效,亦可向智慧財產局提起舉發行政程序請求撤銷專利權。依據智慧財產案件審理法第 16 條規定,民事法院對於被告所提專利無效抗辯必須自為審理,但法院的判斷結果僅於當事人間有效力,並不會撤銷專利權。此種由民事訴訟程序與行政舉發程序對於專利有效性爭議分別判斷的二元體制,將難以避免見解歧異之可能。

二、專利權被撤銷是否可作為侵權勝訴確定判決之再審事由?

　　倘民事法院於確定判決中,認定專利有效並准許專利權人之請求,智慧局卻嗣後撤銷該專利,受不利判決之被控侵權人得否以專利已被撤銷為由,依民事訴訟法第 496 條第 1 項第 11 款規定「為判決基礎之行政處分已變更者」,提起再審之訴?此一疑義,最高法院於個案中與智慧財產法院持相反之見解。

㈠智慧財產法院:否定

　　智慧財產法院於 103 年 9 月 1 日作成之 102 年度民專上再字第 4 號判決中,否定被控侵權人得以專利被撤銷為由提起再審之訴,其理由為,智慧財產案件審理法第 16 條已賦予法院就專利有效性自為判斷之權限,故民事法院係自行調查證據認定事實而為系爭專利有效之判斷,並非以智慧財產局准予系爭專利之行政處分作為判決基礎,且其立法意旨之一係為避免訴訟延滯,況世界各國均限制再審之提起,故應不能以嗣後之舉發成立結果為理由,而對先確定之

民事判決提起再審之訴。

(二)最高法院：肯定

惟前述智慧財產法院之見解，遭最高法院 104 年 3 月 12 日作成之 104 年台上字第 407 號民事判決廢棄。最高法院認為，專利權係依據智慧財產局授予專利之行政處分生效而取得，專利權人因該行政處分而得以他人侵害其專利權為由提起侵權訴訟，原確定判決亦係以被控侵權人侵害專利權為由判命其應負賠償責任，故該授予專利之行政處分已構成判決之基礎；況依專利法第 82 條、第 120 條之規定，專利權被撤銷確定後即視為自始不存在，故應認為判決基礎之行政處分已變更。被控侵權人若據此提起再審之訴，合於民事訴訟法所定之再審事由。此外，最高法院認為該個案中，原審法院並未就系爭專利之有效性自為判斷，而係以逾期提出攻擊防禦方法為由駁回被控侵權人專利無效之抗辯，故指出原審認定實有可議之處。

是以，依最高法院目前之見解，敗訴確定之被控侵權人，倘嗣後得透過舉發程序撤銷該專利，即得針對已確定之民事判決提起再審之訴以為救濟。

 專利申請

商業方法之可專利性判斷

- 最高行政法院 105 年度判字第 149 號行政判決
- 智慧財產法院 105 年度行專更㈠字第 2 號行政判決

簡秀如／林芝余

一、法律問題

　　依據台灣《專利審查基準》,「商業方法」本身並非利用自然法則之發明, 而是社會法則、經驗法則或經濟法則等人為規則,不符專利法上之發明定義。 但若是利用電腦軟體相關技術或藉助硬體資源實現商業方法,且發明整體具有 「技術性」,例如克服技術上之困難、或利用技術領域之手段解決問題,而使其 整體產生技術功效,即可能使該發明被認定符合發明定義。是以,一商業方法 之發明若欲取得專利保護,其重點應在於用以體現該商業方法之技術手段具有 發明適格,並需在請求項的撰寫上呈現該發明之整體之技術性。

　　智慧財產法院於 105 年 10 月 27 日所作成 105 年度行專更㈠字第 2 號行 政判決(下稱「更審判決」),認為單純的商業方法之改善,即便並未對電腦軟 體相關技術性手段作出改善,亦可能具有專利性。

二、本件事實

　　原告前以發明名稱「地圖式旅遊資訊管理方法」向被告智慧財產局申請發 明專利(下稱「系爭專利」),經被告審查後不予專利。原告不服,申請再審查, 經被告審查後認本案有違反專利法第 26 條第 2 項規定之情事, 並作成本案應 不予專利處分。原告不服原處分提起訴願,經經濟部訴願決定駁回。原告遂提 起行政訴訟,經智慧財產法院 103 年度行專訴字第 70 號行政判決(下稱「前審 判決」)駁回。原告不服前審判決,提起上訴,經最高行政法院 105 年度判字第 149 號行政判決將前審判決廢棄,發回智慧財產法院更為審理後,作成上開更 審判決。

　　系爭專利請求項 1 之內容為：「一種地圖式旅遊資訊管理方法，係用於一網站記錄每一旅遊之旅遊過程，地圖式旅遊資訊管理方法包含：依據旅遊過程選取複數旅遊景點，顯示於一地圖上，形成一旅遊路線；建立每一旅遊景點之一連結；暨點入每一旅遊景點之連結，輸入每一旅遊景點之相關資訊，其中相關資訊包含對應之旅遊景點之一簡介、至少一相關網址及至少一評價，瀏覽網站者必須經過網站之身份認證，始能發表對旅遊景點之評價。」

三、智慧財產法院之認定

　　智慧財產法院上開更審判決認為，系爭專利涉及圖形化使用者介面或使用者使用網頁服務之有關行為，且說明書已將網頁運行順序載明於圖式，就網頁設計領域而言，系爭專利說明書對於系爭專利所欲解決之問題，所述之重點在於管理方法，為一種對商業方法所進行之改善，並未對電腦軟體相關技術性手段作出改善，乃撤銷智慧財產局之審定，命該局重新審酌該案請求項是否記載特定功能及達成該功能的完整動作，並考慮可否賦予專利申請人修正機會，將之改以功能界定物之撰寫形式，以闡述系爭專利保護之範圍。

四、討　論

　　觀察智慧財產法院上述更審判決意旨，似認為商業方法的改善，縱使不涉電腦軟體相關技術性手段之改良，仍可能獲准專利，並未論及體現該商業方法的技術手段是否具有技術性。此或係因包括智慧財產局之審定及智慧財產法院前審判決，對系爭專利申請案所關心之議題，皆在於該案請求項係以「手段功能用語」撰寫，而其說明書中未記載對應於該功能之結構、材料或動作，故認為不符明確性要件；最高行政法院則在 105 年度判字第 149 號行政判決以現行專利法並未規定以手段功能用語撰寫之請求項「必須」要在說明書中進一步描述達成該功能之對應結構或動作，否則即不符合明確性要求，因而廢棄前審判決。無論智慧財產局之審定及歷審判決，均未觸及「商業方法」之發明在專利法上的根本議題，亦即「發明適格」之問題，而只探討系爭專利申請案之發明是否具備「明確性」要件，以致此次更審判決亦僅要求智慧財產局重新審查系爭專利申請案之明確性。

　　實則，若系爭專利申請案之發明僅為純粹之商業方法之改良，其是否符合專利法上的「發明」定義，恐有疑義；若不符發明定義，是否仍有探討「明確性」要件之必要，亦可斟酌。至於前述更審判決中要求智慧財產局考慮可否允許專利申請人將請求項修正為「功能界定物」之撰寫形式，雖似在暗示可藉由修正來處理發明適格之疑義，但此種修正是否會超出申請時說明書、申請專利範圍或圖式之範圍，則屬另一問題。

智慧財產法院關於數值限定請求項是否屬於選擇發明之認定

▪️ 智慧財產法院 106 年度行專訴字第 71 號行政判決

簡秀如／黃柏維

一、法律問題

所謂選擇發明，係指選擇已知上位概念發明之下位概念而作為構成要件之發明。根據現行《專利審查基準》第 3.5 節，選擇發明之進步性判斷較為嚴格，須探討選擇的部分相較於相關先前技術是否具有無法預期之功效，而可認定該發明非能被輕易完成，以資判斷。智慧財產法院在 106 年度行專訴字第 71 號行政判決中，就以數值限定撰寫之請求項是否屬於選擇發明做有清楚的說明。

二、本件事實

該案所涉專利為「具備摩擦體之書寫用具」，其請求項 1 包含「利用 1,000 克之負荷加壓於玻璃板上時之接觸面積 (A) 為 3.0 至 13.0 mm^2 範圍內」、「利用 500 克之負荷加壓於玻璃板上時之接觸面積 (B) 為 1.4 至 3.2 mm^2 範圍內」，及「A 和 B 滿足 $B < A \leqq 4B$ 之關係式」等技術特徵。經參加人提起舉發，智慧財產局認定舉發成立並撤銷系爭專利。於行政訴訟階段，參加人主張系爭專利請求項 1 上開就接觸面積關係之限定屬於選擇發明，因原告（即專利權人）並未證明該限定數值具有臨界性的意義，較先前技術產生無法預期之功效，故不具進步性云云。

三、智慧財產法院之認定

就此，智慧財產法院指出：「選擇發明係由已知較大的群組或範圍中，有目的選擇其中未特定揭露之個別成分、次群組或次範圍之發明，而系爭專利所界定之特徵 1 及 2（即 1,000 克及 500 克之接觸面積大小關係）及特徵 3（即滿足 $B < A \leqq 4B$ 之彈性體關係式），均為證據 2、3 及 10 等先前技術未曾敘及之技術特徵，故系爭專利並非由已知較大的群組或範圍中，有目的地選擇其中未特定

揭露之個別成分、次群組或次範圍之發明而構成。系爭專利之目的係利用可逆性熱致變色墨水自由形成影像，於筆跡寬度 0.1 至 1 mm 範圍下，當利用 500 克或 1,000 克之不同加壓負荷條件下之對應接觸面積範圍，其已明確界定極小筆跡寬度下，玻璃板因受負荷之加壓接觸面積範圍，並非前述所指『由已知較大的群組或範圍中有目的選擇其中未特定揭露之個別成分、次群組或次範圍而構成』之情況，系爭專利非屬選擇發明。」

　　智慧財產法院進一步說明：「系爭專利說明書之實施例，已揭示具有各種不同接觸面積與筆跡寬度態樣的變因，可不增加摩擦次數或強的加壓力使微小的面積部分經由摩擦選擇性容易地變色。是以，系爭專利請求項 1 之 500 克或 1,000 克之不同加壓負荷條件下對應接觸面積範圍技術特徵，並非通常知識者配合窄小寬度之筆跡進行反覆摩擦試驗而可輕易得出相應之接觸面積，非屬無選定面積範圍數值界定之習知技術，當然不屬於選擇發明之態樣，參加人對於選擇發明之推定，應不足採。」

　　是故，以數值限定撰寫之請求項並非當然屬於選擇發明，而仍應具體判斷是否「由已知較大的群組或範圍中，有目的選擇其中未特定揭露之個別成分、次群組或次範圍」而定。

專利有效性——PHOSITA

發明所屬技術領域通常知識者（person having ordinary skill in the art，即 PHOSITA）及其技術水準之界定

- 最高行政法院 105 年度判字第 503 號行政判決
- 最高行政法院 107 年度判字第 589 號行政判決

簡秀如／吳俐瑩／吳詩儀

一、法律問題

　　無論我國專利法或其他國家之專利制度，對於可專利性之判斷，均以其發明所屬技術領域具有通常知識之人作為虛擬判斷主體。例如我國專利法第 22 條第 2 項即規定，判斷一申請專利之發明是否具有進步性時，需探究該發明是否為「所屬技術領域中具有通常知識者」（下稱「具有通常知識者」）得依申請前之先前技術所能輕易完成者；專利法第 26 條第 1 項亦規定，判斷專利說明書是否明確且充分揭露，需視通常知識者能否瞭解其內容，並可據以實現。此外，專利審查基準並規範，申請專利範圍的解釋應以通常知識者為其判斷之主體及標準。準此，「具有通常知識者」之標準如何建立，應為專利審查甚至侵權訴訟領域中之重要課題。

　　然而，我國法院判決中過去多未特別就「具有通常知識者」予以解釋，或具體認定「具有通常知識者」之能力或學經歷標準為何，亦多未說明法院於審判中係如何虛擬成「具有通常知識者」以進行專利有效性之判斷。由於「具有通常知識者」屬於行政法中「不確定法律概念」，而專利爭訟往往涉及較為先進之技術，甚至開發中之技術，該不確定法律概念如何具體解釋及適用，即非無疑。

二、如何建立「通常知識者」之標準？

㈠最高行政法院 105 年度判字第 503 號行政判決

　　最高行政法院於 105 年 9 月 29 日所作成的 105 年度判字第 503 號行政判決，對於法院如何判斷與確立「通常知識者」之標準，明確表示其見解❸❺。其

重點如下：

1.所謂該發明所屬技術領域中具有通常知識者，依據一般性定義係指一虛擬之人，具有該發明所屬技術領域中之通常知識及執行例行工作、實驗之普通能力，而能理解、利用申請日（主張優先權者為優先權日）之前之先前技術者而言。該具通常知識之人既係一虛擬之人，其並非專利審查官，亦非專利有效性訴訟之法官，更非技術審查官。法條規定此一虛擬之人，其目的在於排除進步性審查之後見之明。而「具有通常知識者」可分為知識要件與致能要件，知識要件指：「已知之普通知識，包括習知或普遍使用之資訊以及教科書或工具書內所載之資訊。」應非以學歷區分係高中、大學或碩博士，若以學歷定義，則為一定範圍不特定之人，並非虛擬之人。另上開定義「執行例行工作、實驗之普通能力」，即為具有通常知識者之致能要件。

2.最高行政法院於前揭判決中表示，欲確定「具有通常知識者」之標準，

㉟ 最高行政法院 105 年度判字第 503 號行政判決：「所謂該發明所屬技術領域中具有通常知識者，依據一般性定義係指一虛擬之人，具有該發明所屬技術領域中之通常知識及執行例行工作、實驗之普通能力，而能理解、利用申請日（主張優先權者為優先權日）之前之先前技術者而言；至所謂通常知識(generalknowledge)，則指該發明所屬技術領域中已知之普通知識，包括習知或普遍使用之資訊以及教科書或工具書內所載之資訊，或從經驗法則所瞭解之事項（參照經濟部頒專利審查基準）。該具通常知識之人既係一虛擬之人，其並非專利審查官，亦非專利有效性訴訟之法官，更非技術審查官。法條規定此一虛擬之人，其目的在於排除進步性審查之後見之明。依據上開定義『具有通常知識者』可分為知識要件與致能要件，知識要件指：『已知之普通知識，包括習知或普遍使用之資訊以及教科書或工具書內所載之資訊』，應非以學歷區分係高中、大學或碩博士，若以學歷定義，則為一定範圍不特定之人，並非虛擬之人。……但此一虛擬之人之建立，對客觀判斷進步性與否至關重要，將來智慧財產法院就進步性為判斷時，亦宜先依系爭專利所著重之技術領域、先前技術面臨之問題，解決問題之方法、技術之複雜度及其實務從事者通常水準，確立『具有通常知識者』之知識水準。則本件證據 1 是否可以證明系爭專利請求項 3 不具進步性，其『具有通常知識者』此一構成要件，並未經令當事人有辯論之機會，或適時、適度表明其法律上見解及開示心證，經兩造充分攻防行言詞辯論，即有可議。原判決認同原處分及訴願決定將證據 1 與證據 3 組合足以證明請求項 3 不具進步性，即屬不合。」

在實際訴訟操作上確有一定難度。但此一虛擬之人之建立，對客觀判斷進步性與否至關重要，將來法院就進步性為判斷時，亦宜先依系爭專利所著重之技術領域、先前技術面臨之問題，解決問題之方法、技術之複雜度及其實務從事者通常水準，確立「具有通常知識者」之知識水準，並給予當事人就「具有通常知識者」此一構成要件有辯論之機會，或適時、適度表明其法律上見解及開示心證。

㈡最高行政法院 107 年度判字第 589 號行政判決

　　最高行政法院雖在上開判決闡述「宜確立具有通常知識者（即 PHOSITA）之知識水準」的原則，但事實審法院於個案中是否應一律界定 PHOSITA 應為何種人、又應如何加以界定，實務上非無疑問。對此，最高行政法院於 107 年 10 月 11 日 107 年度判字第 589 號行政判決中再度表示見解❸❻。其重點如下：

　　1.專利法規定此一虛擬之人，其目的在於確立進步性審查之技術水準為何，以排除進步性審查之後見之明，是以此虛擬之人之通常知識及執行例行工作、

---

❸❻　最高行政法院 107 年度判字第 589 號行政判決：「所謂該發明『所屬技術領域中具有通常知識者』，依據一般性定義係指一虛擬之人，具有該發明所屬技術領域中之通常知識及執行例行工作、實驗之普通能力，而能理解、利用申請日或優先權日之前之先前技術者而言，專利法規定此一虛擬之人，其目的在於確立進步性審查之技術水準為何，以排除進步性審查之後見之明，是以此虛擬之人之通常知識及執行例行工作、實驗能力如何，自應以所屬技術領域相關先前技術等外部證據資料將之具體化，而非單純以學歷或工作經驗、年資予以界定。此外，於專利舉發程序中，專利有無欠缺進步性之情事，依法既應由舉發人附具證據證明之，則就『所屬技術領域中具有通常知識者』於申請日或優先權日之技術水準，即應由主張專利不具進步性者負客觀舉證責任。本件上訴人向被上訴人就系爭專利提出舉發，業據其提出證據 2 至 6 等先前技術作為證據，則原審於訴訟程序中，透過系爭專利所載先前技術及上訴人所提證據所揭露之技術內容，藉以形成『該發明所屬技術領域中具有通常知識者』及其於申請日或優先權日之技術水準，並據以認定前開證據 2 至 6 之不同組合均未揭露系爭專利所有技術特徵，且其認定並未違反經驗法則或論理法則，業如前述，則原審即已於訴訟程序中界定『該發明所屬技術領域中具有通常知識者』及其技術水準。上訴意旨主張：原判決並未依法界定『所屬技術領域中具有通常知識者』及其技術水準為何，顯有判決不備理由之違法云云，核無足採。」

實驗能力如何，自應以所屬技術領域相關先前技術等外部證據資料將之具體化，而非單純以學歷或工作經驗、年資予以界定。

　　2.針對專利是否具進步性，於舉發程序中依法既然應由舉發人附具證據證明之，則就「具有通常知識者」於申請日或優先權日之技術水準，即應由主張專利不具進步性者負客觀舉證責任。

　　最高行政法院於上開判決中，以原審已透過系爭專利所載先前技術及上訴人所提證據所揭露之技術內容形成 PHOSITA 及其於申請日或優先權日之技術水準，並未違反經驗法則或論理法則，故可認為原審已於訴訟程序中界定「該發明所屬技術領域中具有通常知識者」及其技術水準。

判斷進步性時應否界定通常知識者之技術水準？

▪最高行政法院 105 年度判字第 503 號行政判決
▪智慧財產法院 105 年度行專更㈠字第 4 號行政判決

簡秀如／吳俐瑩

一、最高行政法院 105 年度判字第 503 號行政判決

　　關於「發明所屬技術領域中具有通常知識者」（即 PHOSITA）及其技術水準之界定，最高行政法院曾於 105 年 9 月 29 日作成之 105 年度判字第 503 號行政判決要求將來智慧財產法院判斷進步性時，「宜先依系爭專利所著重之技術領域、先前技術面臨之問題，解決問題之方法、技術之複雜度及其實務從事者通常水準，確立『具有通常知識者』之知識水準」，並以該案「上訴人於原審即一再爭議『具有通常知識者』為何，但原判決仍未敘明熟習該項技術者於系爭專利申請日前之技術水平為何，遽認熟習該項技術者可輕易思及『車輛出場時』管理所需，而有判決不備理由之違法」等語，將原判決廢棄發回智慧財產法院更審。

二、智慧財產法院 105 年度行專更㈠字第 4 號行政判決

　　智慧財產法院於該案之更審程序中，極為罕見地於法院網站上公開徵詢法庭之友之意見，最後並未持與最高行政法院上開判決之相同立場，於 107 年 5 月 31 日作成 105 年度行專更㈠字第 4 號行政判決表示意見如下：

㈠ PHOSITA 之知識及技術水準，原則上已實質隱含於引證案技術特徵之具體比對分析中，無須另外明確定義

　　如果當事人對於引證案作為先前技術存在並無爭執，僅在爭執系爭專利之技術特徵，是否均已為引證案所揭示、其間差異是否可輕易完成，而專利專責審查機關可以於核駁審定時，具體明確指出引證案揭示系爭專利各項技術特徵之處，且可以具體敘述根據既存引證案如何輕易完成系爭專利之所有技術特徵，而可供包括法院在內之第三人檢驗時，「所屬技術領域中具有通常知識者」所具

備之知識水準及其於專利申請日之技術水準，其實已經實質隱含於其具體敘述之中，自無須另外加以明確定義。

㈡ PHOSITA 之知識及技術水準唯有在當事人有主張且對判斷結果有影響時，始有特別加以判斷之實益

如果當事人對於專利「所屬技術領域中具有通常知識者」之技術水準有所主張，並進一步主張因此影響到某項特定知識或技術可否作為引證時，專利專責機關於專利審定時，自須明確認定並說明該特定知識或技術是否為「所屬技術領域中具有通常知識者」所得接觸或掌握，在此認定說明過程中，並不排除因此可能對於通常知識者之知識或技術水準有所明確界定。也唯有在此情況下，明確界定通常知識者之知識或技術水準，才對於進步性之判斷比較有實益。否則純粹對於通常知識者之知識或技術水準加以明確界定，但對於案內引證文件沒有任何具體限定或排除作用，這樣的明確界定，應該是沒有實質意義的，或者說只有象徵性意義而已。

㈢ 即便當事人就 PHOSITA 及其技術水準達成合意，亦不當然拘束法院

「所屬技術領域中具有通常知識者」及其技術水準之界定，既有事實認定之面向亦有法律問題之面向，在事實認定面向部分，依法自應斟酌全辯論意旨及調查證據之結果，依論理及經驗法則判斷其真偽，當某項特定技術是否為專利「所屬技術領域中具有通常知識者」所得接觸或掌握於當事人間發生爭執時，實質上即等同對於「所屬技術領域中具有通常知識者」或其於系爭專利申請日之「技術水準」發生爭執，此項爭執之調查認定，與一般事實爭執相同，即由兩造及參加人舉證、辯論及攻防，以提供法院作為判斷之基礎，因此，在事實認定面向部分，由於個案中當事人攻防之證據或有不同，就同一專利在不同個案或不同程序中，自有可能發生法院就「所屬技術領域中具有通常知識者」及其於技術水準為不同認定之情況。

再者，若發生當事人舉證不足，導致事項真偽不明之情況時，由於專利法將不具進步性列為「不得取得專利」事由，因此應由主張此項不得取得專利事

由者受不利之判斷。換言之，即應由主張專利不具進步性者，負擔客觀舉證責任。

　　又行政訴訟法第 134 條已明確規定「當事人主張之事實，雖經他造自認，行政法院仍應調查其他必要之證據」，因此，即便當事人已合意約定「所屬技術領域中具有通常知識者」及其於專利申請日之「技術水準」，該合意仍不當然拘束行政法院。

　　況且，「所屬技術領域中具有通常知識者」及其於系爭專利申請日之「技術水準」之界定，除事實問題面向外，亦有法律問題的面向，在法律問題的面向部分，即應由法院解釋，例如：「所屬技術領域中具有通常知識者」，可否為結合多個技術領域、多種不同技術能力之一群人？又是否具備有一定程度的創新發明能力？抑或完全僅能根據先前技術的具體指示，才有能力組合不同的先前技術完成發明？就該等法律問題，為維持法律解釋的一致性，亦不應由當事人合意約定。

　　智慧財產法院於上開更審判決中，因原告未主張應將證據 1 或證據 3 排除在系爭專利「所屬技術領域中具有通常知識者」所能接觸或掌握的先前技術之外，且未說明為何本件之通常知識者若為「從事停車場收費管理系統一至二年之實務工程師」，其即無法接觸或掌握證據 1 或證據 3 所揭示的先前技術，智慧財產法院乃認為原告主張本件應界定通常知識者，並無實益。

專利有效性——通常知識

專利說明書敘述之先前技術應認為是專利申請當時所屬技術領域中具通常知識者之一般性知識或技能

■最高行政法院 106 年度判字第 266 號行政判決

陳初梅

一、法律問題

依據專利法之規定，若一發明為其所屬技術領域中具有通常知識者依申請前之先前技術所能輕易完成時，不得取得發明專利；此即所謂判斷發明「進步性」之規定。近期實務上逐漸重視建立「專利申請當時所屬技術領域中具有通常知識者」之技術水準，以基於此技術水準判斷發明是否具有進步性。但於專利舉發程序中，一專利從申請到核准然後被舉發，其間可能已經經過數年甚至十數年，欲建立甚多年前申請專利當時的所屬技術領域中具有通常知識者的技術水準，實非易事。最近，最高行政法院 106 年度判字第 266 號行政判決指出一種定義專利技術領域中具有通常知識者的技術水準之方法如下：

專利說明書敘述之先前技術應認為是專利申請當時所屬技術領域中具通常知識者之一般性知識或技能，可作為判斷由引證案或引證案之組合是否能使一專利技術被輕易思及或完成之依據。

二、本件事實

該案之背景是鴻海公司的一件專利（下稱「系爭專利」）被舉發，行政法院一審認為專利不具進步性，鴻海公司不服，主張一審法院既然已經簡化爭點為「原證 1 是否足以證明請求項 2、3 不具進步性」，即不應自行引用系爭專利說明書自述之先前技術，以此與原證 1 之內容彼此組合，然後認定系爭專利不具進步性；一審法院自行引用系爭專利說明書自述之先前技術，已經超出審理之爭點，顯有訴外裁判之違失；鴻海公司亦因未料及法院將系爭專利敘述之先前技術與原證 1 組合而否定系爭專利進步性，故未能即時向智慧財產局提出更正

申請專利範圍之申請。

　　本件在技術爭點上，針對鴻海公司主張原證1之「凸出部」與系爭專利之「凸出部與插孔區域」不同，最高行政法院指出：「倘專利權人對於其創作之發明所屬技術領域具通常知識者之一般知識或技能之程度或內容已在說明書中為具體說明，或就創作當時所習知之技術已為界定時，亦應認該說明書中所界定之習知技術，即為創作當時所屬技術領域具通常知識者普遍知悉之一般知識或具備之普通技能」以此說明一審法院加入系爭專利說明書自述之先前技術之內容作為判斷系爭專利不具進步性之根據的作法，係合於專利法之規定，並無訴外裁判之問題。

三、討　論

　　一專利自述之先前技術，通常是該領域熟知之先前技術，固然不錯；惟，從欲保護好不容易取得之專利的角度而言，最高行政法院此一判決理由不免讓想要申請專利之人認真思考該如何適當地於專利說明書中揭露其發明欲改良之先前技術。

　　附帶一提的是在程序面上，最高行政法院發現一審法院曾曉諭舉發人（即一審原告）應強化關於所屬技術領域中具有通常知識者能依先前技術提供之教示或動機輕易完成系爭專利之論證，又曾詢問鴻海公司是否已提出更正之申請，故認為訴訟程序已然完備，並無「法院未適度公開心證，致專利權人未及申請更正情形」；且一審法院縱然引入新證據（即系爭專利所自述之先前技術），根據智慧財產案件審理法准許於專利舉發行政訴訟中引入新舉發證據以利紛爭一次解決之目的，法院於向當事人曉諭爭點、使其充分辯論之程序完備，而專利權人經自行判斷仍未向法院表明以提出更正之申請時，法院均得就全案撤銷舉發不成立之行政處分，命智慧財產局為撤銷專利權之處分。實則，此為目前行政訴訟之實務操作；故受到舉發不成立之有利決定的專利權人於行政訴訟中仍不可掉以輕心，尤其，於進行極為迅速的行政訴訟程序中，若面臨對造提出新的先前技術證據時，不論法院心證揭露是否完整，均必須迅速作出是否要進行更正的決斷。

當事人於他案之陳述可作為判斷通常知識之證據

■最高行政法院 107 年度判字第 163 號行政判決

簡秀如／李昆晃

一、法律問題

　　專利爭訟事件中，請求項所定各項技術特徵及用語的解釋，以及所屬技術領域之通常知識的認定，往往成為當事人間攻防的主要焦點。由於法院並非所屬技術領域內的專家，除了解讀專利說明書及引證文件外，仍需透過當事人提供各項證據資料協助判斷。基於「誠信原則」及「禁反言原則」，常見當事人援用他造於訴訟外的陳述作為解釋請求項或認定通常知識之依據。惟訴訟外的陳述究非訴訟上之自認，法院可否納為證據，非無疑問。

二、最高行政法院肯認當事人於他案的陳述可作為判斷通常知識之證據

　　最高行政法院在 107 年 3 月 29 日所作成之 107 年度判字第 163 號行政判決似持肯定見解。最高行政法院在判決中表示：上訴人於起訴中所提之原證 1、原證 4 及原證 5 均屬對造當事人（即專利權人）於另案訴訟中之不利於己之陳述，就本案言，固非屬訴訟上自認，但仍為當事人於審判外之陳述，其內容在形式真正之前提下，自得為本案之證據，其與待證事實之證明力如何？應依職權調查事實關係，並應行使闡明權，使當事人得為事實上及法律上適當完全之辯論，斟酌全辯論意旨及調查證據之結果，依論理及經驗法則判斷事實之真偽，並將得心證之理由，記明於判決，否則，即構成判決不備理由之違法。

　　該判決進一步指出：專利權人或其訴訟輔佐人，對於系爭專利技術內容，知之甚詳，其關於系爭專利技術內容所為之陳述自得為判斷申請時「通常知識」之證據。上訴人於原審主張參加人（即專利權人）於另案涉及系爭專利之訴訟中原證 1 之簡報資料，即係所屬技術領域中具有通常知識者之通常知識，但參加人則以上開民事事件中參加人之輔佐人係解釋系爭專利開發當時所依據之一般機械設計原理而陳述，否認得為通常知識之證據云云，究實情如何，未見原判決將得心證之理由，記明於判決，即構成判決不備理由之違法。

✏️ 專利有效性——明確性

未於專利說明書中記載對應之材料、結構或動作之手段功能用語請求項，是否符合「明確性」專利要件？

■ 智慧財產法院 98 年度民專上字第 19 號民事判決
■ 智慧財產法院 101 年度行專訴字第 28 號行政判決
■ 最高行政法院 105 年度判字第 149 號行政判決

簡秀如

一、法律問題

　　與美國專利法相同，台灣專利制度亦容許專利申請人以「手段功能」(means-plus-function) 用語或「步驟功能」(step-plus-function) 用語方式撰寫申請專利範圍。93 年 7 月 1 日修正施行之專利法施行細則第 18 條第 8 項規定：「複數技術特徵組合之發明，其申請專利範圍之技術特徵，得以手段功能用語或步驟功能用語表示。於解釋申請專利範圍時，應包含發明說明中所敘述對應於該功能之結構、材料或動作及其均等範圍。」此規定亦為 101 年 11 月 9 日修正發布、102 年 1 月 1 日施行之專利法施行細則第 19 條第 4 項所沿用 [37]。

二、手段功能用語請求項與明確性之欠缺

　　基於前述專利法施行細則規定，在台灣專利訴訟實務中即產生下述法律爭議：對於以「手段功能」用語或「步驟功能」用語撰寫申請專利範圍之專利，若其專利說明書中未能找到對應的結構、材料或動作，是否即能認為該專利不符 93 年專利法第 26 條有關「發明說明應明確且充分揭露，使該發明所屬技術領域中具有通常知識者，能瞭解其內容，並可據以實施」 [38] 之「明確性」要件，

---

[37] 專利法施行細則第 19 條第 4 項規定：「複數技術特徵組合之發明，其請求項之技術特徵，得以手段功能用語或步驟功能用語表示。於解釋請求項時，應包含說明書中所敘述對應於該功能之結構、材料或動作及其均等範圍。」

[38] 100 年 12 月 21 日修正公布後之專利法第 26 條第 1 項規定：「說明書應明確且充分

而將該專利予以撤銷。對此，智慧財產法院歷來判決有不同見解。

㈠智慧財產法院98年度民專上字第19號民事判決

智慧財產法院於99年1月作成之98年度民專上字第19號民事判決，即採肯定說。此案系爭專利申請專利範圍第6項屬電腦軟體之發明，係以手段功能用語之方式撰寫，智慧財產法院以其專利說明書中未見記載對應的結構、材料或動作，而認該請求項不符明確性要件❸。

㈡智慧財產法院101年度行專訴字第28號行政判決

另一方面，智慧財產法院於102年1月作成之101年度行專訴字第28號行政判決，對於上開法律問題則持否定立場。原告以系爭專利請求項係以手段功能用語撰寫，但專利說明書中找不到對應的結構、材料或動作之記載為由，提起舉發主張系爭專利不具明確性。智慧財產法院於判決中表示，專利法施行細則第18條第8項雖規定，於解釋以手段、步驟功能用語撰寫之申請專利範圍時，應包含發明說明中所敘述對應於該功能之結構、材料或動作及其均等範圍，但並非要求說明書中一定要敘述該功能之結構、材料或動作及其均等範圍等，始符合專利法有關明確及揭露要件之規定，仍應視其記載對所屬技術領域中之通常知識者而言是否明確而定❹。

㈢最高行政法院105年度判字第149號行政判決

然而，智慧財產法院在104年1月之103年度行專訴字第70號行政判決中，對於上開法律問題，又採取肯定說之立場，認為系爭專利申請案之請求項

揭露，使該發明所屬技術領域中具有通常知識者，能瞭解其內容，並可據以實現。」

❸　雖經最高法院以100年度台上字第480號民事判決將上開判決廢棄發回更審，智慧財產法院仍於100年10月作成100年度民專上更㈠字第5號民事判決維持原見解。本案旋再經最高法院以101年度台上字第1673號民事判決發回更審，但智慧財產法院在102年6月之101年度民專上更㈡字第5號民事判決再度以相同理由認定系爭專利申請專利範圍第6項欠缺明確性。

❹　此見解為最高行政法院於102年6月作成之102年度判字第355號行政判決所維持。

係以手段功能用語方式撰寫，而其說明書未記載對應於該功能之結構、材料或動作，導致請求項不明確。惟本案經專利申請人上訴後，最高行政法院於105年3月作成105年度判字第149號行政判決，將原判決廢棄。

最高行政法院在上述105年度判字第149號行政判決中，首先揭示「專利法對於不予專利之理由係採列舉式規定，故不能以專利法施行細則或專利審查基準之規定率為不予專利之審定」之原則，並詳述對於上開法律問題採取否定立場之理由如下：

現行專利法施行細則第19條第4項僅係規定「若需解釋」手段或步驟功能用語時，應包含發明說明中所敘述對應於該功能之結構、材料或動作及其均等範圍，並未規範專利於撰寫時，必須要在說明書中進一步描述達成該功能之對應結構或動作，亦無規定若未於說明中敘述對應於該手段功能用語之結構材料或動作，即不符合專利法規定之明確性要求。是以專利法施行細則第19條第4項所要補充或連結之法律係申請專利範圍之解釋（專利法第58條第4項、第5項參照），僅係在劃定申請專利範圍之邊界而已，並非關於明確性要求之規定。是否符合明確性要求，應從手段功能用語規範目的及專利法對於明確性判斷準則觀察。

三、討　論

由前述各判決歷程觀之，最高行政法院對於此項法律問題似已有採取否定說之結論，亦即以手段功能用語撰寫請求項時，不能逕依專利法施行細則規定，僅因其說明書中未記載對應的結構、材料或動作，即認其不符明確性要件。智慧財產法院是否因此統一見解，有待觀察。

說明書中無關申請專利範圍之部分不應援引作為明確性之依據

🔖 最高行政法院 106 年度判字第 278 號行政判決

簡秀如／吳詩儀

一、法律問題

專利授予是公眾與發明人間的社會契約，為了取得排他的權利，發明人必須充分揭露發明，以確保他人得以研究並改良，此即為專利明確性之要求。說明書之記載是否已明確且充分揭露，應達到使該發明所屬技術領域中具有通常知識者，能瞭解申請專利之發明內容，並據以實現之程度（專利法第 26 條第 1 項）。

然而，說明書之記載往往包含申請專利範圍所記載之發明以及申請專利範圍未記載之發明，故在進行明確性判斷時，究應以說明書之整體記載觀之，或僅需以申請專利範圍中記載之發明為對象，無庸審酌申請專利範圍未記載之部分，過去司法實務對此並未有明確之見解。

二、最高行政法院 106 年度判字第 278 號行政判決

最高行政法院於 106 年 6 月 8 日 106 年度判字第 278 號行政判決中，就此疑義提供見解，該判決表示，發明說明是否符合充分揭露而可據以實施之要件，係以申請專利之發明為對象，對於發明說明中有記載而申請專利範圍中未記載之發明，則無論發明說明是否明確或已充分揭露，均與申請專利之發明是否充分揭露而可據以實施無涉。

此案中，專利權人主張系爭專利有關藥劑部分已有國際公認且經公告之方法，且能據以實施，並提出說明書所載諸多實施例作為佐證及說明。惟智慧財產法院及最高行政法院均認定，系爭專利說明書並未明確且充分揭露申請專利範圍所載成分與所載之功效之關聯性，因此，通常知識者無法確認或推論該等治療功效，系爭專利違反明確性要件。

該判決亦表示，專利權人就明確性要件所提出之證據，應著重在證明通常

知識者依據專利說明書之說明是否可以無須經由多次實驗之勞費，即能再現專利之內容，以達到所請之功效，而非著重在上開通常知識者依據申請專利當時之知識思及該申請專利技術內容之可能程度高低。因思及該專利技術內容之可能性高低為該專利有無進步性問題，而非判斷該專利是否充分揭露、可否據以實施問題。

　　依據前述最高行政法院之見解，明確性之判斷應不宜援引說明書中與申請專利範圍無關之部分作為充分揭露之依據；專利權人所提證據，亦應著重在證明通常知識者無需過度實驗即能實現發明之內容。

最高行政法院對於專利說明書是否符合充分揭露且可據以實施之判斷標準

🔖最高行政法院 106 年度判字第 278 號行政判決

沈宗原

一、法律問題

專利法第 26 條第 1 項規定：「說明書應明確且充分揭露，使該發明所屬技術領域中具有通常知識者，能瞭解其內容，並可據以實現」，亦即，專利說明書 (Specification) 應符合 「可據以實施」 要件 (enablement) ，否則即構成舉發 (invalidation) 事由。然而，對於說明書應揭露至何等程度始符可據以實施要件，尤其於生技醫藥專利領域頗生困擾，最高行政法院 106 年 6 月 8 日 106 年度判字第 278 號判決提供了一些指引。

二、本件事實

本件中，被舉發專利為台灣第 I342772 號 「治療或緩解過敏疾病的藥物組合物 (Drug For Treating Or Alleviating Allergy Disease)」 發明專利 （下稱「系爭專利」），遭智慧財產局認未符可據以實施而撤銷專利，經濟部訴願審議委員會、智慧財產法院均維持智慧財產局之處分，專利權人不服，上訴至最高行政法院。

三、最高行政法院之見解

最高行政法院審理後，首先闡明申請之專利是否充分揭露，可否據以實施，乃以發明說明 (description) 、 申請專利範圍 (claim) 及圖式 (drawing) 三者整體 (as a whole)，參酌申請時之申請日或主張優先權日之通常知識予以審究，該專利說明書之記載必須使該發明所屬技術領域中具有通常知識者，能瞭解申請專利之發明內容，而以其是否可據以實施為判斷之標準，倘達到可據以實施之程度，即可認為說明書明確且充分揭露申請專利之發明內容。原則上，專利權人就此部分所提出之證據，主要係著重在證明專利申請時所屬技術領域具有通常知識者依據專利說明書是否可以無須經由多次實驗之勞費，即可再現專利之內

容，以達到所請之功效，而非著重在上開所屬技術領域具有通常知識者依據申請專利當時之知識，思及該申請專利技術內容之可能程度高低，蓋此應該專利有無進步性之問題，非判斷該專利是否充分揭露、可否據以實施問題。

　　本件中，最高行政法院表示，系爭專利欠缺實驗數據，對於造成症狀之成因以及不同程度病情與使用系爭專利組合物結果間之關聯性欠缺說明，亦未提供具有效度 (validity) 及信度 (reliability) 之資料，例如，系爭專利並未提供對照組之實驗設計，亦未揭露實驗老鼠之生理、病理及（或）毒性報告等，因此認系爭專利確實不符合可據以實施要件。

　　準此，有關說明書應揭露至何等程度始符可據以實施要件，專利法雖未要求需具體揭露所有實驗步驟，然參考最高行政法院上開說明，仍應於揭露或提供符合科學原理之實驗設計、及具有信效度之實驗結果，使所屬技術領域具有通常知識者無須經由多次實驗之勞費，即能合理推知系爭專利之技術內容及功效，本件案例，殊值供撰寫專利說明書之參考。

專利明確性要件應以說明書中請求保護之申請標的為審查對象

▪最高行政法院 107 年度判字第 161 號行政判決

簡秀如／吳詩儀

一、法律問題

　　專利之授予是一種社會契約，發明人將其發明公開以取得專利之保護。故現行專利法第 26 條規定，發明人應於「說明書」中明確且充分揭露其發明，以確保他人能瞭解其內容，並可據以實現（第 1 項）；「申請專利範圍」亦應界定「申請專利之發明」，其得包括一項以上之請求項，各請求項應以明確、簡潔之方式記載，且必須為說明書所支持（第 2 項）。

　　然而，上開條文適用即產生一實務爭議，在判斷說明書是否符合明確且充分揭露要件時，係以「申請專利範圍之各請求項」為審查對象、抑或是以「申請專利之發明」為審查對象？最高行政法院於 107 年 3 月 29 日之 107 年度判字第 161 號行政判決中即有相關見解。

二、本件事實

　　該個案中，專利權人主張明確且充分揭露要件之審查，應以「請求項」為對象，逐一審查每一請求項中的技術特徵於系爭專利說明書中所作的對應說明是否符合明確且充分揭露要件，而對於各請求項所未請求之部分，系爭專利說明書根本無庸審究該部分是否明確且充分揭露。因系爭專利公告時請求項共有 29 項，其中僅部分有「剪斷時停止射頻識別功能」之技術特徵，其餘請求項均因未就「剪斷時停止射頻識別功能」為請求，無需審究此等請求項是否違反明確且充分揭露要件。

三、最高行政法院之見解

　　惟最高行政法院認為，在判斷是否符合充分揭露而可據以實施之要件時，係以「申請專利之發明」為對象，非就申請專利範圍之各請求項逐項審查，其

理由為：「申請專利之發明」指記載於專利說明書中請求保護之申請標的，非指申請專利範圍之各請求項，而發明說明用來揭露申請專利標的發明之具體技術手段，屬技術文件，申請專利範圍則屬法律權利主張之範圍，為權利文書，兩者有所區分。本案中，系爭專利發明內容已明確揭露其發明之主要目的為「該電子封條被剪斷時停止提供該射頻識別功能」，且部分請求項中列有「剪斷時停止提供射頻識別功能」技術特徵，是以系爭專利說明書所記載之「剪斷時停止提供射頻識別功能」即成為說明書是否符合明確且充分揭露要件之審查對象。於系爭專利所有實施例皆有違反明確且充分揭露而可據以實施之要件之情形下，任何請求項必然無法逸脫所有實施例之總括範疇。最高行政法院乃基此認定專利權人之主張無理由。

　　最高行政法院並進一步說明，專利法第 26 條各項雖屬不同要件，但各要件間有極為密切難以區分的關係，若發明說明此技術文書已明確揭露可據以實施，權利文件之申請專利範圍即有說明書及圖式支持之前提及基礎。但若發明說明此技術文書欠缺明確揭露可據以實施要件，則為權利文件之申請專利範圍，縱得有說明書及圖式的支持，或申請專利範圍之記載符合形式之規定，發明說明不具明確揭露可據以實施之欠缺亦無從回復，故倘已經判斷系爭專利發明說明不具明確揭露可據以實施要件，自無庸再就同條第 3 項（申請專利範圍須為發明說明及圖式所支持）或第 4 項（申請專利範圍之記載形式）作判斷。

✏️ 專利有效性——新穎性

設計專利之「新穎特徵」於設計專利侵權案之角色與判斷方式

▪ 智慧財產法院 102 年度民專上字第 55 號民事判決
▪ 智慧財產法院 103 年度民專訴字第 73 號民事判決

陳初梅

一、是否侵害設計專利之判斷

依據 93 年版《設計專利侵害鑑定要點》❹**①**，判斷一物品是否侵害一設計專利之步驟大致如下：

㈠解釋申請專利範圍。

㈡比對經過解釋的申請專利範圍與被控侵權物，以判斷物品與設計在視覺整體上是否相同或近似。

㈢判斷物品是否包含新穎特徵。

二、新穎特徵之判斷

㈠智慧財產法院 102 年度民專上字第 55 號民事判決❹**②**

關於是否包含新穎特徵之判斷，依據 93 年版《設計專利侵害鑑定要點》及智慧財產法院 102 年度民專上字第 55 號民事判決之見解，「待鑑定物品（按：即被控侵權物）與解釋後設計專利權範圍中之視覺性外觀整體相同或近似者，仍不足以認定其落入專利權範圍，尚須判斷待鑑定物品是否利用該設計專利之『新穎特徵』，倘待鑑定物品包含該新穎特徵，待鑑定物品始有落入專利權範圍之可能⋯⋯」。至於判斷何者為一件設計專利的新穎特徵，該判決主要將該「設計專利說明書」中特別以「文字」對圖式顯示之設計特徵所作的描述，作為「新

---

❹ 智慧財產局於 105 年修訂並修改名稱為《專利侵權判斷要點》。

❹ 智慧財產法院 102 年度民專上字第 55 號民事判決於 105 年 4 月 21 日為最高法院 105 年度台上字第 673 號民事判決所廢棄。

穎特徵」❹，並且認定被控侵權物不但具備這些新穎特徵，且已經使消費者會將被控侵權產品之整體外觀誤認為是系爭專利，因此認定被控侵權物落入該設計專利之權利範圍。換言之，設計專利說明書中以「文字」對設計特徵描述得越仔細，申請專利範圍就可能被解釋成必須包含這些文字描述之特徵，使申請專利範圍變成比較狹窄。

㈡智慧財產法院 103 年度民專訴字第 73 號民事判決

　　智慧財產法院 103 年度民專訴字第 73 號民事判決則進一步指出：「新穎特徵，指申請專利之設計對照申請前之先前技藝，客觀上使其具有新穎性、創作性等專利要件之創新內容，其必須是透過視覺訴求之視覺性設計，不得為功能性設計。」、「解釋申請專利之新式樣範圍時，得先以創作說明中所載之文字內容為基礎，經比對申請專利之新式樣與申請前之先前技藝後，始能客觀認定具有創新內容的新穎特徵。準此，系爭專利於申請專利階段，專利公報上之參考文獻，依上開說明，自可作為『申請專利之設計與申請前之先前技藝』比對之依據。」依據這件判決，除了考慮設計專利中以「文字」說明之設計特徵以外，尚須考慮該設計與已知之「先前技術」（尤其是申請階段智慧財產局引用之參考文獻）不同之處，始能決定何為該設計之「新穎特徵」。又，縱然一被控侵權物具有該篇設計專利說明書中以文字描述之所有特徵，但如果不具有該設計之新穎特徵，仍然不會被認為侵害該設計專利權。

---

❹　智慧財產法院 102 年度民專上字第 55 號民事判決：「 2.聯合新式樣之專利權範圍：系爭專利之聯合新式樣，主要特點在於提箱面板前側面突設有多數左右延伸，且上下間隔之裝飾突塊，而多數左右弧彎往後延伸且上下間隔平行分別固接於相鄰裝飾突塊間之長肋條，且裝飾突塊前側面是分別呈弧面狀。經比對系爭專利與其聯合新式樣之提箱面板外觀，聯合新式樣之提箱面板外觀，不具有原新式樣專利『自裝飾突塊左端與右端往後弧彎延伸之短肋條』設計特徵。職是，系爭專利『提箱面板』專利權範圍，除圖面所揭具有『多數左右延伸且上下間隔之弧面狀裝飾突塊、多數左右弧彎往後延伸且上下間隔平行分別固接於相鄰裝飾突塊間之長肋條，暨多數左右間隔且上下平行自裝飾突塊左端與右端往後弧彎延伸之短肋條』外觀設計特徵外，包含上揭聯合新式樣不具有『自裝飾突塊左端與右端往後弧彎延伸之短肋條』設計特徵者。」

（作者註：近年智慧財產局對多數設計專利申請案已不要求申請人撰寫設計特徵，因此，近年法院判斷設計侵權之實務亦隨時間推演而可能有所變化。敬請讀者注意。）

如何以先前技術文件未記載但實質上隱含之部分認定專利新穎性？

▪最高行政法院 104 年度判字第 764 號行政判決

簡秀如／吳詩儀

一、專利新穎性之判斷基準

專利制度的目的，在於藉由授予申請人專有之排他權利，以鼓勵其公開研發成果，俾使公眾能利用該公開之發明或創作；因此對於申請專利前已公開而為公眾所知之發明或創作，即無授予專利保護之必要，此為專利法第 22 條第 1 項「新穎性」要件之規範。

現行專利審查基準就新穎性之判斷基準有 3 種方法，包含：**判斷申請專利之發明與引證文件所揭露之先前技術「完全相同」、或「二者差異僅在於文字之記載形式或能直接且無歧異得知之技術特徵」、抑或「二者差異僅在於相對應之技術特徵的上、下位概念」**，只要申請專利之發明或創作與先前技術完全相同或實質相同，該申請專利即應認定欠缺新穎性而不予專利。

二、最高行政法院之見解

最高行政法院針對前述新穎性判斷基準，於 104 年 12 月 17 日 104 年度判字第 764 號行政判決進一步闡釋如下：「舉發案件審查新穎性時，應就每一請求項中所載之系爭發明與單一舉發證據進行比對，並以舉發證據中所公開之內容為準，包含舉發證據形式上明確記載的內容及形式上雖然未記載但實質上隱含的內容。所謂『實質上隱含的內容』，係指該發明所屬技術領域中具有通常知識者，參酌舉發證據公開時的通常知識，能直接且無歧異得知的內容而言；換言之，單一舉發證據雖未揭露系爭專利所有之技術特徵，惟該未揭露之部分係該舉發證據本質上所固有的或必然存在於該舉發證據中，而為該舉發證據本身所絕對不可或缺者，以所屬技術領域中具通常知識者之觀點，可認為該未揭露之部分必然包含在該等舉發證據中者方屬之。」反之，「若舉發證據形式上明確記載的內容及形式上雖然未記載但實質上隱含的內容，尚未能揭露系爭發明之技

術特徵時，則該舉發證據不能證明系爭發明不具新穎性。」

此一個案中，原審智慧財產法院於 102 年度行專訴字第 93 號行政判決雖認定系爭專利申請範圍與引證案之技術特徵相互比對下，二者僅於文字記載之形式有所差異，故該引證案足以證明系爭專利相關請求項不具新穎性。惟最高行政法院推翻此一見解，認定系爭專利與引證案間構件及結構具有實質之差異，非僅文字記載之形式有所差異而已；且引證案未揭露之差異，亦非該引證案本質上所固有的或必然存在於該證據中，故該引證案不能證明請求項 1 不具新穎性。

三、討　論

由上可知，司法實務認為新穎性之審查不以引證文件形式上明確記載的內容為限，尚包含引證文件形式上未記載，但所屬技術領域中具有通常知識者認定該證據本質上所固有或必然存在之部分，然而該「實質上隱含的內容」仍須揭露系爭發明之技術特徵，始得作出系爭專利欠缺新穎性之認定。

專利有效性——進步性

省略技術特徵之發明

- 智慧財產法院 101 年度行專更㈡字第 3 號行政判決
- 最高行政法院 103 年度判字第 533 號行政判決

簡秀如

一、法律問題

過往《專利審查基準》中曾揭載「省略技術特徵之發明」在符合特定條件下可認為「非能輕易完成」而具「進步性」；例如 93 年版審查基準第 3.5.4.2 節規定：「省略技術特徵之發明，指刪減先前技術中之技術特徵，例如物品之元件或方法之步驟等之發明。若省略技術特徵之發明仍然具備原有的全部功能或能產生無法預期的功效，應認定該發明非能輕易完成，具進步性。惟若省略技術特徵之發明喪失所省略之技術特徵的功能，應認定該發明能輕易完成，不具進步性」。102 年、103 年及 106 年 5 月版審查基準第 3.5.2.3 節亦維持相似規範❹❹。

於專利有效性之爭訟中，雖常見專利權人主張其發明之特點為「省略技術特徵」，卻多半為智慧財產法院所不採，並否定其發明之進步性。對此，最高行政法院於 103 年 9 月作成的判決中曾提出具體質疑。

---

❹❹　106 年 5 月版審查基準第 3.5.2.3 節：「省略技術特徵之發明，指刪減先前技術中之技術特徵的發明，例如省略物品之元件或方法之步驟等技術特徵。若省略技術特徵之發明仍然具備原有的全部功能或能產生無法預期之功效，應認定該發明並非能輕易完成，具進步性。例如一種具有防凍效果之塗料組合物，由成分 (A) 化合物 X、(B) 化合物 Y、(C) 防凍劑所組成，若發明省略使用 (C) 防凍劑後，該塗料組合物之防凍效果未隨之消失，具進步性。惟若省略技術特徵之發明喪失所省略之技術特徵的功能，應認定該發明能輕易完成，不具進步性。例如一種具有防凍效果之塗料組合物，由成分 (A) 化合物 X、(B) 化合物 Y、(C) 防凍劑所組成，若發明省略使用 (C) 防凍劑後，該塗料組合物之防凍效果亦隨之消失，不具進步性。」惟 106 年 7 月 1 日施行之現行審查基準，則將「省略技術特徵」之相同規範與其他內容加以整併為「否定進步性之因素」之一。

二、法院之認定

㈠智慧財產法院 101 年度行專更㈡字第 3 號行政判決

　　專利權人主張其發明「影音信號傳接處理裝置」之主要技術特徵在於省略外插電視卡的壓縮元件，亦即其發明之電視卡不作壓縮處理，克服習知技術偏見，屬省略技術特徵之發明，故具進步性。然智慧財產法院在 101 年度行專更㈡字第 3 號行政判決中，則採否定見解；其以系爭專利說明書實施例曾提及電視卡將信號傳送至電腦後，仍須電腦對信號進行壓縮編碼，電腦才可直接儲存或播放，故無法保有省略前之全部功能，並認為智慧財產局認定專利有效之行政處分及先前舉發案之行政確定判決，只局部觀察系爭專利之影音信號傳接處理裝置，疏未整體綜合觀察信號傳送至電腦後之情形，後續仍須待電腦將信號進行壓縮編碼後，電腦才可直接儲存或播放，故視訊信號仍因壓縮而影響解析度，與系爭專利說明書所舉之先前技術，實質並無不同，系爭專利不符合省略技術特徵之發明，而不具進步性。

㈡最高行政法院 103 年度判字第 533 號行政判決

　　最高行政法院於 103 年 9 月 29 日作成的 103 年度判字第 533 號行政判決中，質疑智慧財產法院一方面認定「電腦」並非系爭專利申請專利範圍之元件，一方面又以「電腦進行的工作」作為解釋申請專利範圍之依據，已與專利法所定「專利權範圍以申請專利範圍為準」之原則有違。此外，最高行政法院並強調，解釋申請專利範圍固得參考發明說明及圖式，但應就專利說明書整體觀察，實施例僅為實施方式之例示，不能據以增加或限制申請專利範圍，否則將導致變動申請專利範圍對外表現的客觀專利範圍。而智慧財產法院以專利說明書所載實施例有關電腦之載述，認系爭專利輸出之信號需經壓縮編碼後，方可儲存或播放，故不符省略技術特徵發明要件，係以系爭專利說明書所載實施例，限縮系爭專利之申請專利範圍，與申請專利範圍解釋之原則不合。

三、討　論

　　值得一提者，最高行政法院雖為法律審，亦在判決中要求智慧財產法院重

新調查本案專利技術特徵以認定申請專利範圍，但對於智慧財產法院用以否定專利權人「省略技術特徵」相關主張的主要技術理由，亦即「電腦必需將信號進行壓縮編碼後才可儲存或播放」乙節，最高行政法院則罕見提出不同之技術上認知，指出「一般而言，電腦所播放的信號並非經過壓縮處理之信號，經過壓縮處理者，電腦需解壓縮才能播放，而未經壓縮處理者，不需處理即可播放，且電腦如何使用悉由使用者自行決定，可逕行播放未經壓縮處理之信號，亦可經由壓縮處理予以儲存……」。智慧財產法院配有技術審查官，對於最高行政法院在技術事實上的不同認定將如何處理及因應，頗值觀察。

專利進步性判斷之精緻化

▪ 最高行政法院 104 年度判字第 326 號行政判決
▪ 最高行政法院 104 年度判字第 452 號行政判決

莊郁沁

一、法律問題

　　專利有效性判斷中至為關鍵之「進步性」要件，亦即「發明雖無前項各款所列情事，但為其所屬技術領域中具有通常知識者依申請前之先前技術所能輕易完成時，仍不得取得發明專利」（專利法第 22 條第 2 項），於各國法院實務常於判斷中產生「後見之明」；台灣法院亦常面對相同問題。就此，最高行政法院近來數則判決，均已明確揭示為避免「後見之明」之發生，應先界定「通常知識者」水準，再以該水準之人進行評估，且於評估時，亦應針對何以「依申請前之先前技術所能輕易完成者」予以詳查，始能作出適法之判斷。茲摘錄二則判決如下：

二、最高行政法院 104 年度判字第 326 號行政判決

　　最高行政法院 104 年度判字第 326 號行政判決 （判決日： 104 年 6 月 18 日）中，再次揭示於發明專利舉發案有關進步性之審查步驟中，於進行「以該發明所屬技術領域中具有通常知識者，參酌先前技術所揭露之內容及申請時的通常知識，判斷是否能輕易完成系爭發明」之步驟前，應先確立「所屬技術領域中具有通常知識者」之技術水準此一客觀判斷基準。該判決明揭：「其中『所屬技術領域中具有通常知識者』及先前技術（即引證證據）所揭露內容之確立，為進步性客觀判斷的重要步驟。」

三、最高行政法院 104 年度判字第 452 號行政判決

　　於建立該技術水準後，針對 「是否能輕易完成系爭發明」，最高行政法院 104 年度判字第 452 號判決（判決日：104 年 8 月 13 日）更進一步表示為摒除「後見之明」之產生，故應詳細判斷及敘明如何從先前技術中，可得出關於系

爭發明之相關教示、建議而能輕易完成。該判決明揭：「按進步性之審查不得以發明之說明所採用循序漸進、由淺入深的內容而產生的『後見之明』作成能輕易完成的判斷，逕予認定發明不具進步性；而應將系爭發明的整體與舉發證據進行比對，以該發明所屬技術領域中具有通常知識者參酌申請時的通常知識之觀點，作成客觀的判斷。……所謂『其所屬技術領域中具有通常知識者，依申請前之先前技術所能輕易完成者』，究竟係依證據 3 何項技術特徵轉用、等效置換，或依何項技術特徵之教示、建議而能輕易完成？未據原審詳為調查並於判決中敘明，則原判決逕認該技術特徵『未超出為其所屬技術領域中具有通常知識者依申請前之先前技術所能輕易完成者』，即嫌率斷。」

　　由上述判決發展可知，未來於案件審理過程中，於個案建立相關客觀判斷基準，將有助於進步性要件之正確判斷。

專利進步性之判斷——最接近之先前技術

智慧財產法院 99 年度民專上字第 55 號民事判決
智慧財產法院 105 年度行專訴字第 13 號行政判決

簡秀如／呂書瑋

一、法律問題

　　進步性之判斷，一般皆以複數個先前技術引證文件之組合作為比對之基礎，探討所屬技術領域具有通常知識者是否有動機將各該先前技術之揭示內容加以組合並輕易完成系爭之發明。但對於各該先前技術在進行進步性比對時是否有主、副之分，實務上尚無明確案例，專利審查基準亦無具體規定。

二、「最接近之先前技術」於進步性判斷之地位

　　對此，歐洲、日本及中國之審查均已採用「最接近之先前技術」（或稱「主引證」）之概念。例如，歐洲專利局上訴委員會案例法 (Case Law of the Broads of Appeal of the European Patent Office) 即指出：當評估一發明對特定技術問題是否提供顯而易知的方案時，應考量所屬技術領域具有通常知識者，可否預期到：基於其他先前技術的教示並修飾「最接近的先前技術」，即可以達成該發明。(When considering whether or not claimed subject-matter constitutes an obvious solution to an objective technical problem...the question to be answered is whether or not the skilled person, in the expectation of solving the problem, would have modified the teaching in the closest prior art document in the light of other teachings in the prior art so as to arrive at the claimed invention.)

三、智慧財產法院 99 年度民專上字第 55 號民事判決

　　智慧財產法院於 100 年 7 月 28 日作成之 99 年度民專上字第 55 號民事判決[45]中曾論及「最接近之先前技術」概念。法院認為，先前技術對應於申請專

---

[45] 智慧財產法院 99 年度民專上字第 55 號民事判決於 100 年 11 月 17 日為最高法院 100 年度台上字第 2002 號民事裁定所維持。

利之新型僅有些微結構改變之差異　（即　「最接近之先前技術」，closest prior art），而該差異技術特徵 (the distinguishing features) 復已見於相同技術領域之先前技術文獻，而足以促使所屬技術領域人士置換或改變該最接近先前技術所揭露之內容而構成申請專利之新型，並產生可預期之功效，應認定該新型顯能輕易完成，而不具進步性。

四、智慧財產法院 105 年度行專訴字第 13 號行政判決

智慧財產法院繼而於 105 年 11 月 21 日作成之 105 年度行專訴字第 13 號行政判決中細緻化「最接近先前技術」之論述。該案中，智慧財產局基於舉發證據 2 及 3 之組合，認定系爭專利不具進步性，而為舉發成立之審定；專利權人即原告乃於行政訴訟中分別論述舉發證據 3 與舉發證據 2 之間以及舉發證據 3 與系爭專利之間在結構與製程上差異，主張彼等無法輕易組合。

智慧財產法院於上述判決指出，於判斷進步性時，首應確認與申請專利發明「最接近之先前技術」；其次，確認申請專利之發明與最接近之先前技術間之差異，用以確認申請專利之發明是否克服先前技術所未解決之技術問題，抑或提出創新之技術手段而對於產業或消費市場需求產生功效之增進；最後，綜合判斷所屬相關技術領域中具有通常知識者，是否有合理且具體之理由以最接近之先前技術為基礎，將之轉用、置換、改變或組合其他先前技術，而輕易完成申請專利之發明整體，並產生可預期之功效。

根據前開論理，法院認為系爭專利之結構及製程已為舉發證據 2 所揭露，為系爭專利最接近之先前技術，故於判斷舉發證據 2 及 3 得否證明系爭專利不具進步性時，不應過度機械性比對舉發證據 3 與舉發證據 2 結構相異之處而認定兩者無法組合。再者，因舉發證據 2 及 3 之技術領域具關連性、所欲解決之技術手段及所欲達成功效共同，具組合動機；且二者之組合確已揭露系爭專利之所有技術特徵，故認定系爭專利不具進步性，駁回原告之訴。

依智慧財產法院上揭判決可知，於確立「最接近之先前技術」為何後，若各先前技術間具組合動機，則僅需比對用以組合的其他先前技術是否揭露「最接近之先前技術」與系爭專利之差異技術特徵即可，不應過度機械性比對各先前技術間在結構上之差異，而認定無法組合。

未揭露專利某一特徵且發明目的與功效相異之先前技術難以使技藝人士產生組合動機輕易完成該專利之發明

陳初梅

一、法律問題

關於專利所載之發明相較於先前技術是否具進步性之判斷，一向是困難的課題；因為進入「進步性」判斷的階段，表示並無任何一件檢索到的先前技術與該發明完全相同，因此必須以申請專利當時的該技術領域中具有通常知識者（以下簡稱「技藝人士」）之技術水準，針對先前技術與該發明之間的差異，判斷是否僅簡單地修改先前技術即能輕易完成該發明。在專利舉發程序中，為了證明技藝人士能夠根據先前技術輕易完成一發明，舉發人經常引用兩件甚至三件先前技術，說明技藝人士能夠參考這些先前技術之內容並將其彼此組合、修正而輕易完成該發明。

依據法院實務，組合兩件或以上的先前技術可證明一專利之發明不具進步性之主張，常要求進一步舉證或說明技藝人士確有「組合動機」組合複數個先前技術。102年至106年5月版的《專利審查基準》中，均指出：該發明所屬技術領域中具有通常知識者參酌相關先前技術所揭露之內容及申請時之通常知識，是否有動機而明顯結合相關先前技術，應就下列事項綜合予以考慮，不得僅因欠缺其一事項即認定欠缺結合之動機：

　㈠先前技術與申請專利之發明於技術領域的關連性；

　㈡先前技術與申請專利之發明於所欲解決之問題的關連性；

　㈢先前技術與申請專利之發明於功能或作用上的關連性；

　㈣先前技術中關於申請專利之發明的教示或建議❹⑥。

然而，專利舉發人或者是智慧財產局審查官是否可因先前技術與涉案發明符合前述四點中之任何一點，即斷定技藝人士有動機組合複數個先前技術？事

---

❹⑥　惟106年7月修正發布之審查基準，則明揭判斷是否有動機結合複數引證之技術內容時，應考量複數引證間之關連性或共通性，而非考量引證之技術內容與申請專利之發明的關連性或共通性，以避免後見之明。

實上，《專利審查基準》並未如此規定❼。

二、智慧財產法院 105 年度行專訴字第 65 號行政判決

　　究竟以何種具體標準判斷技藝人士是否有動機組合先前技術並據以完成一發明，智慧財產法院於 106 年 4 月作出之 105 年度行專訴字第 65 號行政判決提供之見解可供參考。該案為專利舉發行政訴訟案件，被舉發之專利為關於機車後座腳踏板位置之發明（涉案發明）。專利舉發人提出兩件機車領域的先前技術（引證資料），主張技藝人士可組合這兩件先前技術、輕易地完成該發明。這兩篇先前技術均揭露機車後座設有腳踏板，但後座腳踏板設置之位置均與涉案發明所述位置不同。針對這類常見機械結構進行之發明或改作，法院認為技藝人士無法由這兩件先前技術獲得組合動機、不能輕易完成涉案發明。茲整理法院之見解如下：

　　㈠進步性之審查，應確實依據引證資料所載之技術或知識，針對發明之技術內容，綜合發明之目的、功效，研判其是否克服選擇或結合之困難度，而獲得突出的技術特徵或顯然的進步。未審酌引證資料，僅依專利說明書之內容逕予認定系爭專利串列歇腳（即後座腳踏板）之技術特徵可以輕易思及，有違進步性之判斷原則。

　　㈡涉案發明之目的與功效在提高機車「後座人」的墊腳舒適性，第一先前技術之目的在提高「駕駛員」之擱腳舒適性，第二先前技術之目的在避免腳踏墊支柱過大，故兩先前技術之發明目的與功效均與涉案發明不同。

　　㈢第一與第二先前技術均未揭露涉案發明之後座腳踏板位置特徵。

　　㈣第一與第二先前技術之發明目的與功效相異，僅根據此兩先前技術之技術內容，難認技藝人士有組合之動機。

三、討　論

　　法院之判斷方式為：於綜合比對**涉案發明**與**先前技術之技術內容、目的、功效**，確認涉案專利與先前技術之間存在的差異程度後，再比對兩先前技術之

---

❼　106 年 7 月修正發布之審查基準規定，一般而言，存在愈多前述事項，即愈有動機結合複數引證之內容；特殊情況下，可能僅存一有力事項，即能認定有結合動機。

內容；因兩先前技術彼此的發明目的、功效亦非相同，故認為難以使技藝人士產生組合動機、並進一步輕易思及涉案發明之內容。

　　於判斷常見機械結構之改良發明是否具有進步性時，應如何避免後見之明，本身即是一難題。法院要求確實且交叉比對先前技術與涉案發明之技術內容、發明目的、功效之見解，對此實具參考價值。

 **專利更正**

舉發案於行政救濟期間之更正處理

朱淑尹

一、《舉發審查基準》之修訂

　　102 年 1 月 1 日專利法施行後，智慧財產局針對《舉發審查基準》進行大幅修訂，其中之重要特點之一為：「專利專責機關就舉發聲明範圍內之全部或部分請求項逐項審查，並就各請求項分別記載審定結果。」新法導入逐項舉發、逐項審定後，對於舉發案有更正的情況發展更加複雜。

二、舉發案審定結果為部分請求項成立、部分請求項不成立，於行政救濟期間專利權人另提之更正該如何審理？

　　此一問題，108 年 11 月修正前之《舉發審查基準》第 5-1-13 頁規定「舉發案於行政救濟期間，因原處分審定結果對舉發成立之請求項有撤銷專利權之拘束力，故專利權人所提更正，僅得就原處分中審定舉發不成立之請求項為之。由於更正須就申請專利範圍整體為之，更正內容如涉及原處分中審定舉發成立之請求項者，即應不受理其更正申請」；而 108 年 11 月修正之《舉發審查基準》第 5-1-15 頁亦維持類似規定。

三、前舉發案於行政救濟期間，專利權人於後舉發案伴隨提出更正的情形應如何處理？

　　智慧財產局 104 年 12 月 31 日公告之《各類專利案件暨舉發審查實務案例研討彙編》中指出，該更正應與後舉發案合併審查及審定；然應先確認更正內容是否涉及前舉發案經審定舉發成立之請求項項次，若包含該請求項項次時，應通知專利權人限期刪除該部分之更正內容，並檢送刪除後之全份申請專利範圍。但為免延宕程序，前述通知以一次為原則，屆期未補正者，應不受理其更正申請，並於舉發審定書中記載更正不受理之理由。

專利權人於舉發行政訴訟中應及早評估更正請求項之必要性

⬝最高行政法院 104 年度判字第 559 號行政判決
⬝智慧財產法院 104 年度行專更㈠字第 8 號行政判決

簡秀如／吳詩儀

一、舉發審查程序中專利更正申請

　　專利權人於舉發審查程序中，得視舉發事由及舉發證據之強度，依專利法第 67 條之規定向智慧財產局申請更正。

二、過去實務作法

　　當智慧財產局作成舉發不成立之審定，且舉發人提起訴願、再向智慧財產法院提起行政訴訟時，其可依智慧財產案件審理法第 33 條規定就同一撤銷理由提出新證據，以強化專利無效之理由，並一次解決紛爭。

　　過去智慧財產法院認新證據足以證明系爭專利不具可專利性時，為平衡雙方利益並尊重智慧財產局之第一次判斷權，在系爭專利可能透過更正迴避新證據之攻擊時，多僅撤銷智慧財產局之原處分，將案件發回該局重新審查，俾使專利權人有機會更正其請求項，以兼顧舉發人及專利權人之權益。此種作法，原曾獲最高行政法院支持，例如 100 年度判字第 1820 號判決等。

三、最高行政法院 104 年度 4 月份第 1 次庭長法官聯席會議 ㈡[48]

　　惟最高行政法院 104 年度 4 月份第 1 次庭長法官聯席會議㈡之決議已調

---

[48] 最高行政法院 104 年度 4 月份第 1 次庭長法官聯席會議㈡：「法律問題：經濟部智慧財產局（下稱智慧局）於民國 97 年 7 月 1 日後（即 96 年 3 月 28 日制定公布之智慧財產案件審理法【下稱審理法】施行後）102 年 1 月 1 日前（即 100 年 12 月 21 日修正公布之專利法施行前），就 A 專利（發明或新型專利，請求項一項以上，下稱系爭專利）舉發案作成舉發不成立之審定。舉發人不服，循序提起行政爭訟，訴請

整上開實務作法。該決議認為，若事實審法院認為原舉發證據或舉發人於行政
訴訟中所提新證據足以證明系爭專利請求項不具可專利性，而專利權人於該訴
訟言詞辯論終結前，未向智慧財產局申請更正、亦未向智慧財產法院陳明相關
事證者，法院即可逕為課予義務判決，命智慧財產局為舉發成立、撤銷專利權
之處分。

　　智慧財產法院（下稱智慧法院）判決：訴願決定及原處分均撤銷，智慧局應就系爭
專利舉發案作成舉發成立之處分。於該舉發不成立審定之課予義務訴訟中，舉發人
援用原舉發證據，或於言詞辯論終結前，就同一撤銷理由提出新證據，經智慧法院
審酌，或經技術審查官為意見陳述後，認定舉發人所提出之原舉發證據或新證據或
新證據與原舉發證據之任意組合足以證明系爭專利（全部或部分）請求項不具可專
利性，而專利權人於該訴訟言詞辯論終結前，未向智慧局申請更正該原處分中審定
舉發不成立之請求項後向智慧法院陳明該事證，則智慧法院究應依行政訴訟法第
200 條第 3 款規定，為『訴願決定及原處分均撤銷。智慧局應就系爭專利舉發案作
成舉發成立之處分。』之判決（下稱第 1 類判決）？抑或應依同法條第 4 款規定，為
『訴願決定及原處分均撤銷。智慧局應就系爭專利舉發案依本判決之法律見解另為
處分。原告其餘之訴駁回。』之判決（下稱第 2 類判決）？決議：依智慧財產案件審
理法（下稱審理法）第 33 條第 1 項規定，當事人於行政訴訟程序中得提出新證據。
為兼顧（發明或新型）專利權人因新證據之提出未能及時於舉發階段向經濟部智慧
財產局（下稱智慧局）提出更正之申請，專利權人於專利舉發行政訴訟程序中自得
向智慧局提出更正之申請。而依目前現制，因專利舉發不成立而提起之行政訴訟程
序，智慧局均列為被告，專利權人則為參加人，不論當事人於行政訴訟程序中是否
提出新證據，智慧局及專利權人就舉發證據均應為必要之攻擊防禦。於有新證據提
出之場合，依審理法第 33 條第 2 項規定，智慧局亦應就新證據之主張有無理由提出
答辯狀，同理，專利權人就新證據之主張有無理由，亦應為必要之答辯，是以，就
新證據之攻擊防禦而言，應無突襲之虞。故不論係基於原舉發證據或新證據或新證
據與原舉發證據之組合，於行政訴訟程序中倘經法院適當曉諭爭點，並經當事人充
分辯論，而專利權人自行判斷後，復未向法院表明已向智慧局提出更正之申請時，
依行政訴訟法第 200 條第 3 款及民國 100 年 12 月 21 日修正公布，102 年 1 月 1 日
施行前之專利法第 67 條第 1 項第 1 款或第 107 條第 1 項第 1 款規定，法院審理之結
果不論專利全部請求項或部分請求項舉發成立者，均得就全案撤銷舉發不成立之原
處分及訴願決定，命智慧局為舉發成立、撤銷專利權之處分。」

四、智慧財產法院 104 年度行專更㈠字第 8 號行政判決

　　智慧財產法院於 104 年 1 月 15 日之 103 年度行專訴字第 69 號行政判決中，原僅依舉發人至行政訴訟始提出之新證據，判決撤銷原處分並將系爭專利發回智慧財產局另為處分，以兼顧專利權人之更正利益。經上訴後，最高行政法院於 104 年 9 月 24 日作成之 104 年度判字第 559 號行政判決，援用上開會議決議，諭示智慧財產法院應直接判命智慧財產局為舉發成立、撤銷專利權之處分，而不能只是撤銷原處分。本案發回更審後，智慧財產法院遂於 105 年 4 月 7 日作成 104 年度行專更㈠字第 8 號行政判決，判命智慧財產局應為系爭專利請求項 1 至 4（即全部請求項）舉發成立，撤銷專利權之處分。法院並以舉發人遲至訴訟階段始提出足夠的舉發證據證明系爭專利應予撤銷，故即使其獲得全部勝訴之判決，仍應負擔一半之訴訟費用。

五、討　論

　　最高行政法院前述 104 年度 4 月份第 1 次庭長法官聯席會議㈡決議內容，已成為專利舉發行政訴訟的重要原則，專利權人尤應加以注意。換言之，即便專利權人於舉發階段獲得有利審定，俟至行政訴訟階段卻發現舉發人所提出之新證據可能有撤銷系爭專利之風險時，應更積極地評估提出更正之必要性並儘速採取行動，以降低法院逕為撤銷專利權判決之機會。

智慧財產法院於行政訴訟中是否需待智慧財產局准駁專利更正申請始得作成判斷？

■最高行政法院 105 年度判字第 337 號行政判決

簡秀如／吳詩儀

一、法律問題

　　智慧財產案件審理法第 33 條第 1 項規定，當事人於專利舉發行政訴訟程序中得就同一專利撤銷事由提出新證據，司法實務為兼顧專利權人因新證據之提出未能及時於舉發階段向智慧財產局提出更正申請之權利，已肯認專利權人得於專利舉發行政訴訟程序中提出更正之申請（最高行政法院 100 年度判字第 1820 號行政判決等參照）。最高行政法院復於 104 年度 4 月份第 1 次庭長法官聯席會議㈡決議中進一步要求，若舉發人於行政訴訟中所提新證據足以證明系爭專利請求項不具可專利性，專利權人應於該訴訟言詞辯論終結前向智慧局申請更正並向智慧財產法院陳明相關事證，否則法院即可逕命智慧財產局為舉發成立、撤銷專利權之處分。

　　然而，若專利權人於行政訴訟中提出更正申請，智慧財產法院是否需待智慧財產局之審定結果方得判斷？即有疑義。最高行政法院於 105 年 6 月 30 日作成之 105 年度判字第 337 號行政判決中，對此項法律問題明確表示見解。

二、本件事實

　　此案之原審判決為智慧財產法院 103 年度行專訴字第 97 號行政判決，智慧財產法院以智慧財產局至其判決時仍未陳報更正申請之審查結果為由，而以原公告之申請專利範圍為審查，認定訴願決定及原處分應予撤銷，並表明專利權人既已提出更正，有待智慧財產局依原審之法律見解另為適法之處分，故認為案件應回復至舉發程序，由智慧財產局重新審查。

三、最高行政法院之認定

　　然而，智慧財產法院上述判決卻遭最高行政法院以 105 年度判字第 337 號

判決廢棄。最高行政法院認為：更正與否關涉系爭專利技術特徵之解釋與確定，故是否合於專利法所規定之更正要件、以及更正後之內容為何，智慧財產法院應待智慧財產局的更正處分結果始得判斷。再者，如專利之申請專利範圍不確定，則無從進行進步性判斷，是若專利權人已依法申請更正，自應待更正處分，並提示更正處分內容，使當事人得為事實上及法律上適當完全之辯論，及必要之聲明及陳述，始可謂已經當事人充分辯論，方得作成判決。因此，原審就進步性之判斷雖有理由，惟應待更正處分之結果，再依更正結果為裁判，不得僅撤銷訴願決定及原處分、回復舉發程序。

專利權人於民事訴訟若為對己不利之請求項更正，法院得逕依更正後之範圍為審理

■智慧財產法院 107 年度民專上字第 16 號民事判決

簡秀如／吳俐瑩

一、法律問題

　　專利侵權訴訟中，侵權人（被告）提出專利有效性抗辯甚且同時向智慧財產局提出舉發，已成為常態。為因應被告對於專利有效性之質疑，專利權人可能會向智慧財產局提出更正請求項範圍之申請，而在智慧財產局做出准駁之決定前，究竟智慧財產法院應依更正前（亦即仍有效之範圍）或更正後（尚在審查中，是否准許仍未定）之請求項為準進行審理，抑或應就專利權人之更正申請內容自為判斷是否可採，雖智慧財產案件審理細則（下簡稱「審理細則」）第32 條設有「關於專利權侵害之民事訴訟，當事人主張或抗辯專利權有應撤銷之原因，且專利權人已向智慧財產專責機關申請更正專利範圍者，除其更正之申請顯然不應被准許，或依准許更正後之請求範圍，不構成權利之侵害等，得即為本案審理裁判之情形外，應斟酌其更正程序之進行程度，並徵詢兩造之意見後，指定適當之期日」之規定，惟並未對於上開司法實務中之問題提供清楚之解決方案。

二、智慧財產法院之見解

　　由智慧財產法院目前實務觀察，固然大多數法官似傾向就專利權人申請更正之內容自為判斷是否合法可採，依據個案情況，仍有不同之處理方式。甫於107 年 12 月 20 日作成之智慧財產法院 107 年度民專上字第 16 號民事判決，即認為若專利權人所申請且尚在智慧財產局繫屬中之更正內容對於其在侵權訴訟中之立場不利時，既屬當事人自己的選擇，法院即可逕依更正後之請求項為裁判。智慧財產法院之論理摘要如下：

　　㈠審理細則第 32 條稱「依准許更正後之請求範圍，不構成權利之侵害等，得即為本案審理裁判」，按其前後文義，應指適用「更正後」之專利權權利範圍

為審理。否則若適用更正前之公告範圍，可能會因為專利權範圍較大而使被告構成侵權，應非該條文規定之旨。

㈡專利權人起訴時，依處分權主義，本負有特定當事人、訴之聲明、訴訟標的及其原因事實之權利及義務，若原告在民事侵權訴訟中選擇以不利於己的更正後專利權範圍主張權利（因為更正後的範圍不侵權或無效，因此對專利權人不利），法院非不得依原告不利於己之主張為本案裁判。

㈢民事侵權訴訟中，專利權人向民事法院所提的專利更正抗辯，意在維護自己專利權在該民事訴訟中之有效性，究其性質，乃民事訴訟中攻擊防禦的「抗辯」，並未發生實質變動專利權範圍之效果（經智慧財產局公告之更正才有真正的對世效力），即使在民事訴訟中專利權人以某次已申請更正然尚未公告之更正內容主張權利，而經民事法院以該次更正內容為基礎作成專利無效或不侵權之判決，日後專利權人仍得再更正其專利權範圍使之有效，並於另案民事訴訟中提出此「有效專利權範圍」之更正抗辯，若該更正經智慧財產局核准公告，更會發生對世效力，因此，民事法院依專利權人所主張不利於己、未經公告之專利更正內容為審酌，既基於專利權人自己之選擇，且不影響專利權人日後權利之行使，與民事訴訟當事人辯論主義、處分權主義之精神並不相違。

三、討　論

智慧財產法院在上開判決中之論述係以當事人處分權主義為核心。專利權人若以請求項之更正作為回應侵權人有效性抗辯之防禦方法，宜妥適評估其更正方案是否能兼顧權利有效性以及侵權之主張。

行政訴訟——陳述意見

智慧財產局未通知專利權人答辯即依舉發人未主張之證據組合撤銷專利權

▪ 最高行政法院 105 年度判字第 610 號行政判決

簡秀如／吳詩儀

一、法律問題

　　專利舉發雖屬公眾審查制度，但一般情況下實具私權紛爭性質，應由舉發人就撤銷專利權之事由負舉證責任（專利法第 73 條第 1 項），在程序上亦參照民事訴訟法採處分權主義、爭點主義等原則。但專利法仍對舉發行政程序保留若干職權主義色彩，該法第 75 條規定：「專利專責機關於舉發審查時，在舉發聲明範圍內，得依職權審酌舉發人未提出之理由及證據，並應通知專利權人限期答辯；屆期未答辯者，逕予審查。」因此，智慧財產局於審理舉發案時，其採取職權調查甚至依職權主動探知舉發人未提出之理由及證據之時機及程度，究應如何拿捏，向為專利行政法上受爭議之問題。

二、 最高行政法院之見解

　　最高行政法院於 105 年 11 月 17 日作成之 105 年度判字第 610 號行政判決中，即對前述專利法第 75 條「依職權審酌舉發人未提出之理由及證據」規定之適用及法律效果，表示意見如後。

　　於此判決中，專利權人以智慧財產局及智慧財產法院引用之證據組合與參加人提起舉發時所用之證據組合不同，亦即原處分及原判決均增加「證據 5」與其他證據之組合，惟智慧財產局於舉發階段並未給予答辯之機會，故主張原處分應予撤銷。但專利權人此項主張遭最高行政法院判決駁回。

　　最高行政法院認為：舉發人於提起舉發時即已針對其他請求項提出證據 5，故證據 5 並非新證據，而對於已經提出之證據其組合運用方式之調整，乃攻擊防禦方法之變更，與新證據之提出仍有不同，依智慧財產案件審理法第 33 條第

1 項規定，法院對於當事人於言詞辯論終結前所提出之新證據尚且仍須斟酌，則對於非新證據之攻擊防禦方法之調整，依舉重明輕法理，自仍得予以審酌。

最高行政法院復指出：系爭之新證據組合之爭議於訴願階段已提出，亦已為智慧財產法院列為爭點，專利權人就此一證據組合亦已於訴訟程序為完足之辯論。此外，行政法院本應依職權調查事實關係，不受當事人主張之拘束；是以，行政機關作成處分時所持之理由縱非可採，但於訴訟程序中論述之其他理由可能被認為合法，且該理由於作成行政處分時即已存在，並未改變行政處分之性質，亦無妨礙當事人攻擊防禦之訴訟權，有助於法院客觀事實與法律之發現。因而駁回專利權人之上訴。

依據最高行政法院上揭判決可知，專利法第 75 條固要求智慧財產局如欲依職權以舉發人未提出之證據組合撤銷專利權，應踐行通知答辯義務，保障專利權人之陳述意見權；但只要相關證據已存在於舉發卷內，且於事後行政救濟程序中專利權人已有答辯機會，則即便智慧財產局確實漏未履行前開通知義務，此項行政程序之瑕疵仍不足以構成撤銷其行政處分之理由。

行政訴訟——證據調查

智慧財產局可否在舉發程序中就申請階段時已審查過之引證案作出不同認定？

- 智慧財產法院 102 年度行專訴字第 50 號行政判決
- 最高行政法院 103 年度判字第 242 號行政判決

簡秀如／陳初梅

一、法律問題

　　智慧財產局核准專利後，任何人若認為該專利不具新穎性或進步性，即可附具相關先前技術為引證案，向智慧財產局提起舉發，請求撤銷該專利。相較於某些國家規定，公眾請求無效審查之範圍，不得涵蓋專利主管機關在審查階段已經實質審查過之爭點，但我國卻無類似規定。因此，若舉發人所提出之引證案，為智慧財產局在專利核准前之審查階段即已引用並實質審查過者，智慧局能否在舉發程序中改變立場，基於同一引證案而認為其請求項不具進步性，進而撤銷專利權？向有爭議。由最高行政法院 103 年度判字第 242 號行政判決（判決日：103 年 5 月 15 日）及智慧財產法院 102 年度行專訴字第 50 號行政判決（判決日：102 年 10 月 9 日）所涉舉發案觀之，目前實務上似採肯定立場。

二、本件事實

　　本案之系爭專利係關於手工具之發明，智慧財產局在系爭專利申請階段，曾發出審查意見，認為引證案 A 可證明系爭專利全部請求項皆不具進步性，要求專利申請人申復或修正；專利申請人隨即針對各請求項與 A 之差異提出說明，並對請求項進行修正，智慧財產局經審查修正後之申請專利範圍後，作出「核准專利」之審定。其後，系爭專利遭第三人提出舉發，舉發人亦引用相同之引證案 A 主張某些請求項不具進步性。智慧財產局贊同舉發人之主張，認為引證案 A 實質上已完全揭露系爭請求項之結構與組成，足以證明系爭專利不具

進步性，並以引證案 A 合併系爭專利說明書所載先前技術之證據組合亦能證明系爭專利不具進步性為由，審定舉發成立，撤銷該等請求項之專利權。專利權人乃向智慧財產法院提出行政訴訟，訴稱智慧財產局於專利申請階段與舉發程序中就引證案 A 能否證明系爭專利不具進步性之認定結果相反，又未說明相反的理由，違反行政程序法之誠信原則及說明理由原則等語。

三、法院之認定

　　智慧財產法院於一審判決（102 年度行專訴字第 50 號行政判決）中，表明系爭專利相關請求項之技術內容均已實質為引證案 A 所揭露，形狀上之差異點又為技藝人士根據系爭專利說明書所載先前技術可直接理解，故維持智慧局之舉發成立審定。此項結論，在最高行政法院之二審判決（即 103 年度判字第 242 號行政判決）亦獲得支持。

　　值得一提者，智慧財產法院及最高行政法院在其判決中，對於智慧財產局引用「系爭專利說明書所載先前技術」與引證案 A 進行組合，均表示肯定。其理由係基於最高行政法院 101 年度判字第 774 號行政判決中有關「禁反言或誠實信用原則，於專利有效性之訴訟，亦有其適用」之意旨，認為既然專利權人於申請系爭專利的過程中，在系爭專利說明書上，載明某一專利或某一技術（引證案 B）作為先前技術，則在判斷系爭專利是否具備專利要件時，自得依專利權人在系爭專利說明書之主張，逕認該引證案 B 之技術為先前技術，無庸再為舉證，以禁止專利權人反覆，並保護舉發人或一般公眾基於信賴專利權人之主張而構建之相對利益。此等判決結果似乎表示，法院認為凡已列在專利說明書中之先前技術，均無待引證，而可與其他引證案組合而成為舉發證據。若是，此等見解勢將實質減輕舉發人之舉證責任；有鑑於此，專利申請人將來在撰寫說明書時，對於先前技術之揭露方式及揭露技巧，需為更審慎之評估。

於專利舉發之行政訴訟，法院應依職權調查證據，查明引證文件所未揭露者是否為該領域之通常知識

■智慧財產法院 103 年度行專訴字第 85 號行政判決

陳初梅

一、法律問題

　　實務上，經過智慧財產局審查核准專利權並經公告之專利，嗣後可經由「公眾審查」程序確認其可專利性。若公眾中之任何人認為經公告之專利權範圍係與先前技術實質相同（不具新穎性），或依據先前技術及專利申請當時之該技術領域之通常知識所能輕易完成者（不具進步性），可附具相關之先前技術證據向智慧財產局提起專利舉發程序。若專利於舉發程序中經智慧財產局撤銷其專利權，專利權人於向智慧財產局之主管機關經濟部提起訴願仍未能翻轉結果時，可向行政法院（現主要由智慧財產法院行政庭管轄）提起行政訴訟。

　　綜觀智慧財產法院關於舉發案件之審理，除重視先前技術文件（舉發證據）之揭露內容以外，亦格外重視兩份或以上之先前技術彼此間是否提供足夠之組合動機；又，在 104 年 3 月 31 日智慧財產法院作成之 103 年度行專訴字第 85 號行政判決 ❹ 中，**針對舉發證據所未明確揭露之系爭專利請求項特徵是否屬於專利申請日當時該技術領域之通常知識一節，法院基於職權，調閱舉發證據以外之兩篇先前技術文件，而認定該特徵僅屬通常知識**，最後判決維持智慧財產局所為之撤銷專利權處分。

二、本件事實及智慧財產法院之認定

　　該判決係判斷一件名為「矽耐板製造方法及其成品」之專利是否不具進步性。先前智慧財產局之舉發審定書認為：舉發人所提出之先前技術舉發證據 3、4、5 之組合足以證明系爭專利請求項 1 不具進步性。專利權人一再強調個別舉發證據於組合後亦無法充分得致系爭專利各個製程間之關聯性；智慧財產法院

---

❹　智慧財產法院 103 年度行專訴字第 85 號行政判決於 105 年 1 月 28 日為最高行政法院 105 年度判字第 41 號行政判決所維持。

則注意到舉發證據3、4、5之組合並未明示系爭專利請求項1界定之開棉、積棉輸送、捲取及成品包裝等4個步驟,但智慧財產法院認為這些步驟僅屬系爭專利申請時所屬紡織技術領域之通常知識,乃主動查閱中國大陸一件專利公開說明書及中華民國第I261636號專利說明書,依據此兩文件之揭露內容,法院認為系爭專利請求項1界定之開棉、積棉輸送等兩步驟僅為系爭專利申請當時所屬技術領域中之通常知識。至於系爭專利請求項1界定之捲取及包裝等步驟,因系爭專利說明書並未顯示該等步驟對照先前技術具有任何無法預期之功效,原告亦未提供任何足以支持系爭專利具進步性之輔助性證明資料,因此,法院不認為多出捲取、包裝之步驟能影響系爭專利不具進步性之結論。

　　專利權人雖然主張法院僅能以舉發人提出之證據作為判斷之基礎,但法院則引行政訴訟法第125條第1項與第133條、智慧財產案件審理法第34條第1項準用第8條,強調行政法院在撤銷訴訟中依法應依職權調查證據,且程序上法院就已知之特殊專業知識已經給予當事人有辯論之機會,故得採為裁判之基礎。

三、討　論

　　在過去,專利舉發案之審查範圍原則上限於舉發人所提出之證據與要求審查之範圍內,智慧財產局不會以舉發人所未提出之證據與主張要求專利權人答辯,在經濟部的訴願程序中,經濟部更不會審查舉發程序中兩造所未提出之任何證據與主張。但在102年版的《專利審查基準》公布後,增加智慧財產局可以依據職權提出舉發人所未提出之舉發爭點及/或證據(但有某些限制條件)要求專利權人答辯。但經濟部訴願程序與之後之行政訴訟程序,原則上仍必須以在智慧局已經進行之舉發程序內容為審查之範圍(至於智慧財產案件審理法第33條規定「關於撤銷、廢止商標註冊或撤銷專利權之行政訴訟中,當事人於言詞辯論終結前,就同一撤銷或廢止理由提出之新證據,智慧財產法院仍應審酌之」,乃屬特別規定,且須慮及專利權人之請求項更正權益)。本件行政訴訟案,針對智慧財產局所未調查清楚之「系爭專利申請日當時該技術領域之通常知識是否包含舉發證據所未明確揭露之製造步驟」,法院並非不能於判決書中一方面表明自身之專業意見,但另一方面則將決定將案件發回智慧財產局要求補

充調查此部分之證據與事實，並根據調查之結果作出是否撤銷專利之行政決定；然而，智慧財產法院行政庭的此件判決顯然採取較強的職權介入調查，並積極地就實質問題作出判斷。日後智慧財產法院是否會持續採此種積極職權介入之方式，值得觀察。

又，發明不具進步性係基於「同領域技藝人士之通常知識」並參酌先前技術文件後能輕易完成該發明技術所為之判斷，其中之「同領域技藝人士之通常知識」包括何者？其證明程度是否僅須證明到專利申請日前有其他先前技術文件揭露舉發證據所未揭露之內容為已足，或是必須證明到具有此一通常知識者必有能力組合舉發證據並且輕易完成該發明始為足夠，亦有待探討。

行政法院得依職權探知舉發人未提出之輔助證據

▪ 最高行政法院 105 年度判字第 41 號行政判決

簡秀如／吳詩儀

一、專利有效性爭議中，實務向來採當事人主義，由當事人負舉證責任

我國行政訴訟與民事訴訟就訴訟標的之範圍以及訴訟程序之啟動與撤回，均係採取處分權主義，惟針對法院之審理方式，民事訴訟與行政訴訟則有不同，民事訴訟採取辯論主義，為判決基礎之訴訟資料均應以當事人所聲明及所主張者為限，然行政訴訟依行政訴訟法第 125 條第 1 項及第 133 條之規定，主要係採取職權調查主義，縱使當事人未提出之資料，法院仍得依職權取得，不受當事人之拘束。

但專利有效性爭議程序之行政訴訟，學說及實務上多認為因其性質偏向私人間紛爭，較無公益色彩，故應採取當事人主義，由當事人對其主張負舉證責任；歷來專利法均規定舉發人應提出舉發理由及證據（現行專利法第 73 條第 1 項、第 4 項等規定參照）。最高行政法院 88 年度判字第 3748 號行政判決即揭示「專利異議案件審查係當事人進行主義，其舉證責任在當事人」；90 年度判字第 952 號行政判決亦明揭「專利舉發案係採當事人進行主義，被告之審理即以舉發當事人所提之理由及證據作為審查之依據」；而行政法院僅能「在已知之事實、當事人之聲請或主張及卷內已有資料內」，「依職權調查」事實及證據，最高行政法院 102 年度判字第 385 號行政判決闡述甚詳。

依前述司法實務見解，專利有效性爭議（現行法僅有舉發程序）之行政訴訟中，應由當事人提出證據，行政法院充其量只能在當事人主張之範圍內依職權調查，而不得對當事人未聲請、未主張且法院尚未知之事實及證據進行職權探知，然而，最高行政法院在 105 年 1 月 28 日 105 年度判字第 41 號行政判決中，似對於先前之見解有所修正。

二、最高行政法院 105 年度判字第 41 號行政判決：肯認行政法院得就與舉發證據相關連之輔助證據進行職權探知

㈠原審：智慧財產法院 103 年度行專訴字第 85 號行政判決

　　該個案中，系爭專利為一種矽耐板製造方法，包含：原料、開棉、梳棉、積棉輸送、軋針、捲取、上膠、壓縮成形、裁剪及成品包裝等 10 個製造步驟，然而引證案僅揭露系爭專利所界定之原料、梳棉、軋針、上膠、壓縮成形及裁剪等 6 個製造步驟，剩餘 4 種步驟並未有相關記載。原審智慧財產法院乃職權探知相關連性之先前技術，並以 2 份當事人所未提出之輔助證據，認定前述未經引證案所開示之 4 個製造步驟，係屬所屬領域具通常知識者於申請時所明確知悉之通常知識，進而認定系爭專利欠缺進步性。

㈡上訴審：最高行政法院 105 年度判字第 41 號行政判決

　　此一案件經專利權人上訴至最高行政法院，最高行政法院亦肯認原審法院以紡織技術領域之專業知識之角度，在同一舉發證據之範圍內，依職權調查證據，並依智慧財產案件審理法第 34 條準用同法第 8 條之規定，事前公開心證令當事人辯論，於法並無不合。其判決之理由為：「於專利舉發事件，基於處分權主義，行政法院固應僅就舉發人所主張之舉發理由及其所提之舉發證據加以審查，以判斷系爭專利應否撤銷。然此並非謂法院審理時，除了舉發證據之外，不能再就基於同一基礎事實之關連性輔助證據加以調查。蓋專利行政訴訟寓有促進產業發展之公益目的，專利權應否撤銷非限於私利之考量；而輔助證據係用以補充證明原有舉發證據之證據能力或證明力之用；倘舉發證據之可信度尚有不足，致法院無法獲得明確之心證時，基於公益之考量，法院非不得依職權調查與舉發證據相關連之輔助證據，以期發現真實。」

三、討　論

　　由上述見解可知，司法實務似已擴張專利舉發行政訴訟調查之範圍，對於本於同一基礎事實之關連性輔助證據，縱使當事人未為提出，行政法院仍可進行職權探知，以判斷是否為所屬領域具通常知識者於申請時所明確知悉之通常

知識；惟該探知之證物需事前公開心證令當事人辯論，始得為裁判之基礎。然而，倘若此見解廣泛為審理專利舉發之行政法院所採行，似與舉發案本屬私人紛爭之特性不符；法院主動介入尋找足使系爭專利無效之新證據並以「通常知識」為名而迴避專利法所定舉發人應提出舉發證據之原則，可能影響舉發人與專利權人間之武器平等，亦使行政機關失去其「第一次處分權」之權能，是否妥適，似有疑問。

判斷專利有效性時，先前技術引證文件之文字未揭露之特徵可否以其圖式內容為據？

▪智慧財產法院 102 年度民專上字第 43 號民事判決
▪智慧財產法院 102 年度行專訴字第 48 號行政判決

陳初梅

一、法律問題

　　在專利侵權訴訟中被告主張專利有應撤銷原因時，或是在專利舉發案件後續之行政訴訟中，智慧財產法院均必須對專利有效性進行判斷。當引證文件之文字敘述並未明確揭露系爭專利某技術特徵時，應如何處理，依據專利審查基準規定，此時僅於該引證文件圖式之揭露為「明確」時，始得認為該引證文件有揭露技術特徵。法院在兩件有關於其中一造當事人（專利權人）爭執對造逕以引證文件圖式推斷其揭露系爭專利技術特徵的案件中，仍然引用引證文件之圖式所揭露內容，以彌補文字揭露之不足，並據以認定兩件專利分別不具新穎性及進步性。

二、智慧財產法院 102 年度民專上字第 43 號民事判決

　　智慧財產法院 102 年度民專上字第 43 號民事判決❺⓿中，爭執點之一在於，系爭專利主要特徵為牙間刷的一金屬線纏繞的固持部的一部分做成膨大狀，以利於在插入握柄後不易鬆脫，而引證文件的文字敘述雖提及要將固持部的形狀作成螺旋狀構造，然未提及將固持部的一部分做成膨大狀，是否可一併利用該引證文件之圖式推斷出具有與系爭專利相同之技術特徵。法院對此認為，雖然該份引證文件未明確揭示金屬纏繞區域之外緣寬度與金屬線之尺寸關係，但內文已揭露牙間刷之金屬線纏繞區域採用「不規則」之螺旋纏繞方式，「形狀不需要特定」，同樣地達到與握柄結合後不易脫落之效用，況且，其圖式已揭露：受到刷桿之線材纏繞夾置，而使該等刷毛橫向凸出於刷桿外之技術特徵，故所屬

---

❺⓿　智慧財產法院 102 年度民專上字第 43 號民事判決於 103 年 12 月 31 日為最高法院 103 年度台上字第 2717 號民事判決所維持。

技術領域中具有通常知識者基於該等揭露內容，即可「直接無歧異」得知申請專利範圍之技術特徵，而作成系爭專利不具新穎性之結論。

三、智慧財產法院 102 年度行專訴字第 48 號行政判決

智慧財產法院 102 年度行專訴字第 48 號行政判決中，由於主要引證文件之文字敘述完全未提及「軸柱」之具體形狀如其上之栓槽的形狀及有一「凸緣」等關於系爭專利之特徵，兩造即對於其圖式之揭露是否達到《專利審查基準》規定之「明確」程度，而得以認定為「引證文件有揭露之部分」，有所爭議。對此，雖法院同意兩造要求，傳喚證人就該份引證文件之圖式揭露表示意見，且在判決中引用前述審查基準之規定，惟最後法院仍未對圖式應揭露至何程度始屬於「明確」而可援為引證依據，提出具體之判斷標準，而逕以「該圖式已揭露直徑變化之階梯狀中空軸柱」、「熟悉技藝人士根據該圖即能了解」等，作為採用該圖式揭露系爭專利若干特徵之理由，認定系爭專利無進步性。

四、討　論

作為先前技術之圖式，應依據系爭專利「申請日」或「優先權日」當時之技術水準來解讀其內容；在先前技術之文字內容並未明確揭露系爭專利之主要特徵，而舉發該專利時或法院審理專利民事侵權訴訟時，可能已是該專利申請了多年之後，智慧財產局與法院如何尋得一正確的判斷流程與標準以正確解讀這些圖式在當時所顯示的意義，其動向仍有待觀察。

專利舉發行政訴訟中舉發人提出新證據之限制

▪最高行政法院 100 年度判字第 2247 號行政判決
▪智慧財產法院 105 年度行專訴字第 97 號行政判決
▪最高行政法院 107 年度判字第 391 號行政判決

簡秀如／吳詩儀／李昆晃

一、法律問題

　　由於專利法原則上並未限制舉發提出之次數及時點，為避免反覆爭執同一商標或專利權之有效性並循環發生舉發及行政爭訟，智慧財產案件審理法（下稱「審理法」）第 33 條第 1 項乃規定「當事人於撤銷專利權之行政訴訟中，在言詞辯論終結前就同一撤銷理由提出之新證據，智慧財產法院仍應審酌之」[51]，以促成紛爭一次解決。

二、審理法第 33 條第 1 項之「當事人」究所何指？

(一)最高行政法院 100 年度判字第 2247 號行政判決：限於「舉發人為原告」之情形

　　最高行政法院早在 100 年 12 月 22 日即作成 100 年度判字第 2247 號行政判決，就上開問題採取限縮解釋的立場，認為得於行政訴訟中就同一撤銷或廢止理由提出新證據者，僅限於「舉發人為原告」之情形。其理由係以審理法第 33 條第 2 項規定專利專責機關應就他造所提之新證據提出答辯書狀，認為審理法第 33 條第 1 項所規定之情形應指**「專利專責機關審定舉發不成立、舉發人提起行政訴訟」**之情形，故該法條所稱之當事人於專利舉發案應限縮解釋於舉發人為原告之情形。

　　至於**「舉發成立、由專利權人作為原告提起撤銷訴訟」**[52]之情形，其並無

---

[51] 智慧財產案件審理法第 33 條：「關於撤銷、廢止商標註冊或撤銷專利權之行政訴訟中，當事人於言詞辯論終結前，就同一撤銷或廢止理由提出之新證據，智慧財產法院仍應審酌之（第 1 項）。智慧財產專責機關就前項新證據應提出答辯書狀，表明他造關於該證據之主張有無理由（第 2 項）。」

審理法第 33 條第 1 項立法理由所關心之舉發人仍得以新證據再為舉發之問題。且此時因舉發人作為專利專責機關即被告方面之訴訟參加人，二者並非「他造」之關係，亦不符同條第 2 項所指專利專責機關應就「他造」之新證據答辯之規定。此外，智慧財產法院於此撤銷訴訟司法審查目的在於審究該撤銷專利權之審定是否合法。若此際作為被告之專利專責機關或作為參加人之舉發人均得主張其屬審理法第 33 條第 1 項之當事人，而提出關於撤銷專利權之新證據由智慧財產法院加以審酌，則爭訟之事實基礎已然變動，顯然已脫離原有撤銷訴訟關於原處分合法性審查範圍，與行政撤銷訴訟之本旨不符，自非上述法條立法理由所擬規範之情形。

㈡智慧財產法院 105 年度行專訴字第 97 號行政判決：放寬當事人之範圍，「舉發人為參加人」時亦得提出新證據

然而，智慧財產法院之審判實務，似對「當事人」之範圍有放寬之趨勢。例如，於 106 年 8 月 10 日作成之 105 年度行專訴字第 97 號行政判決中，即認為審理法第 33 條第 1 項之條文並無「僅有舉發人為原告」之情況始得適用之限制，且在舉發成立而由專利權人提起行政訴訟程序之場合，舉發人在行政訴訟中之地位雖為參加人，然若法院審理後認原有之舉發證據不足以證明專利權應予撤銷，此時若不許舉發人補提新證據，勢必會發生舉發人就同一專利權再為舉發而衍生另一行政爭訟程序之問題。智慧財產法院因而認為上開審理法第 33 條第 1 項所稱之「當事人」，並未排除舉發人為參加人之情況。

㈢最高行政法院 107 年度判字第 391 號行政判決：仍維持限於「舉發人為原告」

前述智慧財產法院 105 年度行專訴字第 97 號行政判決經上訴後，最高行政法院於 107 年 7 月 12 日作成 107 年度判字第 391 號行政判決，仍維持前述 100 年度判字第 2247 號行政判決之立場。

首先，最高行政法院認為，審理法第 33 條之設計並無法達成專利權有效性

---

❺❷ 於專利舉發案經專利專責機關為舉發成立而撤銷專利權之情形，專利權人若不服該撤銷專利權之審定，經訴願程序後，專利權人作為原告係提起撤銷訴訟。

紛爭一次性解決之目的，蓋審理法第 33 條第 1 項明文限於「同一撤銷理由」始得提出新證據，雖可解決同一舉發人就同一撤銷事由提出不同證據進行舉發之問題，惟無法避免同一舉發人以不同撤銷事由重行舉發，或不同舉發人就同一撤銷事由以不同證據提起舉發所生之循環行政爭訟。其次，於智慧財產局審定舉發成立、專利權人循序提起行政訴訟之情形，因舉發成立撤銷專利權之處分仍具有實質存續力，智慧財產局尚無從受理專利權人之更正申請，若允舉發人再提出新證據，專利權人於訴訟程序上之攻防地位即非平等。

最高行政法院更考量實務上專利舉發案件之審查期間為 15 個月，而智慧財產行政訴訟平均終結日數則為 180 日至 230 日，認為專利權人於行政訴訟中為因應舉發人所提出之新證據而決定是否申請更正之時間，顯然較舉發審查階段急迫，為衡平專利權人及舉發人之程序及實質權益，最高行政法院因而再度確認審理法第 33 條第 1 項規定應採限縮解釋，亦即得在專利舉發行政訴訟中就同一撤銷理由提出新證據之「當事人」，應指「舉發人為原告」之情形。

三、討　論

實則，依最高行政法院 104 年度 4 月份第 1 次庭長法官聯席會議㈡決議❺❸

❺❸　最高行政法院 104 年度 4 月份第 1 次庭長法官聯席會議㈡決議：「依智慧財產案件審理法（下稱審理法）第 33 條第 1 項規定，當事人於行政訴訟程序中得提出新證據。為兼顧（發明或新型）專利權人因新證據之提出未能及時於舉發階段向經濟部智慧財產局（下稱智慧局）提出更正之申請，專利權人於專利舉發行政訴訟程序中自得向智慧局提出更正之申請。而依目前現制，因專利舉發不成立而提起之行政訴訟程序，智慧局均列為被告，專利權人則為參加人，不論當事人於行政訴訟程序中是否提出新證據，智慧局及專利權人就舉發證據均應為必要之攻擊防禦。於有新證據提出之場合，依審理法第 33 條第 2 項規定，智慧局亦應就新證據之主張有無理由提出答辯狀，同理，專利權人就新證據之主張有無理由，亦應為必要之答辯，是以，就新證據之攻擊防禦而言，應無突襲之虞。故不論係基於原舉發證據或新證據或新證據與原舉發證據之組合，於行政訴訟程序中倘經法院適當曉諭爭點，並經當事人充分辯論，而專利權人自行判斷後，復未向法院表明已向智慧局提出更正之申請時，依行政訴訟法第 200 條第 3 款及民國 100 年 12 月 21 日修正公布，102 年 1 月 1 日施行前之專利法第 67 條第 1 項第 1 款或第 107 條第 1 項第 1 款規定，法院審理之結果不論專利全部請求項或部分請求項舉發成立者，均得就全案撤銷舉發不成立之原

及最高行政法院 106 年度判字第 442 號等判決意旨，於有新證據提出之情況，智慧財產法院應確認專利權人是否 「已向智慧局提出更正之申請」，且程序上「該新證據應經當事人充分辯論」並「經法院適當曉諭爭點」，法院始得依據審理法第 33 條第 1 項規定，以新證據變更原處分之審定。

準此，倘於**專利權人就「舉發成立」之審定不服所提起之行政爭訟**中（即專利權人為原告之情形），允許舉發人提出新證據或新證據組合，則專利權人已受「舉發成立」之審定，依目前智慧財產局實務，其已無從再就舉發人嗣後提出之新證據而採取「更正請求項」之防禦方法；若智慧財產法院審理後認為專利權人起訴雖有理由，但舉發人之新證據仍足以證明系爭專利不具專利要件時，在專利權人無法因應更正其請求項之情況下，是否適宜僅因紛爭一次解決及舉發人舉證權益之考量即審酌參加人提出之新證據，導致專利權人之程序及實質利益無法獲得平衡兼顧，仍有再予斟酌之必要❺。

處分及訴願決定，命智慧局為舉發成立、撤銷專利權之處分。」

❺ 智慧財產法院 105 年度行專訴字第 97 號行政判決雖於認「舉發人為參加人亦得提出新證據」之同時，亦認「若法院審理結果認原處分所審酌之證據不足以證明專利權應撤銷，而新證據得證明專利權應予撤銷時，因專利權人已不得提出更正之申請，對專利權人顯有不利益可言，故此時法院不得以『判決理由雖有不同，但駁回結果並無二致』為由維持原處分及訴願決定，而應將原處分及訴願決定撤銷而為原告勝訴之判決，智慧局重為審查此舉發案時，專利權人自得提出更正申請（此時舉發案已回到未有舉發成立處分之狀態，專利權人自得提出更正申請），如此始為公允」等語，但此種作法是否符合程序經濟，對專利權人之更正權益是否果能兼顧，不無疑問。

專利舉發行政訴訟中是否容許基於同一證據擴大主張舉發事由？

- 智慧財產法院 105 年度行專訴字第 60 號行政判決
- 最高行政法院 107 年度判字第 36 號行政判決

簡秀如／吳詩儀

一、法律問題

　　依現行專利法第 73 條第 4 項規定，舉發理由及證據均應於舉發審定前提出[55]。因此，舉發人原則上不得於訴願階段或行政訴訟階段補充「舉發證據」或「舉發事由」。然而，前述規定容易造成行政訴訟判決確定後，舉發人仍得以行政訴訟中未能提出之新證據，就同一專利權，再為舉發，因而衍生另一行政爭訟程序。為了避免循環發生行政爭訟，智慧財產案件審理法（下稱「審理法」）第 33 條第 1 項規定，只要在言詞辯論終結前，就同一撤銷理由提出之新證據，智慧財產法院仍應審酌之。惟此一條文僅放寬「舉發證據」提出時點之限制，而因新證據之提出仍須基於同一撤銷理由，「舉發理由」提出時點之限制並未放寬。

二、智慧財產法院之見解

　　前述規定自 97 年審理法施行以來已運作多年，適用上殆無疑義。惟智慧財產法院於 106 年 4 月 20 日作成之 105 年度行專訴字第 60 號行政判決中，對於舉發人在舉發階段已提出證據 A 及 B 之組合主張系爭專利不具「進步性」，至行政訴訟中則追加以證據 A 證明系爭專利不具「新穎性」之情形，則採放寬解釋，認為智慧財產局於審查階段，已就證據 A 的整體技術內容加以審查，並未造成專利權人之突襲或延滯訴訟，且在探究是否缺乏進步性之前，本即可就新穎性為審查，此一情形屬有效性與否之「轉降」，復因舉發人未提出新證據，無須考量證據間的交互相乘作用，而可限縮審理範圍，因而同意舉發人基於證據

---

[55]　專利法第 73 條第 4 項：「舉發人補提理由或證據，應於舉發後三個月內為之，逾期提出者，不予審酌。」

A 追加「新穎性」之主張。

智慧財產法院上述見解放寬舉發行政訴訟中追加爭點之可能性，若考慮證據同一性以及新穎性與進步性於審查上之階層關係，對於「紛爭一次解決」之訴訟制度目的之追求，固有其意義。惟該案上訴後，上述見解並未獲最高行政法院之認同，於 107 年 1 月 18 日作成之 107 年度判字第 36 號行政判決中表明：新穎性及進步性仍分別為不同專利要件，專利法亦為不同之規定，兩者屬不同之舉發理由，依據審理法第 33 條第 1 項之規定，新穎性之主張不應准許。

因此，在審理法第 33 條第 1 項之明確規定下，舉發人為避免類似之程序爭議，應謹慎評估舉發事由，以避免逾時提出之法律風險。

「失權效」於專利舉發行政訴訟中之適用

▪智慧財產法院 105 年度行專更㈠字第 4 號行政判決

簡秀如／吳俐瑩

一、法律問題

　　現行舉發行政訴訟制度允許舉發人在行政訴訟中就同一撤銷理由提出新證據，以促進紛爭一次解決，避免循環舉發。關於提出新證據之時限，智慧財產案件審理法係規定「言詞辯論終結前」，惟目前智慧財產法院就行政訴訟一般均先由受命法官行一至數次之準備程序，再由合議庭行最後的言詞辯論程序之後宣判，則舉發人是否得一再提交新證據直至言詞辯論期日？對此，智慧財產案件審理細則第 40 條第 1 項但書規定：「但當事人意圖延滯訴訟，或因重大過失，未依訴訟進行程度，於言詞辯論終結前之適當時期提出新證據，而有礙訴訟之終結者，法院得依行政訴訟法第 132 條準用民事訴訟法第 196 條第 2 項規定駁回之。」上開「駁回」之效果，即所謂之「失權效」。則何謂「言詞辯論終結前之適當時期」？法條文字並無規定。

二、何謂「言詞辯論終結前之適當時期」？

㈠向來實務見解：準備程序終結前

　　觀察智慧財產法院及最高行政法院歷來判決可知，原則上應指「準備程序終結前」，故若於準備程序終結後，即便以同一撤銷理由提出新證據，通常會被法院認為非於適當時期提出而拒絕審理。

㈡個案：第二次準備程序期日前 5 天已屬遲延

　　儘管如此，實務上卻有更嚴格限制提出新證據適當時期之案例，智慧財產法院 107 年 5 月 31 日作成之 105 年度行專更㈠字第 4 號行政判決即認為，舉發人於「第二次準備程序期日前 5 天」提出新證據組合已屬遲延，法院因此未予審酌，理由如下：

1.一審、二審程序均未提出

　　該案件中之舉發人於舉發階段即已知悉新證據組合之存在，卻未曾於行政訴訟之一審、二審階段提出，尤其最高行政法院將智慧財產法院之判決發回時於理由中指明「雖依證據5、6可以證明請求項1不具進步性。但原處分迄至原判決均未將證據5、6組合以證明請求項3是否具進步性，本院無從加以審查」，更審法院因此認為舉發人至遲於收受最高行政法院發回判決時，即已明確知悉證據5、6之組合可用以攻擊請求項3中關於請求項1所有技術特徵之進步性。

2.更審程序之審查庭、多次書狀先行程序及第一次準備程序期日均未提出

　　然舉發人於更審程序中之審查庭、多次書狀先行程序及第一次準備程序期日均未表明追加證據3、5、6之組合，舉發人迄至受命法官指定第二次準備程序期日後，才在第二次準備程序期日前5日追加證據3、5、6之組合用以攻擊請求項3之進步性，斯時距離更審審查庭第一次通知當事人限期提出補充理由狀已1年多。

　　更審法院最終認為舉發人就該新證據組合與主張之提出應受失權制裁❺❻。據此，智慧財產法院原則上以「準備程序終結」作為認定是否為「言詞辯論終結前之適當時期」之準繩，然於個案上，若有能提出卻未及時提出之情事，法院甚至會更嚴格認定提出新證據之適當時期，並拒絕審理新證據。

---

❺❻ 智慧財產法院105年度行專更㈠字第4號行政判決：「『相當充分的準備對應時間』，不應只就舉發證據之本身是否容易理解、分析加以考慮，還應該一併考慮提出新舉發證據之一造，到底有何正當理由遲延提出，以及雙方對於新舉發證據之研究時間是否對等公平。畢竟任何新的舉發證據提出，都需要準備回應的時間，準備的時間越長，越能夠有充分的分析與必要的辨正，甚至可以經由沉澱、反芻而有更為新興的攻防角度提出，所以不應該容任訴訟的一造可以選擇安排新舉發證據提出的時間，享受長時間準備的利益，卻要對造與專利專責機關，只能因此在有限的準備時間加以回應……如果無視於原告（即專利權人）與參加人（即舉發人）對此新證據組合在準備時間上的嚴重落差，只因原告已經可以提出實體攻防，就強認為無礙原告攻防及訴訟終結，而將此新證據組合納入實體判斷範圍，這明顯是忽略原告應受保障的程序公平權益，卻一味追求實體至上的單向片面思維。我們認為這樣的思維模式，應該予以揚棄。」

# 新型技術報告

舉發結果與新型技術報告結論不同時，法院是否需調查技術報告？

■最高行政法院 105 年度判字第 618 號行政判決

簡秀如／吳詩儀

一、法律問題

　　新型專利之申請，不需進行前案檢索及實體審查，僅需通過形式審查即可核准專利，因此，相較於經實體審查核准之發明及設計專利，新型專利之權利安定性應較為不足。專利法乃設計有「新型專利技術報告」制度，當新型專利公告後，任何人均得向專利專責機關申請技術報告；專利專責機關應就該專利是否有不具新穎性、進步性等專利要件之情事，作成技術報告（專利法第 115 條）。此外，為防止新型專利權人權利濫用，專利法復規定：當行使新型專利權時，如未提示新型專利技術報告，不得進行警告；若新型專利權日後遭撤銷，除其權利行使係基於新型專利技術報告之內容，且已盡相當之注意者外，專利權人應就其撤銷前，因行使專利權所致他人之損害負賠償責任（專利法第 116 條、第 117 條）。

　　然若智慧財產局先前作成之新型專利技術報告，其結論為該新型專利並無不具專利要件等應不予專利情事，對專利權人有利，但嗣後該局又在舉發程序中作成舉發成立、應撤銷專利之審定，則於行政訴訟階段，智慧財產法院是否需調查該新型專利技術報告並審酌其與舉發審定之差異，否則即構成判決不備理由之違法？

二、最高行政法院之見解

　　最高行政法院於 105 年 11 月 24 日作成 105 年度判字第 618 號行政判決，否定專利權人前述就智慧財產法院有判決不備理由之主張，其認為，專利有效性之判斷，本即為智慧財產法院依法得審度並為終局認定之事項，倘法院認為

依據當事人所提證據資料，已足以判斷系爭專利之有效性爭議，縱使其認定結果與原處分機關或訴願機關不同，亦不能因此認為判決違背法令，此為行政爭訟事件制度設計之當然解釋。因此，智慧財產法院如已詳述其認為系爭專利不具進步性之比對過程及判斷理由，足以說明其判決顯然不採新型專利技術報告認定結果，縱使未明文表示新型專利技術報告不可採，或未就該技術報告諭知兩造為辯論，仍不構成判決違背法令或不備理由。

 **專利權期間**

智慧財產法院對於專利權延長之期間計算與智慧財產局似採不同立場

🔖智慧財產法院 102 年度民專訴字第 43 號民事判決

🔖智慧財產法院 102 年度民專訴字第 42 號民事判決

沈宗原

一、法律問題

　　專利制度旨在鼓勵、保護、利用發明，以促進產業發展。然而，對於醫藥品、農藥品或其製造方法而言，依各該中央目的事業主管機關相關法令之規定，為保障安全性及有效性，須先取得許可證始得實施其專利權，故自獲准專利時起至實際上市販售時止，常需相當期間。為補償專利權人須依法取得上市許可而無法實施發明之期間，台灣專利法於 83 年即引入專利權期間延長制度，然而，就如何認定前述「依法取得上市許可而無法實施發明之期間」，智慧財產法院於 104 年 11 月 18 日作成之 102 年度民專訴字第 43 號民事判決❺❼及 104 年 12 月 31 日作成之 102 年度民專訴字第 42 號民事判決❺❽有清楚之闡述。

二、本件事實

　　於該案件中，原告為某醫藥品之專利權人，起訴主張一學名藥廠及其通路商等侵害其專利（下稱「系爭專利」），請求排除侵害及損害賠償。被告等除提出系爭專利無效及不侵權之抗辯外，並就智慧財產局 92 年 6 月 26 日核准系爭專利期間延長之行政處分，主張該處分違反當時專利法規定，故系爭專利應已屆滿失效，原告主張應予駁回。

---

❺❼　智慧財產法院 102 年度民專訴字第 43 號民事判決於 105 年 12 月 29 日為同法院 104 年度民專上字第 43 號民事判決所廢棄。

❺❽　智慧財產法院 102 年度民專訴字第 42 號民事判決於 107 年 5 月 17 日為同法院 105 年度民專上字第 13 號民事判決所廢棄。

　　依據智慧財產局之行政處分，得納入計算系爭專利延長之期間，包括㈠國內臨床試驗期間，㈡國內申請查驗登記審查期間，㈢生產國（澳洲）臨床試驗期間，及㈣生產國（澳洲）查驗登記期間。

三、智慧財產法院之認定

　　就㈠「國內臨床試驗期間之計算」：原告及智慧財產局認為應自「原告向衛生主管機關提出臨床試驗計畫之日」作為起算日，計算至「衛生主管機關同意核備臨床試驗報告之核准函日」。法院經審理後，認為參酌當時有效之《專利權期間延長核定辦法》、《專利權期間延長審查基準》等規定，國內臨床試驗期間應解釋為「臨床試驗實際開始日」至衛生主管機關同意核備臨床試驗報告之核准函日止，並不包括事前向主管機關申請同意進行國內臨床試驗之行政程序期間，因此，智慧財產局當時所認定之「國內臨床試驗期間」應予減縮。

　　就㈡「國內申請查驗登記審查期間之計算」：兩造則均同意應以「向衛生主管機關申請查驗登記之日」起計算至「實際領取藥證之日期」止。

　　就㈢「生產國（澳洲）臨床試驗期間之計算」：原告主張應自「提出臨床試驗計畫之日」作為起算日，計算至「主管機關同意核備臨床試驗報告之日」。然而，法院認為核准延長為例外規定，因此需採取嚴格解釋，故依當時有效之《專利權期間延長核定辦法》，應解釋為自臨床試驗實際開始日至臨床試驗實際完成日止，至於事前向主管機關申請同意進行臨床試驗之期間，以及事後向主管機關申請報備之期間，均不應納入，法院乃因此認定智慧財產局所判斷之「生產國（澳洲）臨床試驗期間」應予減縮。同時，系爭專利藥品於外國從事之臨床試驗期間雖有 2 段，然而，以外國臨床試驗期間申請延長專利權者，應以「其生產國核准上市所認可之臨床試驗期間」為限，而原告第 2 段之臨床試驗係於取得澳洲上市許可後始進行之實驗，不符前開要件，而認為不應准許。

　　就㈣「生產國（澳洲）查驗登記期間之計算」：法院認為當時有效之《專利權期間延長核定辦法》並未包括「外國申請查驗登記審查期間」，故此部分不應准許。

　　基此，法院認為僅應准許「減縮後之國內臨床試驗期間」、「國內申請查驗登記審查期間」及「減縮後之生產國（澳洲）臨床試驗期間」，並扣除其中重疊

部分之期間後，計算系爭專利權延長之期間，其計算之結果，系爭專利應於
103 年 5 月 13 日屆滿，故駁回原告聲請排除侵害之請求。

　　綜上，智慧財產法院上述有關「外國臨床試驗期間之計算」見解，係採取
較為嚴格之解釋，此等解釋方式雖與現行有效之專利權期間延長審查基準之規
定相符，然卻與智慧財產局核准系爭專利期間延長當時之慣行實務並不完全相
符。

優先權電子交換──台日優先權證明文件之電子交換仍受紙本期間之限制

■最高行政法院 106 年度判字第 182 號行政判決

簡秀如／吳詩儀

一、法律問題

　　專利申請人就相同發明如已向 WTO 會員或與我國相互承認優先權之國家第 1 次依法申請專利，並於其國外第 1 次申請專利之日起 12 個月內（設計專利為 6 個月內），以該外國申請之專利申請案為基礎向我國申請專利，即可主張國際優先權，以該外國專利申請案之申請日（優先權日）作為判斷該申請案是否符合專利要件之基準日。而專利申請人於主張國際優先權時，應於最早之優先權日後 16 個月內（設計專利為 10 個月內），檢送外國或 WTO 會員政府受理該申請案之證明文件正本（專利法第 29 條參照）。

　　過去優先權證明文件均限於紙本文件，但智慧財產局為因應電子通訊科技之發展，同時免除重複製作紙本之時間與成本，並簡化申請人跨國申請程序、節省郵遞紙本支出等目的，乃依據 102 年 11 月 5 日簽署之「優先權證明文件電子交換合作瞭解備忘錄」，與日本特許廳定於 102 年 12 月 2 日開始進行優先權證明文件電子交換；另依據 104 年 6 月 15 日簽署之「有關工業財產資料交換及優先權文件電子交換備忘錄」，與韓國智慧財產局定於 105 年 1 月 1 日開始進行專利優先權證明文件電子交換。專利申請人以在日本、韓國提出之發明專利及新型專利申請案作為優先權主張之基礎案，並向台灣智慧財產局申請發明專利、新型專利時，無需再向智慧財產局提送紙本優先權證明文件，而可透過日本特許廳或韓國智慧財產局核發之「存取碼」進行電子文件之交換（專利法施行細則第 26 條第 1 項、《台日優先權證明文件電子交換作業要點》及《台韓專利優先權證明文件電子交換作業要點》設有相關規範）。

　　然而，以電子形式交換優先權證明文件，是否仍受有專利法第 29 條第 3 項期限之限制（應於最早之優先權日後 16 個月內提出）？最高行政法院 106 年 4 月 13 日作成之 106 年度判字第 182 號行政判決採取肯定見解。

二、本件事實

該案中之專利申請人於 103 年 9 月 2 日向智慧財產局申請發明專利，並以其在 102 年 9 月 3 日於日本申請之專利主張優先權，惟未檢附優先權證明文件正本，亦未記載優先權證明文件電子交換存取碼，智慧財產局函請該申請人於 104 年 1 月 3 日前補送優先權證明文件正本或存取碼，惟上訴人遲至 104 年 1 月 9 日始將存取碼寄送智慧財產局，智慧財產局乃以上訴人逾法定期間將系爭申請案視為未主張優先權而否准申請，經提起訴願仍為經濟部維持其行政處分；該申請人嗣後再向智慧財產法院及最高行政法院提起行政訴訟及上訴，請求撤銷原處分，惟均遭駁回。

三、最高行政法院之認定

最高行政法院認為，此案之先申請國為日本，申請人不論係以提出實體證明文件抑或存取碼之方式主張優先權，均須遵守提出證明文件之 16 個月期限。倘未依限於期間內提供實體證明文件或存取碼，依前揭專利法第 29 條第 3 項規定，即視為未主張優先權。

該申請人雖爭執《台韓專利優先權證明文件電子交換作業要點》第 5 點之 1 規定僅須聲明電子交換即可視為已於法定期間內提出優先權證明文件，本件依《台日優先權證明文件電子交換作業要點》卻須於法定期間內提交存取碼，有違平等原則等語，惟最高行政法院認為，此議題涉及 WTO 會員國間於議定具體化措施時之互惠條件，各國基於自身利益考量，本難期待其彼此間考量因素及利益權衡占比一致，縱使具體落實之相關作業方式繁簡有別，亦難據以主張此種差異有違平等原則，因此，最終仍駁回申請人之請求。

因此，專利申請人雖可透過較為簡化之電子交換程序主張日本、韓國等國之國際優先權，惟仍須留意專利法之規定與期限，以及各作業要點之規範，以避免重要權益受損。

專利權延長期間之計算如何採計國外臨床試驗期間？

- 最高法院 106 年度台上字第 1904 號民事判決
- 最高法院 107 年度台上字第 2358 號民事判決
- 智慧財產法院 107 年度民專上更㈠字第 1 號民事判決
- 智慧財產法院 108 年度行專訴字第 15 號行政判決

簡秀如／朱淑尹／李昆晃

一、法律問題：國外臨床試驗期間之「迄日」為何

　　我國專利法第 53 條規定「醫藥品、農藥品或其製造方法發明專利權之實施，依其他法律規定，應取得許可證者，其於專利案公告後取得時，專利權人得以第一次許可證申請延長專利權期間」，但「核准延長之期間，不得超過為向中央目的事業主管機關取得許可證而無法實施發明之期間」。

　　智慧財產局依專利法之授權，制訂《專利權期間延長核定辦法》（下稱「延長辦法」），於第 4 條第 1 項❺❾明訂得申請延長專利權之期間包括「為取得中央目的事業主管機關核發藥品許可證所進行之國內外臨床試驗期間」，復於 107 年 4 月 11 日修訂之《專利權期間延長審查基準》❻⓪（下稱「審查基準」）中規定，國外臨床試驗期間之「迄日」係指「符合 ICH 規範之臨床試驗報告書所定義之

---

❺❾　《專利權期間延長核定辦法》第 4 條：「醫藥品或其製造方法得申請延長專利權之期間包含：一、為取得中央目的事業主管機關核發藥品許可證所進行之國內外臨床試驗期間。二、國內申請藥品查驗登記審查期間（第 1 項）。前項第一款之國內外臨床試驗，以經專利專責機關送請中央目的事業主管機關確認其為核發藥品許可證所需者為限（第 2 項）。依第一項申請准予延長之期間，應扣除可歸責於申請人之不作為期間、國內外臨床試驗重疊期間及臨床試驗與查驗登記審查重疊期間（第 3 項）。」

❻⓪　《專利權期間延長審查基準》3.1.3.1.1.⑵「國外臨床試驗期間」之規定：「以國外臨床試驗申請延長者，應說明國外臨床試驗計畫之重點，例如試驗計畫名稱、計畫編號、試驗藥品、試驗階段等，並記載符合 ICH 規範 (international conference on harmonization of technical requirements for registration of pharmaceuticals for human use) 之臨床試驗報告書所定義之試驗開始日期 (study initiation date) 及試驗完成日 (study completion date)，作為國外臨床試驗期間之起、訖日。」

試驗完成日」。

　　針對審查基準以「臨床試驗報告書所定義之試驗完成日」(下稱「試驗完成日」)作為國外臨床試驗期間之「迄日」而計算專利權延長期間，此項規範是否妥適，司法實務上迭有不同見解。

二、最高法院：應為國外臨床試驗報告之「試驗結果呈現日」[61]

㈠最高法院 106 年度台上字第 1904 號民事判決

　　最高法院於 107 年 5 月 31 日作成 106 年度台上字第 1904 號民事判決，認定國外臨床試驗期間之「迄日」應為「試驗結果呈現日」，其主要理由為：「考量醫藥品之臨床試驗，非於投藥後可立即獲致結論，對於各種投藥條件之設定及其反應，尚有賴以專業知識分析比對及解讀數據後，始能賦予其意義而呈現試驗結果，用供主管機關審查決定是否許可該醫藥品上市，故上開辦法所稱『臨床試驗期間』，當係指開始進行臨床試驗之日起，迄至試驗結果呈現之日為止之期間，始該當授權條文即 83 年專利法　(或 90 年專利法)　第 51 條之規範目的。」

㈡最高法院 107 年度台上字第 2358 號民事判決

　　最高法院於 108 年 5 月 1 日就另案作成之 107 年度台上字第 2358 號民事判決中，維持上述 106 年度台上字第 1904 號民事判決之見解，且進一步指出：「臨床試驗結束日，僅係受試者被施予於該試驗中最後一個劑量之日，其後尚須觀察、記錄及判讀實驗結果……於該報告書所載試驗期間之迄日，其臨床試驗之成果應尚未呈現。」準此可知，最高法院對於審查基準以「試驗完成日」作為國外臨床試驗期間「迄日」來計算專利權延長期間，已明確採取否定立場。

　　明顯地，最高法院對於國外臨床試驗期間之「迄日」之觀點與智慧財產局不同。然而，上述判決為民事判決，並非對於行政處分有拘束力之行政訴訟判決，智慧財產局是否會改變見解，尚有待觀察。

---

[61]　明顯地，最高法院對於國外臨床試驗期間之「迄日」之觀點與智慧財產局不同。然而，下述最高法院判決為民事判決，並非對於行政處分有拘束力之行政訴訟判決，智慧財產局是否會改變見解，尚有待觀察。

三、智慧財產法院

㈠ 107 年度民專上更㈠字第 1 號民事判決

前述最高法院 106 年度台上字第 1904 號民事判決將原判決廢棄發回後，智慧財產法院經更審程序而在 107 年 12 月 27 日作成 107 年度民專上更㈠字第 1 號民事判決，卻仍持與最高法院不同之看法，認為：「所謂『臨床試驗期間』，固可依立法目的解釋為『指開始進行臨床試驗之日起，迄至試驗結果呈現之日為止之期間』，然仍應依據延長辦法所定文義加以適用，始能平衡專利權人及公眾之利益。」且：「國際間合法之試驗機關均會在試驗報告中明載臨床試驗期間之起迄日，除非有明顯錯誤，辦理延長機關均會加以尊重。」等語，肯定審查基準之規範。該案業經最高法院 108 年度台上字第 975 號民事判決駁回上訴而告確定。

㈡ 108 年度行專訴字第 15 號行政判決

智慧財產法院於 108 年 9 月 26 日作成 108 年度行專訴字第 15 號行政判決，終改採與上述最高法院兩則判決相同之見解，且具體表示延長辦法所稱「國外臨床試驗期間」之「迄日」應採臨床試驗報告書之「報告日」。其理由包括：首先，「試驗報告完成」方可解盲而得知試驗結果，因此以「報告日」作為「國外臨床試驗期間之迄日」，與臨床實務運作並不相違。其次，於現行延長審查基準修正前，於智慧財產局審查實務上，亦有以「報告日」作為國外臨床試驗期間之迄日，故採「報告日」在實務運作上並無窒礙難行之處。況且，我國已有 5 年延長期間上限之規範，考量公共利益、學名藥專利藥的市場利益平衡、專利權延長制度之目的等等，亦不認為以「報告日」作為「國外臨床試驗期間迄日」會有何違反我國政策可言。是以，應以臨床試驗報告書所載之「報告日」作為「國外臨床試驗期間」的「迄日」，始符合授權條文即現行專利法第 53 條所謂「為向中央目的事業主管機關取得許可證而無法實施發明之期間」之立法目的，亦可兼顧主管機關辦理專利延長期間申請案件時明確性之要求。

至此，智慧財產法院與最高法院之見解似已趨於統一，惟因智慧財產局仍持續上訴中，審查基準亦尚未修改，故行政與司法實務間之歧異應如何調和，仍有待觀察。

專利訴訟——個案分析

DVD-ROM 產品專利侵權案

- 智慧財產法院 100 年度民專訴字第 60 號民事判決
- 智慧財產法院 101 年度民專上字第 50 號民事判決

簡秀如／陳佳菁

一、本件事實

日本高科技大廠東芝股份有限公司於 100 年 6 月間向智慧財產法院起訴主張台灣光碟廠侵害其 DVD-ROM 專利（中華民國專利證書號第 098207 號發明專利），第一審於 101 年 9 月以 100 年度民專訴字第 60 號民事判決認定被告故意侵權，故被告公司與其負責人應負擔最高 3 倍之懲罰性賠償，總計約新台幣 589 萬元並加計利息。嗣經兩造提出上訴後，智慧財產法院第二審於 103 年 2 月 27 日作成 101 年度民專上字第 50 號民事判決❻❷，維持原審關於「被告故意侵權」之認定，並命被告公司及其負責人除第一審所定金額外，應再連帶賠償約新台幣 6,655 萬元及利息，亦即總共之賠償金達新台幣 7,200 餘萬元。

二、 智慧財產法院之認定

智慧財產法院在二審判決中，係基於「被告之 DVD-ROM 產品必符合業界共通之 DVD-ROM 規格書」之前提，而採 DVD-ROM 規格書作為侵權比對分析之對象物。此外，法院並在判決理由內重申，於計算損害賠償額時，被告所能主張自其侵權產品銷售額中扣除的「成本」與「必要費用」，應較趨近於會計學上之直接成本，而不包括會計學上之間接成本，通常即為會計學上之「毛利」，而非再予扣除間接成本或稅捐之「淨利」或「稅後淨利」。此與智慧財產法院近來皆採「毛利」作為損害賠償計算標準的趨勢相符。

關於被告主張其營運結果並無獲利、甚且負債，故不需負擔高額損害賠償

---

❻❷ 智慧財產法院 101 年度民專上字第 50 號民事判決於 104 年 8 月 19 日為最高法院 104 年度台上字第 1540 號民事判決所維持。

等語，智慧財產法院亦在前開判決中否決此種抗辯，並具體指出：侵權人之廠房租金、修繕費、保險費、折舊、各項攤提、權利金、勞務費等成本及費用，不得自其所獲利益中扣除，否則無異使專利權人代侵權人支付該等成本或費用，不符公平及社會通念。

智慧財產法院此項判決結果，顯示台灣確實提供專利權人有效的智慧財產保護環境，更提醒廠商應更尊重他人之智慧財產權。

著作權

 # 著作權訴訟──標的

色情著作是否受著作權法保護？

▪智慧財產法院 101 年度刑智上易字第 74 號刑事判決

蔡瑞森

色情著作是否應受著作權法保護，法院實務向來採行否定之見解。

一、向來見解：色情著作不受著作權法保護

最高法院 88 年度台上字第 250 號刑事判決認為著作權法所稱著作，係指屬於文學、科學、藝術或其他學術範圍之創作而言。因著作權法之立法目的，除在保障個人或法人智慧之著作，使著作物為大眾公正利用外，並注重文化之健全發展，因此，有礙維持社會秩序或違背公共利益之著述，無由促進國家社會發展，且與著作權法之立法目的有違，基於既得權之保障應受公序良俗限制之原則，色情著作非屬著作權法所稱之著作，不受著作權法之保障。最高法院刑事判決認為色情著作之內容有礙我國社會風俗，並逾越我國規範之限制級尺度，有違公共秩序與善良風俗，自不受著作權法之保障。縱使第三人製造或販賣色情著作之行為，色情著作人自不得對其主張著作權，追究民事或刑事責任。最高法院 94 年度台上字第 6743 號刑事判決重申色情著作，不受著作權法之保護。

二、智慧財產法院 101 年度刑智上易字第 74 號刑事判決：具有原創性之色情著作仍應受著作權法保護❶

然而，不同於最高法院或其他法院向來之見解，智慧財產法院 103 年 2 月 20 日 101 年度刑智上易字第 74 號刑事判決❷則認定為具有原創性之色情著作仍應受著作權法保護。

---

❶ 此為認定色情著作應受著作權法保護之首例。

❷ 智慧財產法院 101 年度刑智上易字第 74 號刑事判決於 106 年 9 月 28 日為最高法院 106 年度台非字第 13 號刑事判決所維持。

　　智慧財產法院指出，我國著作權法採創作保護主義，著作權法第 10 條定有明文。因此，色情著作如係本於獨立之思維、智巧及技匠，具有原始性與創作性，著作人於色情著作完成時，即享有著作權。

　　智慧財產法院針對本案特別於 103 年 2 月 20 日對外發表新聞稿，聲明著作權之取得採創作保護主義，倘色情創作符合取得著作權之要件，具有原創性而無消極要件存在，自應受著作權法之保護。色情著作違反社會道德或法律標準時，國家為兼顧善良風俗及青少年身心健康之維護，固可對色情著作之製造、陳列、散布、播送、發行及持有等行為，採取適當之管制措施，受法令之限制或規範，然不得限制色情著作取得著作權，因具有色情性質之創作，並非不受著作權保護之標的，其與取得著作權無涉。因此，基於著作人權益與社會公共利益之調和，雖得限制具有原創性色情著作之著作權行使，然衡諸比例原則，不得全面否定具原創性之色情著作應享有之著作權，創設法律未禁止之要件。

　　智慧財產法院之判決引發各界之熱烈討論。因本案不得上訴最高法院，無法得知最高法院就本案判決之觀點。最高法院或其他法院針對未來類似案件，是否支持智慧財產法院之見解，尚待觀察。

商品說明及照片是否受著作權法保護？

▪智慧財產法院 106 年度民著訴字第 13 號民事判決

林芝余

一、本件事實

　　智慧財產法院於 106 年 6 月 26 日作成 106 年度民著訴字第 13 號民事判決，係關於著作權侵權民事案件。此智慧財產法院判決認為，廣告文案內容及商品照片只要符合創作性最低之法定要求，仍具有創作性。

　　原告 A 主張被告 B 之未成年女兒 C 於未經原告 A 之同意下擅自重製 A 於社群網站社團中所登載之廣告文案與照片，並公開傳輸於 C 所創之社群網站社團中，侵害 A 之著作權；並主張被告應賠償原告 A 新台幣 55 萬元。

二、法院肯認商品說明及照片享有著作權

　　上開智慧財產法院判決揭示，原創性中之「創作性」要素，僅在維持最低限度之個別性，以與其他創作區別，其創作程度之要求甚低，並引述美國聯邦最高法院在 Feist Publications, Inc. v. Rural Telephone Service Co., Inc., 499 U.S. 000 (0000) 表示，即使只有微量程度的創作，也足以符合創作性的標準❸。

---

❸　智慧財產法院 106 年度民著訴字第 13 號民事判決：「 1.【05】原創性具有兩項要素，一為『原始性』，意指由創作人自己原始創作，而非抄襲仿製他人既有創作；一為『創作性』，意指創作成果，具有最低限度的個別性，足以與其他創作區別。又原創性中之『創作性』要素，其目的既僅在維持最低限度之個別性，以與其他創作區別，其創作程度之要求自然甚低。又所謂『與其他創作』區別，僅在說明簡單線條、形體或常用生活語詞，不應給著作權之獨占性保障，而非謂類似或相同於先前著作之獨立創作不受著作權保障。 2.【06】以上說明，也可以在美國比較法上得到印證。美國聯邦最高法院在 Feist Publications, Inc. v. Rural Telephone Service Co., Inc., 499 U.S. 000 (0000) 乙案中之判詞即謂：『創作性對於創作程度的標準是極低的，即使是只有微量程度的創作，也足以符合創作性的標準。大部分的作品都可以很容易的達到此標準，無論是多麼的粗鄙、普通或簡單的內容，只要有些許的創作星火，都可以算是創作。原創性並不等於新穎性，只要是出於巧合而非抄襲，就可以算是具有

就本案部分，上開判決認為系爭廣告內容雖是商品資訊或販賣條件之說明，對於販賣相同商品之人而言，很容易有內容相近的表達；但整體而言，系爭廣告仍有相當的篇幅文字，雖可認定其創作性不高，但因創作性之法定要求甚低，所以法院仍認為系爭廣告具有創作性。不過，該判決亦表示在此情況下，應認為系爭廣告所能受著作權法保障的範圍較小，在為表達相同的商品資訊及販賣條件之觀念下，只要內容稍有改變或不同，即可認為不在其著作權之權利範圍。

關於系爭照片部分，法院認為以照相機等科技設備所拍攝之實物照片，只要取景角度相同，很容易可製造出視覺感受類似的創作結果，因此只要拍照者不是接觸仿襲他人作品，即使拍照所得照片所呈現的視覺感受類似，也不能用以排除此等照片具有原創性，而應受著作權保護；是以，系爭照片雖然是商品照片，但仍符合創作性的法定要求。

因重製系爭廣告與照片時，被告 C 是限制行為能力人，被告 B 為 C 的法定代理人，根據民法第 187 條第 1 項應與被告 C 負連帶賠償責任。雖被告 C 於言詞辯論期日前已死亡，且原告 A 已撤回對被告 C 的訴訟，但因連帶債務之債權人，得對於債務人中之一人，先後請求全部或一部之給付，民法第 273 條定有明文，故原告 A 仍得單獨向被告 B 請求被告 C 侵害著作權的損害賠償。

法院認定被告 C 未經原告 A 同意，重製、公開傳輸系爭廣告及照片，雖有多篇，時間亦有前後，但係經原告 A 一次蒐證後，加以提訴求償，應以單一整體行為視之；又法院考量系爭廣告及照片之創作性較低，故酌定損害賠償金額為新台幣 2 萬 5 千元。

原創性。舉例而言，兩位互不相識的詩人創作相同的詩。兩份作品都不算新穎，但都屬於原創，也因此就都可以著作權保護』（【T】 he requisite level of creativity is extremely low; even a slight amount will suffice. The vast majority of works make the grade quite easily, as they possess some creative spark, "no matter how crude, humble or obvious" it might be. Originality does not signify novelty; a work may be original even though it closely resembles other works so long as the similarity is fortuitous, not the result of copying. To illustrate, assume that two poets, each ignorant of the other, compose identical poems. Neither work is novel, yet both are original and, hence, copyrightable. 499 U.S. 340, 345)。」

包款設計之著作權保護及公平交易法問題

- 智慧財產法院 106 年度民著訴字第 68 號民事判決
- 智慧財產法院 107 年度民著上字第 15 號民事判決

蔡瑞森／陶思妤

一、法律問題：包款設計是否受著作權保護？

在變化多端的時尚產業中，每一只具標誌性設計的「經典包款」背後，都代表著設計師努力之成果及品牌所累積之商譽。然而，此等包款設計在我國是否能夠受到著作權法保護，向來有相當之爭議。智慧財產法院於近期作成之 106 年度民著訴字第 68 號民事判決，及其上訴案件 107 年度民著上字第 15 號民事判決中，揭示了值得參考之見解。

二、本件事實

本案之原告為二法國知名高級時裝品牌，被告則為我國皮件業者。原告主張被告所行銷、推廣之皮包商品，其設計係由原告之包款設計美術著作重製而來，係侵害其包款設計之著作權；另亦根據公平交易法，主張被告侵害其著名表徵，且指出被告之行為係搾取原告之努力成果，嚴重影響交易秩序。

三、智慧財產法院之認定

(一)包款設計是否受著作權保護？

在包款設計是否受著作權保護之問題上，第一審法院首先說明，著作人是否自始即以大量生產為目的，並非著作權法保護之準據，且與該作品是否屬美術工藝品無關。第一審法院進一步指出，本案中之包款設計具美術技巧之展現，應屬著作權法保護之美術著作。然而，在第二審判決中，法院則認為本案包款設計之整體造型與設計之主要目的在於易於攜帶與有效發揮包款裝置物品之功能，並非以美術技巧表現思想與感情，因此非著作權法所保護之美術著作。

㈡該包款設計是否為公平交易法上之著名表徵？

　　就公平交易法之部分，第一審法院認為，根據原告所提出之證據，難以認定原告之包款設計為公平交易法上之著名表徵。第一審法院進一步指出，由於公平交易法就著名表徵之個別規定已充分評價該行為之不法性，因此無適用公平交易法第 25 條補充規範之餘地。第二審法院亦認為原告之包款設計非公平交易法上之著名表徵，然而第二審法院未採取第一審法院對於公平交易法第 25 條及其他條文間關係之見解，其採取不同態度，認為被告攀附商譽及高度抄襲包款之行為，已違反公平交易法第 25 條之規定。

型錄上之產品照片具原創性，應受著作權法保護

智慧財產法院 107 年度刑智上訴字第 1 號刑事判決

蔡瑞森／陶思妤

一、法律問題：如何評價攝影著作之「創作性」？

　　我國著作權法第 3 條第 1 項第 1 款明文規定，著作人所創作之精神上作品，受著作權法所保護。所謂精神上作品，除須為著作人獨立之思想或感情之表現，且有一定之表現形式等要件外，尚需具有「原創性」始可稱之。「原創性」又包含「原始性」及「創作性」。「原始性」係指創作須非抄襲或剽竊而來，而「創作性」則係指創作須與前已存在之作品有可資區別，足以表現著作人之個性。

　　以相機以及感光材料等工具所完成之「攝影著作」，由於有極大程度是依賴機械的作用及技術的操作，是否具「創作性」，應視個案情況認定。例如，型錄上之產品照片通常僅係將靜態的產品忠實的加以拍攝，以作為行銷或說明之用。此類產品照片是否具有創作性而受著作權法所保護，在過去實務上素有爭議。近期智慧財產法院在 107 年度刑智上訴字第 1 號刑事判決中，對於攝影著作之「創作性」應如何評價，作出值得參考的方向。

二、本件事實

　　本案告訴人為生產機械零配件之公司，被告則曾任告訴人之業務專員。被告在離職後，將告訴人公司型錄上載有機械零件之產品照片及產品線圖上傳至第三方公司之網頁上，用以銷售第三方公司之機械零配件產品。告訴人嗣後瀏覽第三方公司之網頁時知悉上情，遂提起告訴。

　　被告坦承其在第三方公司之網頁上張貼產品照片及產品線圖，並指出其係在網路上搜尋下載後張貼，惟否認有擅自以重製之方法侵害他人著作權之犯行。被告辯稱，告訴人公司型錄上的產品照片、產品線圖，網路上類似的有很多，應不具原創性而不受著作權法保護。

三、智慧財產法院之認定

智慧財產法院首先解釋，著作權法就「創作性」之要求較低，僅需有微量程度的創作，足以展現創作人個人精神作用即可。現代科技進步，連智慧型手機都有建置不同的拍攝模式可以選擇，因此評價攝影著作是否具有「創作性」，不應再以攝影者是否有進行「光圈、景深、光亮、快門」等攝影技巧為斷，而應認為，只要攝影者於攝影時將心中所浮現之原創性想法，於攝影過程中，對拍攝主題、拍攝對象、拍攝角度、構圖等有所選擇及調整，客觀上可展現創作者之思想、感情，即應賦予著作權之保護。

智慧財產法院進一步就具體事實指出，從告訴人產品照片及創作過程文件，其拍攝時光線選擇、角度調整、三度空間立體感之呈現，確實可表現創作者為凸顯產品特色、吸引消費者選購所欲表達之創作意涵。因此，告訴人之產品照片雖係對產品之靜物拍攝，但從創作過程文件，及產品照片所呈現之表達方式，應可認已符合著作權法最低程度之要求，具有創作性。又該等照片確實由告訴人之證人所創作，非抄襲他人而來，而具有「原始性」。綜上所述，告訴人之產品照片應具有原創性而受著作權法所保護。

室內設計如具原創性得與建築著作享同等保護

▪智慧財產法院 104 年度民著訴字第 32 號民事判決

丁靜玟／陳雅萍

一、法律問題：室內設計是否受著作權保護？

　　室內設計是否得為著作權保護，時有爭議。智慧財產法院於 107 年在 104 年度民著訴字第 32 號民事判決表示，室內設計之創作，包括室內設計圖及室內設計完成之實體物（室內設計整體之表達方式），如具有原創性，亦屬「其他建築著作」與建築著作享有同樣之保護。

二、本件事實

　　原告甲公司調查發現被告即乙公司之法定代理人丙，於 103 年 5 月入住原告經營之 A 酒店，向原告接待經理要求參訪「雅緻客房」，並對住房內部設計拍照及量測。並發現被告經營之 B 酒店住房設計抄襲原告所經營飯店之住房設計，遂向智慧財產法院提出違反著作權及公平交易法之民事訴訟。

三、法院肯認室內設計得與建築著作享同等保護

　　智慧財產法院判決就著作權法侵權部分見解如下：

　　我國著作權法對於「著作」係採取例示而非列舉之規定，凡屬於文學、科學、藝術或其他學術範圍之創作，具有原創性，及一定之表現形式，且非著作權法第 9 條第 1 項所列不得為著作權之標的，均為受著作權法保護之「著作」。

　　按我國著作權法於 81 年 6 月 10 日修正時，於第 5 條第 1 項第 9 款將「建築著作」獨立列為一種著作類型，並於第 3 條第 1 項第 5 款重製之定義，增訂「依建築設計圖或建築模型建造建築物者，亦屬之」。

　　室內裝修其具體之表達在於整體設計完成後，所呈現之外觀結果，而單一物件之使用及相同與否，原則上亦非在整體室內設計是否相同或近似判斷上之決定因素；室內設計比對原則，實際運用上之特別物件，相對抽象之風格呈現方式，物件擺設位置及其餘各物件之相對位置關係始為判斷關鍵。

本案在原告所提出之物件設置、位置與物件相對關係均構成高度近似,且被告人員亦曾接觸 A 酒店室內設計成果之事實,應可認定被告 3 個對應房型室內設計係抄襲原告據爭房型室內設計成果。

固有意義之建築著作與室內設計,雖然一為對建築物之外部、結構表現美感的藝術上創作,一為對建築物內部空間表現美感的藝術上創作,惟兩者性質相近且功能上相輔相成,室內設計之創作如具有原創性,有賦予與建築著作同等保護之必要。

綜上,室內設計之創作如具有原創性,應成立著作權法之「其他建築著作」,且與「建築著作」享有同等之保護,故室內設計著作之保護範圍,應包含室內設計圖及室內設計之實體物(室內設計整體之表達方式)。

本案法官酌審兩酒店有關房型設計照片及證據資料,認為兩者高度近似,因此認定 B 酒店抄襲 A 酒店房型設計,並已影響觀光飯店業交易秩序,有違公平交易法之規定,判被告敗訴❹。

---

❹ 本判決經智慧財產法院 108 年 9 月 19 日作成之 107 年度民著上字第 16 號民事判決所維持。

著作權訴訟——原創性

「間接接觸」作為判斷著作不具原創性之標準

🔖智慧財產法院 104 年度民著訴字第 31 號民事判決

簡秀如／吳詩儀

一、著作原創性之認定標準

　　我國著作權法規定「著作人於著作完成時享有著作權」,係採「著作權自動產生原則」;亦即,著作權之取得無須透過申請或登記,只要該著作確為著作人自己之創作且非抄襲他人者,即認具有「原創性」,縱與他人著作雷同,仍可受著作權法之保護;最高法院向採此見解,例如 92 年度台上字第 1339 號刑事判決❺、97 年度台上字第 1214 號民事判決❻等。

　　因此,判斷著作之原創性,「是否為自己創作」或「有無抄襲情事」應為關鍵,至是否「近似」或「雷同」應非重點,以符合著作權法保護獨立著作之精神。而關於「有無抄襲情事」,其證明程度應為何,實務上及學理上尚無確定見解。智慧財產法院於 104 年 11 月 6 日作成之 104 年度民著訴字第 31 號民事判

---

❺ 最高法院 92 年度台上字第 1339 號刑事判決:「再依著作權法取得之著作權,其保護僅及於該著作之表達,而不及於其所表達之思想、程序、製程、系統、操作方法、概念、原理、發現,同法第 10 條之 1 亦規定甚明。故本於自己獨立之思維、智巧、技術而具有原創性之創作,即享有著作權,但原創性非如專利法所要求之新穎性,倘非重製或製作他人之著作,縱有雷同或相似,因屬自己獨立之創作,具原創性,同受著作權法之保護。」

❻ 最高法院 97 年度台上字第 1214 號民事判決:「次按著作權法所保護之著作,係指著作人所創作之精神上作品,而所謂精神上作品,除須為思想或感情上之表現,且有一定表現形式等要件外,尚須具有原創性,而此所謂原創性之程度,固不如專利法中所舉之發明、新型、新式樣等專利所要求之原創性程度(即新穎性)較高,亦即不必達到完全獨創之地步。即使與他人作品酷似或雷同,如其間並無模仿或盜用之關係,且其精神作用達到相當之程度,足以表現出作者之個性及獨特性,即可認為具有原創性;惟如其精神作用的程度很低,不足以讓人認識作者的個性,則無保護之必要。」

決，對「原創性」有無之認定，闡述其認定標準。

二、本件事實

　　被告以系爭美術創作之著作人自居，對原告及原告客戶先後以侵害系爭美術創作之著作權提起刑事告訴，原告乃請求智慧財產法院確認系爭美術創作之著作權不存在。被告抗辯其享有系爭美術創作之著作權，並提出大陸國家版權局之作品登記證書作為證明，惟原告提出一則發表日期早於前述證書之網頁報導，主張系爭美術創作與網路報導之附圖構成近似，不具原創性。

　　智慧財產法院乃作成前述判決，以系爭美術創作構圖繁複，卻與前述網頁附圖不論從細部分析比對與整體外觀均十分近似，且被告及該網頁之發表人分別為家飾商品與寢具事業，屬相類似或關連之業務範圍，故認定系爭美術創作「應」為被告「接觸」該網頁附圖之結果，欠缺原創性，不得受著作權法保護。

三、討　論

　　此判決對於「原創性」之存否，似援用實務上用以判斷著作權侵害之「接觸原則」及「實質相似原則」，且採「間接接觸」標準。關於著作權侵害之判斷準則，如最高法院 103 年度台上字第 1544 號民事判決所闡述：「法院於認定有無侵害著作權之事實時，應審酌一切相關情狀，就認定著作權侵害的二個要件，即所謂接觸及實質相似為審慎調查審酌。接觸分為直接接觸與間接接觸兩者態樣，間接接觸係指於合理之情況下，行為人具有合理機會接觸著作物，均屬間接接觸之範疇。諸如著作物已行銷於市面或公眾得於販賣同種類之商店買得該著作，被告得以輕易取得；或著作物有相當程度之廣告或知名度等情事。實質相似者，其包含量之相似與質之相似，此為客觀要件。」基於保護著作權之立法精神，司法實務將「間接接觸」之態樣納入侵權要件之考慮，有其理由；而此判決於判斷著作之原創性時，亦採取相同之標準，以著作人屬類似產業故「應」接觸過他人較早完成之著作，因而否決系爭著作之原創性，有其見地。

# 著作權訴訟——著作權利用

最高法院揭示利用他人著作應表明著作人之姓名或名稱之原則

■最高法院 106 年度台上字第 54 號民事判決

黃紫旻

一、姓名表示權

　　按著作人格權係指著作人對於自己之著作，所享有之人格上、精神上之利益，且得以受保護之權利，因著作亦為著作人之人格，如名譽、聲望之化身，其與著作間特殊之精神層面所生之利益自有保護之必要，此一受保護之權利稱為著作人格權，其內容見於著作權法第 15 條規定之「公開發表權」、同法第 16 條規定之「姓名表示權」及同法第 17 條之「同一性保持權」。

　　其中，依著作權法第 16 條第 1 項之規定，著作人有積極表示或消極不表示姓名或名稱之權利，此為著作人格權中關於姓名表示權之規定。同條第 4 項復規定，依著作利用之目的及方法，於著作人之利益無損害之虞，且不違反社會使用慣例者，得省略著作人之姓名或名稱。基於保護著作人姓名表示權及閱讀者有知著作人之權利，著作權法第 64 條並規定，合理使用他人著作者，應明示其出處；所謂「明示出處」，即就著作人之姓名或名稱，除不具名著作或著作人不明者外，應以合理之方式為之。準此，**除不具名著作、著作人不明者、著作權法第 16 條第 4 項所定情形或契約特別約定外， 利用他人之著作應表明著作人之姓名或名稱，以示尊重**。就此，最高法院於 106 年 3 月 29 日作成之 106 年度台上字第 54 號民事判決，亦肯認前揭解釋。

二、本件事實

　　該案事實略為，著作人主張其著有主題為葡萄酒銷售之 6 篇文案並載於其網站，且在文案之首頁標題處明顯標示著作人之名稱，詎利用人未經著作人之同意，即於上網搜尋後擅自重製系爭文案於利用人之臉書及網站，以促銷其葡

萄酒產品，而未標示著作人之名稱，致衍生利用人之重製行為是否係屬侵害著作人之著作人格權下之姓名表示權之爭議。

三、最高法院之認定

第一審法院認為，利用人抄襲著作人之部分著作內容並加上自己改作部分以利用人名義發表，即不能認侵害著作人之姓名表示權。本件利用人雖重製系爭 6 篇文案內容，然利用人非完全抄襲系爭文案全部內容，其亦刪除系爭文案部分內容，並加上利用人公司銷售酒類之文義，是利用人尚無侵害原告之姓名表示權，著作人請求利用人賠償姓名表示權之損害，並非有據（智慧財產法院 102 年度民公訴字第 2 號民事判決參照）。

第二審法院則認為，依著作權法第 16 條第 4 項之規定，依著作利用之目的及方法，若符合社會使用慣例亦無損害著作人利益之可能者，得省略著作人之姓名或名稱。今利用人利用系爭文案係為使閱讀者認識利用人售有各該文案上之葡萄酒，並未使閱讀者誤認利用人為文案之著作人，且著作人並未因被告之使用情形受有任何影響，因此未構成著作人格權之侵害（智慧財產法院 103 年度民公上字第 1 號民事判決參照）。

針對上述爭議，**最高法院認為著作權法第 16 條之規定應與同法第 64 條之規定併同解釋，方屬尊重著作人。**是以，除第二審法院所述著作權法第 16 條第 4 項所定情形者外，除非另屬不具名著作、著作人不明、或契約特別約定之情形者外，利用他人之著作一律應表明著作人之姓名或名稱，以示尊重。是以，吾人今後如有利用他人著作之情形，亦應特別注意前揭關於姓名表示權之限制，以避免侵害著作人之著作人格權。

如何利用著作人不明之著作？──許可授權制度

簡秀如／吳詩儀

一、法律問題：如何利用著作人不明之著作？

　　著作權為著作人所享有，如他人欲利用著作人之著作，則需取得著作人之讓與或授權。但著作權的存續期間極長，依著作權法第 30 條第 1 項之規定，為著作人之生存期間及其死亡後 50 年，倘著作權存續中，著作人不明、或已死亡但繼承人不明時，其他人應如何利用此一著作權？

　　若此一著作屬於文化創意著作，為促進文化創意產業之發展，文化創意產業發展法第 24 條第 1 項設有特殊規範：「利用人為製作文化創意產品，已盡一切努力，就已公開發表之著作，因著作財產權人不明或其所在不明致無法取得授權時，經向著作權專責機關釋明無法取得授權之情形，且經著作權專責機關再查證後，經許可授權並提存使用報酬者，得於許可範圍內利用該著作。」

　　智慧財產局 104 年 4 月 22 日智著字第 10416002442 號函，即依前述規定，就一則著作人不明之音樂著作，以「許可授權」之方式准予利用人使用著作。

二、智慧財產局實務

　　在該許可案中，智慧財產局認為利用人已透過可能之聯繫方式查訪著作人之所在，亦曾以登載新聞紙方式公開徵詢著作財產權歸屬，但逾 30 日仍無所獲，符合「已盡一切努力」之要件；而智慧財產局查證後，亦僅能知悉著作人已死亡，但仍無法查得相關繼承人之所在，故認定此件申請確實符合「著作財產權人不明或其所在不明」之要件，而許可申請人於許可範圍內利用該音樂著作。

　　另智慧財產局依文化創意產業發展法第 24 條第 3 項至第 5 項之規定，於函文中明示許可授權利用之條件及範圍（如重製、出租與散布部分之條件、公開演出部分之條件、許可授權之區域、與許可授權性質為非專屬授權等），並要求利用人應將許可日期、文號及前述許可利用之條件與範圍載明於著作重製物上；而利用人亦須在提存函文核定之使用報酬、報予智慧財產局備查後，始得

利用此一著作。

惟在許可授權期間，如有被許可音樂著作之著作人提出異議，智慧財產局得廢止該許可處分。如發現申請有不實之情事、或利用人未依許可之方式利用著作者，智慧財產局即應廢止該許可（文化創意產業發展法第 24 條第 6 項至第 7 項）。

著作權訴訟——著作權歸屬

談話性節目之製作人單獨享有視聽著作權？

- 智慧財產法院 102 年度民著訴字第 28 號民事判決
- 智慧財產法院 103 年度民著上字第 2 號民事判決
- 最高法院 107 年度台上字第 955 號民事判決

簡秀如／李昆晃

一、本件事實

原告主張系爭談話性節目為其自製自播之視聽著作，單獨享有其著作權；而被告等非法取得原告之電視頻道訊號及系爭節目訊號，分送至飯店客房，提供不特定人在其客房內收看系爭節目，已侵害原告就系爭節目之公開演出權、公開播送權及公開傳輸權。

二、法院之認定

㈠系爭節目為受著作權法保障之視聽著作，惟歷審判決對於節目著作權人有不同認定

最高法院於 107 年 9 月 19 日作成 107 年度台上字第 955 號民事判決，係關於談話性節目之著作權侵權案件。雖然該案的歷審判決均認為，原告即某電視公司所屬的節目製播小組於創作系爭節目時，使用攝影機將系爭節目之流程、來賓談話等所有節目內容，以全程錄影方式紀錄下來，並經由電腦將標題、字幕與節目內容結合，為著作權法上之視聽著作，且系爭節目流程安排、畫面編排、來賓談話及標題內容與其他著作內容，已具備最低程度之創作或個性表現，有原創性，故得受著作權法之保護。然而，對於系爭節目之著作權人為何，歷審判決卻存有歧異。

㈡二審：系爭節目著作權由原告單獨享有

　　智慧財產法院 103 年度民著上字第 2 號之二審判決認為系爭節目之著作權應為原告單獨享有。按系爭節目雖為談話性之視聽著作，然關於系爭節目畫面之構成，均係由節目製播小組以其導播掌控現場不同畫面間之切換、攝影師之運鏡、各類與談話情境相互配合之音效、新聞畫面之選擇以及各式現場佈景與燈光配置所完成；而關於系爭節目之內容，節目主題及來賓之選擇、討論之重心及問題之擬定、乃至於現場座次之安排等，均係由節目製播小組於錄影前決定，並於錄影時與節目主持人共同掌握節目之節奏、不同問題之轉換與切入及與現場來賓間之互動、並依問題之調性且配合現場來賓之專業領域，選擇最佳之現場來賓回答等節目細節加以完成，故系爭節目之視聽著作權人應為節目製播小組所屬之原告即電視公司。雖現場來賓針對問題之回答與發言，依著作權法第 5 條第 1 項各款著作內容例示一之規定，亦屬語文著作之一種，然其畢竟僅為系爭節目視聽著作的構成元素之一，個別談話內容之所佔比例不高，且多為即興及搭配節目主持人或其他來賓談話之語文表達，此與詞曲伴唱帶之視聽著作，係由詞、曲著作構成主要部分之情形不同，故雖電視公司僅提出系爭節目來賓授權原告利用其語文著作之同意書，然衡諸談話性節目之性質及其製作過程，應認參與系爭談話性節目視聽著作之來賓，縱對其個別所享有之語文著作部分，仍有其語文著作之著作權，但對系爭節目之整體視聽著作而言，應認各個參加之談話來賓已同意原告將其於系爭節目所表達之語文著作製播成系爭節目之視聽著作。

㈢一審、三審：系爭節目屬共同著作，原告為共同著作人之一

　　然而，有別於二審判決認定談話性節目之著作權人為製播小組所屬之原告即電視公司，一審及三審判決均認為原告僅為共同著作人之一。智慧財產法院 102 年度民著訴字第 28 號之一審判決認為，系爭節目乃由節目主持人及來賓針對時事主題為口頭論述，是固可認主持人及來賓就系爭節目之創作有所貢獻而為著作人，且原告提出之同意書並未約定來賓將其就系爭節目之著作財產權讓與原告；但原告就節目流程安排、畫面編排等之創作性亦有所貢獻，是縱原告

未受讓主持人、來賓之著作財產權，亦享有其因創作系爭節目而生之著作財產權，應為共同著作人。最高法院此次作成之三審判決亦採相同見解，認為系爭節目係原告之節目製播小組、節目主持人與現場來賓之互動問答所共同完成之談話性視聽著作，則彼等既共同參與創作系爭節目，並無任何人之創作可從中分離出來而單獨加以利用，其性質應屬共同著作，除另有約定外，原告、節目主持人與現場來賓為該單一視聽著作之共同著作人，共同享有著作財產權。至於系爭節目各著作人之應有部分若干，攸關原告得請求損害賠償之數額，此部分事實尚有未明，無從為法律上判斷。因此，最高法院乃廢棄二審損害賠償之部分判決，並發回智慧財產法院。

✎ 著作權訴訟──著作權侵權

在 YOUTUBE 網站上瀏覽影片之著作權爭議

丁靜玟

一、單純在 YOUTUBE 網站上瀏覽影片

在 YOUTUBE 網站上瀏覽影片已為民眾現今普遍行為，惟該行為是否涉侵害著作財產權，時有爭議。智慧財產局於 103 年 10 月 22 日電子郵件字第 1031022 號釋示說明，民眾單純在 YOUTUBE 網站上瀏覽影片，並沒有涉及著作重製、公開傳輸之利用行為，無侵害著作財產權的問題。但如果民眾將屬於侵權或盜版影片上傳至 YOUTUBE 時，因上傳的行為涉有重製及公開傳輸，如未獲影片著作財產權人授權或同意，即有侵權之虞，而有相關之民、刑事責任。

二、利用 YOUTUBE 網站之服務製作播放清單

另，智慧財產局於 104 年 1 月 20 日電子郵件字第 1040120d 號釋示說明，利用 YOUTUBE 網站之服務來製作播放清單的行為，與單純瀏覽或上傳影片的情形不同。由於播放清單性質上是屬於以超連結方式提供 YOUTUBE 網站上的影音檔案，亦無涉影音著作之重製與公開傳輸之利用行為，只有在播放清單的製作者，其明知所收錄於播放清單中影片為侵權，卻仍以超連結方式向公眾提供時，即有構成侵害公開傳輸權之虞。惟據瞭解，YOUTUBE 網站雖將播放清單預設為公開，然而，一般播放清單之製作者，多係為其自己聆賞之方便而製作，並不具有向公眾提供之主觀意思，似尚難認定其有公開傳輸之意思。

智慧財產法院認定未經授權將他人著作申請註冊商標構成著作權侵權

▪智慧財產法院 103 年度民商訴字第 24 號民事判決

蔡瑞森

一、法律問題

著作權法第 22 條第 1 項明文規定,除著作權法另有規定外,著作人專有重製其著作之權利。至於所謂之重製,依同法第 3 條第 1 項第 5 款規定,乃包括以印刷、複印、錄音、錄影、攝影、筆錄或其他方法直接、間接、永久或暫時之重複製作等型態。因此,如未經著作人之同意,將該享有著作權之著作,以商標型態使用於商品,固有可能侵害著作人之重製權。然而,如僅將他人著作作為商標圖樣向智慧財產局提出商標註冊申請,但尚未實際使用於商品,是否構成著作權侵權,實務見解尚有爭議。

二、本件事實

原告主張,被告甲委請原告設計餐廳店名之 A 圖樣等一系列形象識別標誌和其延伸設計圖形(下合稱系爭美術著作),而系爭美術著作為原告與他人共同設計,並約定著作權及所有權利歸原告所有。惟被告乙將 A 圖樣向智慧財產局申請註冊商標,商標權人登記為被告甲,且未表明原告為著作人,已侵害原告之重製權及著作人格權之姓名表示權。

三、智慧財產法院之認定

㈠被告已侵害原告之重製權

智慧財產法院 103 年度民商訴字第 24 號民事判決針對未經授權將他人享有著作權之美術著作作為商標圖樣,重製於申請文件,向智慧財產局提出商標註冊申請之行為,認定侵害著作人之重製權。

㈡被告未侵害原告著作人格權之姓名表示權

　　本案除重製權侵權外，尚包括是否侵害著作人格權之姓名表示權爭議。本案原告主張被告將系爭美術著作向智慧財產局申請註冊，並登記被告為商標權人，足以使公眾誤認被告方為系爭美術著作之著作人，業已侵害原告著作人格權之姓名表示權。

　　智慧財產法院認為，著作權法第 16 條第 1 項及第 4 項固明文規定，著作人於著作之原件或其重製物上或於著作公開發表時，有表示其本名、別名或不具名之權利。著作人就其著作所生之衍生著作，亦有相同之權利。然而，依著作利用之目的及方法，於著作人之利益無損害之虞，且不違反社會使用慣例者，得省略著作人之姓名或名稱。因此，是否侵害著作人之姓名表示權，應審酌著作利用之目的、方法及社會使用慣例等因素綜合判斷。

　　智慧財產法院進一步具體指出，商標之功能係作為商品或服務之表徵，申請商標註冊之目的，在取得商標之排他使用權，而非在彰顯該商標圖樣係由何人創作，一般商標之使用慣例，均無標示商標圖樣之創作人，商標註冊之相關規定或申請文件，亦無必須記載商標圖樣創作人之欄位，一般公眾亦不致誤認商標權人即為商標圖樣之創作人。智慧財產法院因此認為被告將系爭美術著作申請商標註冊，未於申請註冊文件載明原告之姓名，不致使公眾誤認被告為商標圖樣之著作人，因此，認定不侵害原告之著作人格權。

將載有未經授權歌曲之伴唱機提供不特定人點唱是否侵害著作權？

- 智慧財產法院 107 年度刑智上易字第 55 號刑事判決
- 智慧財產法院 107 年度民著訴字第 73 號民事判決

簡秀如／李昆晃

一、法律問題

　　市面上常見店家逕自於伴唱機中燒錄未經授權的歌曲，並提供消費者付費點唱，致著作權侵權爭議屢見不鮮；智慧財產法院近來即曾於 107 年 12 月 26 日及 108 年 1 月 31 日分別作成 107 年度刑智上易字第 55 號刑事判決及 107 年度民著訴字第 73 號民事判決，就此種行為究竟涉及侵害著作權人何種權能，表示意見如下。

㈠散布權

　　著作權法第 28 條之 1 第 1 項規定：「著作人除本法另有規定外，專有以移轉所有權之方式，散布其著作之權利。」前述 107 年度民著訴字第 73 號民事判決之原告即著作權人，起訴主張提供侵權歌曲伴唱機供不特定消費者點唱之被告侵害其就音樂著作享有之散布權，惟並未被智慧財產法院接受。法院認為：「因散布著作而侵害著作權，必須是以移轉所有權的方式，才構成侵權。如果只是讓公眾接觸著作，但沒有移轉所有權，除其情況另有侵害其他著作權的權利內容（如：公開演出、公開傳輸等）外，就不構成侵害著作權。」該案被告將內載有系爭音樂著作的系爭伴唱機，提供給不特定人點唱，這樣的行為並沒有任何移轉所有權的情形包含在內，自然無法認為構成任何因散布著作而侵害著作權的行為。由於原告似未主張其他權利受侵害，法院於判決中並未進一步論究。

㈡公開播送權

　　按「公開播送：指基於公眾直接收聽或收視為目的，以有線電、無線電或

其他器材之廣播系統傳送訊息之方法，藉聲音或影像，向公眾傳達著作內容。由原播送人以外之人，以有線電、無線電或其他器材之廣播系統傳送訊息之方法，將原播送之聲音或影像向公眾傳達者，亦屬之。」、「著作人除本法另有規定外，專有公開播送其著作之權利。」著作權法第 3 條第 1 項第 7 款及第 24 條第 1 項分別定有明文。智慧財產法院於前述 107 年度刑智上易字第 55 號刑事判決中表示，該案被告僅係供人點選伴唱機內歌曲演唱，並未以有線電、無線電或其他廣播系統傳送訊息，與「公開播送」之要件未合，自不構成侵害公開播送權。

(三)公開演出權

按「公開演出：指以演技、舞蹈、歌唱、彈奏樂器或其他方法向現場之公眾傳達著作內容。以擴音器或其他器材，將原播送之聲音或影像向公眾傳達者，亦屬之。」、「著作人除本法另有規定外，專有公開演出其語文、音樂或戲劇、舞蹈著作之權利。」著作權法第 3 條第 1 項第 9 款及第 26 條第 1 項分別定有明文。若有點選伴唱機中未經授權之音樂著作，並以公開演唱之方式，向現場之公眾傳達著作內容之行為，確實該當侵害公開演出權。

惟於前述 107 年度刑智上易字第 55 號刑事判決個案當中，檢察官並未舉證被告有任何公開演出系爭音樂著作的行為；縱使告訴人之市調人員親自至系爭小吃店內消費，依現場點歌本歌曲編號點唱並拍下蒐證照片，但法院仍以：「告訴人之市調人員既係為蒐證目的而點播系爭音樂著作，顯係經告訴人之同意或授權，難謂係侵害著作權之行為，該等點播行為僅足證明被告之電腦伴唱機內確有收錄系爭音樂著作，惟無法證明其他消費者確曾點播系爭音樂著作，而有公開演出之事實；且衡諸常情，一般電腦伴唱機內，收錄之歌曲動輒數千首，而告訴人享有著作財產權之系爭音樂著作，僅係其中之 12 首，所占比例甚低，經點播演出之機率自亦甚微，尚難以系爭音樂著作被收錄於系爭小吃店之電腦伴唱機內，遽以推論上揭歌曲確曾經他人公開演出之事實。」

二、討　論

由上述法院見解可知，未經授權將內載有音樂著作的伴唱機提供不特定人

點唱之行為，並不會侵害散布權，且除非有以有線電、無線電或其他廣播系統傳送訊息，否則亦不會侵害公開播送權。若欲主張公開演出權受侵害，權利人或檢察官必須舉出具體證據證明確有未經授權之人點選該伴唱機中的系爭音樂著作並公開演唱，始足當之。

電腦軟體改作之著作權侵權探討

■智慧財產法院 103 年度民著上字第 12 號民事判決

簡秀如／林芝余

一、法律問題

　　關於「改作」，依著作權法第 3 條第 1 項第 11 款規定，係指以翻譯、編曲、改寫、拍攝影片或其他方法就原著作另為創作。智慧財產法院認為改作而成之衍生著作，仍應有原著作之成分在內；若係利用原著作創作出不同之著作，非著作權法上所稱之衍生著作，而係另一全新之創作，自無侵害原權利人之改作權可言。

　　智慧財產法院於 104 年 12 月 3 日作成之 103 年度民著上字第 12 號民事判決❼，係關於一電腦軟體是否遭改作而侵害著作權之案件，法院認為縱使程式碼係基於他人之著作為修改，若修改之幅度及功能已與原先之著作大不相同，則修改後之著作並不被認為屬衍生著作，而為一獨立之著作，並無侵害前著作之著作權；縱使程式碼中有部分相同之處，若相同之處並不受到著作權法之保護，或相同之處係因受限於表達之方式有限而不受著作權法保護者，該修改後之著作亦不會被認為係侵害前著作之著作權。

二、本件事實

　　此案背景事實為：上訴人甲前與 A 公司簽訂契約，開發系爭 I 軟體，系爭 I 軟體之著作權為甲單獨所有，僅 A 公司與其關係企業得無償複製、改作及使用該產品；復雙方又簽訂另一契約，甲開發系爭 II 軟體，著作權歸屬於甲，僅有 A 公司得使用該產品；被上訴人乙公司嗣後自 A 公司分割而出。甲主張乙公司未經其同意，於自 A 公司分割出後，仍持續使用並改作系爭 I 軟體及 II 軟體，顯侵害其著作權。

　　乙公司抗辯稱因系爭軟體程式碼不敷其業務使用，故其所使用之系爭軟體

---

❼　智慧財產法院 103 年度民著上字第 12 號民事判決於 107 年 2 月 8 日為最高法院 106 年度台上字第 1635 號民事判決所維持。

程式碼已經大幅修改，乙公司自行開發適合之程式碼，且新增許多功能，故新的軟體為獨立著作，並未侵害甲之著作權。

三、智慧財產法院之認定

智慧財產法院判決認為，乙公司自 A 公司分家後，陸續修改系爭 I 軟體，增加許多部分，經比對後可知使用者介面已不相同，功能介面、功能區塊之配置及設計亦相異。雖乙公司所使用之 I 軟體中與甲公司之軟體同樣存在於錯誤拼字之情況，然此部分僅為對應於資料欄位內容之欄位名稱之命名表達方式，其於使用者介面之整體設計表達之比對，故法院認為無需予以考量，且錯誤拼字之資料欄位標題或標語，應有著作權法第 9 條第 1 項第 3 款規定之適用，而不得為著作權保護標的。是以，就系爭 I 軟體部分，乙公司並未構成侵權。

就系爭 II 軟體，因 A 公司已將系爭 II 軟體完全重寫取代，僅保留參數、參數之設定檔、連接數據庫之呼叫及資料庫的欄位等共用部分，故 A 公司乃自行重新開發 II 軟體，移交與乙公司，雖乙公司使用重製來自 A 公司之 II 軟體，並未侵害甲之系爭 II 軟體之著作權；且乙公司係自行用 .Net 開發，與甲使用之 JAVA 程式語言不同，電腦軟體原始程式碼之文字表達方式不同，自無構成文字侵害可言。

法院最終認定甲雖享有系爭 I 及 II 軟體之著作權，然乙公司並未有侵害系爭軟體之行為與侵害系爭軟體之故意或過失，故駁回甲之上訴。

電路布局圖之著作權侵權探討

智慧財產法院 104 年度民著訴字第 19 號民事判決

簡秀如／林芝余

一、法律問題

　　智慧財產法院於 105 年 1 月 6 日作成 104 年度民著訴字第 19 號民事判決[8]，係關於電路布局之著作權侵權案件。此判決認為，於審酌實際產品之電路布局圖是否構成著作權侵害時，應以圖形著作之比對方式，判斷被告是否有「重製」原告之電路圖及電路布局圖之行為，至於該電路及電路布局之功能及技術內容則屬專利之範疇，非為著作權案件之比對重點。

二、本件事實

　　原告甲公司主張其為其產品內部電路圖及電路布局之著作權人，惟被告乙推出與原告產品有高度相似性之系爭產品，而將原告所有之電路圖及電路布局圖重製於系爭產品上，侵害原告之圖形著作權。

三、智慧財產法院之認定

㈠電路圖、電路板之電路布局圖 (Layout)、積體電路布局之不同

　　智慧財產法院於判決中首先說明電路圖、電路板之電路布局圖 (Layout) 與積體電路布局，3 種圖形著作之不同處：「電路圖」一般係指利用電路繪圖軟體繪製電子元件間之連接關係，且僅為示意圖；「電路板之電路布局圖 (Layout)」則係依據前揭電路圖所揭示之電子元件間之連接關係、實際電路板之尺寸、層數等，所為之實際電子元件配置位置與連接線走線等之平面（單層）或立體（雙層以上）配置圖；至於「積體電路電路布局」則係將電晶體、電容器等電子元件及其連接之導線等集積在半導體材料上，所呈現之平面或立體設計。

---

[8]　智慧財產法院 104 年度民著訴字第 19 號民事判決於 105 年 12 月 8 日為同法院 105 年度民著上字第 2 號民事判決所維持；105 年度民著上字第 2 號民事判決於 108 年 12 月 11 日為最高法院 108 年度台上字第 400 號民事判決所維持。

(二)原告所提出證據無法證明被告以重製之方法侵害原告產品電路
布局圖之圖形著作權

　　智慧財產法院判決認為原告提出之鑑定報告中所比對之「電路板布局」均
為電路板上所設置之元件或零件，而非上列圖形著作之一；換言之，原告鑑定
報告雖將其比對標的稱之為「電路板布局」，但並非針對任何圖形著作為鑑定。
事實上，該鑑定報告結論僅係認原告產品與系爭產品之功能相同，並無提及系
爭產品有以下列方式予以重製之情形：印刷、複印、錄音、錄影、攝影、筆錄
或其他方法直接、間接、永久或暫時之重複製作。此外，法院針對原告之產品
及系爭產品之電路板，加以肉眼判斷後，發現其等電路板大小、電子元件排列、
零件配置位置均不相同，二者電路布局並無相似之處。故法院判決認為，僅依
鑑定報告認定功能相同乙節，尚難因此認為被告就系爭產品之電路布局圖部分，
有重製原告之圖形著作之情事。

　　法院因此判斷被告並未侵害原告之著作權，駁回原告之訴。

如何判別是獨立著作或衍生著作？

▪最高法院 106 年度台上字第 1635 號民事判決

沈宗原

一、法律問題

　　未參考他人先前之著作而獨立完成創作者，固屬獨立著作，然而，現代社會中，多數創作係奠基於前人之著作，是否一概均會被認為屬於衍生著作，而有涉及改作權侵害之可能？最高法院於 107 年 2 月 8 日 106 年度台上字第 1635 號民事判決中提出了判斷標準。

二、本件事實

　　本件原告公司起訴主張，原告公司曾委託被告公司開發軟體，被告公司雖已交付該軟體，但被告公司嗣未經原告公司同意，擅自使用並改作該軟體，而已侵害原告公司之著作財產權及著作人格權，並請求被告公司及其負責人等連帶賠償並要求停止使用該軟體。被告公司則抗辯，該軟體迭經被告公司為因應公司需求而持續更改、新增程式碼，其篇幅遠大於原本之軟體，已逾改作程度，而應屬獨立創作。

三、智慧財產法院之見解

　　一、二審智慧財產法院審理後，則認為依開發軟體之合約約定，被告公司及其關係企業得無償複製、改作與使用該軟體，又電腦程式係創作者以程式碼撰寫，再轉換為機器硬體可以讀取之數位格式，前者稱為原始碼，後者稱為目的碼。因原始碼與目的碼係電腦程式之一體兩面，為同一電腦程式著作之表達，兩者應視為同一著作，而上開合約既授權被告公司及其關係企業改作，則被告公司及其關係企業即有權修改該軟體之原始碼。此外，依相關證人之證述，該軟體不敷被告公司之需求，因此被告公司陸續加以重寫、擴充，原審法院並將該軟體之使用者介面與被告公司使用之軟體之使用者介面相互比對，認定兩者有完全不同之設計及表達方式，被告公司使用之軟體應屬新著作。智慧財產法

院並指出，獨立開發本未必要從無到有而全新創作，而原告只能證明被告公司人員有接觸過該軟體，但無法證明被告公司使用之軟體與該軟體有何相同或近似之處，亦未證明被告公司有何歪曲、割裂、竄改或其他方法改變其著作之內容、形式或名目致損害其名譽之行為，因而駁回原告公司之訴。原告公司不服，上訴到最高法院。

最高法院審理後，仍肯認一、二審智慧財產法院之見解，並強調「所謂獨立著作，乃指著作人為創作時，係獨立完成而未抄襲他人先行之著作而言。著作人為創作時，從無至有，完全未接觸他人著作，獨立創作完成具原創性之著作，固屬獨立著作；惟著作人創作時，雖曾參考他人著作，然其創作後之著作與原著作在客觀上已可區別，非僅細微差別，且具原創性者，亦屬獨立著作。於後者，倘係將他人著作改作而為衍生著作，固有可能涉及改作權之侵害，但若該獨立著作已具有非原著內容之精神及表達，且與原著作無相同或實質相似之處，則該著作即與改作無涉，而為單純之獨立著作，要無改作權之侵害可言」，並維持一、二審智慧財產法院之判決。

從本件案例中可知，所謂的獨立創作亦包含「雖曾參考他人著作，然其創作後之著作與原著作在客觀上已可區別，非僅細微差別，且具原創性者」，而此等與衍生著作之差別在於客觀上之差異是否已達「已可區別，非僅細微差別，且具原創性者」，如符合該等程度，即屬獨立創作，而無衍生著作可能侵害他人改作權之問題。

著作權侵權訴訟中「接觸」之證明程度

智慧財產法院 106 年度民著訴字第 68 號民事判決

簡秀如／陳　婷

一、本件事實

A 及 B 公司起訴主張 C 公司所行銷、推廣之皮包商品，與 A、B 公司之皮包採取同樣之設計表達，涉及重製 A、B 公司之美術著作，侵害其等之著作權。

二、法律問題

實務上，法院於判斷著作權侵害時，除審酌被控侵權人之著作是否與著作權人之著作實質相似外，亦需調查是否有事證證明侵權人曾「接觸」著作權人之著作，後者一般需由著作權人負舉證責任。則著作權人就「接觸」之證明程度為何，則值探究。

三、法院就「接觸」之證明程度表示見解

智慧財產法院 106 年度民著訴字第 68 號民事判決（判決日：107 年 8 月 21 日；下稱「系爭判決」）針對著作權人就上述「接觸」之事實應證明至何種程度，具體表示意見。其首先引述最高法院 103 年度台上字第 1544 號民事判決（判決日：103 年 7 月 31 日），指出接觸分為直接接觸與間接接觸兩者態樣，間接接觸係指於合理之情況下，行為人具有合理機會接觸著作物，若兩同類商品具競爭關係，且均於公開市場流通，依一般社會通念，實無可能從未接觸請求權人之著作者，至少應有間接接觸。

系爭判決接著引述智慧財產法院 103 年度刑智上訴字第 54 號刑事判決（判決日：104 年 1 月 22 日）及智慧財產法院 100 年度刑智上訴字第 39 號刑事確定判決（判決日：100 年 11 月 10 日），闡明實質相似之兩著作，雖非無可能係個別獨立之創作，然依社會通常情況，如其相似之程度越高，侵權人曾接觸著作人創作之可能性越高，是以在「接觸」要件之判斷上，須與兩著作「相似」之程度綜合觀之，如相似程度不高，則公訴人應負較高之關於「接觸可能」

之證明，但如相似程度甚高時，僅需證明至依社會通常情況，有合理接觸之機會或可能即可，除非相似程度甚低，始有證明「確實接觸」之必要。

　　智慧財產法院 102 年度刑智上易字第 35 號刑事判決（判決日：102 年 10 月 23 日）亦重申：倘若行為人著作與著作人著作極度相似 (striking similarity) 到難以想像行為人未接觸著作人著作時，則可推定行為人曾接觸著作人著作。

　　系爭判決指出，基於著作權法之刑事處罰有罪門檻不應低於民事侵權行為之成立門檻，則著作權民事侵權行為之成立，更應據此判斷。而因 C 公司之皮包商品，高度實質近似 A、B 公司之皮包款，在彼此互不抄襲情形下，能創作出如此相近似之機率，微乎其微，故極不可能為巧合，而認定依上述判決見解，A、B 公司無需證明 C 公司有何實質接觸 A、B 公司之皮包商品，即得認定 C 公司為抄襲侵權。

新聞性節目合理使用之界線

▪智慧財產法院 105 年度民著上易字第 2 號民事判決

簡秀如／曾鈺珺

一、法律問題

　　新聞提供大眾知的權利，被譽為行政、立法與司法外之第四權。惟為完整呈現所報導之內容，往往難以排除使用他人著作之可能，倘法律未提供新聞從業人員於一定情形下得主張「合理使用」之可能，恐使新聞報導進退維谷，不利公眾視聽之形成，亦非著作權保護之本旨。

　　基此，著作權法第 49 條❾、52 條❿與 65 條⓫即就新聞之「報導」設有「合理使用」之免責規定。近年常見之新聞評論節目，雖其內容以新聞時事為主軸，惟其營利色彩較一般性新聞報導濃厚，是否屬於前開著作權法所定之「報導」，而於使用他人著作時得主張合理使用進而免於侵權責任，並非無疑。智慧財產法院 105 年度民著上易字第 2 號民事判決即就此問題表示法律意見。

二、本件事實

　　某團體合照為本案著作權人所拍攝之攝影著作，該著作並收錄於其在 81 年、93 年出版之 2 本攝影集而公開發表，惟被告之採訪記者未取得著作權人同

---

❾　著作權法第 49 條：「以廣播、攝影、錄影、新聞紙、網路或其他方法為時事報導者，在報導之必要範圍內，得利用其報導過程中所接觸之著作。」

❿　著作權法第 52 條：「為報導、評論、教學、研究或其他正當目的之必要，在合理範圍內，得引用已公開發表之著作。」

⓫　著作權法第 65 條：「著作之合理使用，不構成著作財產權之侵害（第 1 項）。著作之利用是否合於第 44 條至第 63 條所定之合理範圍或其他合理使用之情形，應審酌一切情狀，尤應注意下列事項，以為判斷之基準：一、利用之目的及性質，包括係為商業目的或非營利教育目的。二、著作之性質。三、所利用之質量及其在整個著作所占之比例。四、利用結果對著作潛在市場與現在價值之影響（第 2 項）。著作權人團體與利用人團體就著作之合理使用範圍達成協議者，得為前項判斷之參考（第 3 項）。前項協議過程中，得諮詢著作權專責機關之意見（第 4 項）。」

意而翻拍重製系爭攝影著作，將系爭攝影著作為水波紋之人物特效變形處理後於節目中播送，並將系爭節目上傳至網站供不特定人得瀏覽系爭節目而得以觀看系爭攝影著作。著作權人乃主張被告上述行為已侵害其改作、公開播送、公開傳輸之著作財產權。而系爭節目並非單純傳達事實之新聞報導，被告無法主張著作權法第 49 條之合理使用；且被告之利用行為含有商業目的、利用著作之全部，並近鏡頭距離拍攝，又將系爭攝影著作改作、公開播送、公開傳輸於節目及網路上，已損害著作權人對於所有之攝影著作之授權市場與授權利益，逾越著作權法第 65 條第 2 項規定之合理使用界限，不得主張著作權法第 52 條之合理使用。

三、智慧財產法院之見解

該判決先就著作權法第 49 條所載之「時事報導」進行闡釋，認定所謂「時事報導」係指「當日所發生之事實的單純報導」，倘係就新聞時事另製作新聞性節目，就新聞事件就專論報導、評論等，則不屬著作權法第 49 條所稱之「時事報導」。

智慧財產法院進一步指出，著作權法第 52 條之合理使用，應依第 65 條第 2 項所明訂之 4 項標準進行審視，包括利用之目的及性質、著作之性質、所利用之質量及所占比例、利用結果對著作潛在市場與現在價值之影響等。因被告為以營利為目的之電視媒體，廣告之收入為其主要收益來源，針對大眾關注之新聞議題製作新聞性節目，自有利於其電視節目收視率及廣告收益，應屬具有商業上目的之利用行為。再加上被告先前曾與著作權人間有多次侵權爭議並達成和解，此次所引用之攝影著作亦非新聞報導所不得不擷取之素材，且播放時間甚長、利用之質量甚高，著作權人復已將系爭攝影著作出版，並授權他人使用系爭攝影著作，被告未經著作權人同意即使用之，對系爭攝影著作之潛在市場及現在價值造成不利影響，故被告自不得依著作權法第 52 條與第 65 條主張合理使用。

最高法院認為合理使用未必可阻卻姓名表示權之侵害

- 智慧財產法院 102 年度民著訴字第 57 號民事判決
- 智慧財產法院 103 年度民著上字第 26 號民事判決
- 最高法院 106 年度台上字第 215 號民事判決

沈宗原

一、法律問題

　　著作權法就合理使用之樣態及審酌之依據規定於第 44 條至第 63 條、第 65 條第 2 項中，並於第 65 條第 1 項規定「著作之合理使用，不構成著作財產權之侵害」，惟就屬上開合理使用範圍內，利用人若未依著作權法第 64 條之規定標示利用著作之出處，是否構成姓名表示權之侵害，智慧財產法院 102 年度民著訴字第 57 號民事判決（判決日：103 年 8 月 6 日）與其上訴審 103 年度民著上字第 26 號民事判決（判決日：104 年 6 月 25 日）存有歧異之見解，最高法院遂於 106 年 1 月 19 日 106 年度台上字第 215 號民事判決表示其意見，認定合理使用未必可阻卻姓名表示權之侵害。

二、本件事實

　　原告主張其為使一般大眾易於瞭解有關靜脈曲張之相關醫學知識，遂將其所撰寫之系列文章上傳至其所開設之診所網站上，嗣原告發現被告醫院網站上所刊載「靜脈曲張」一文，乃將原告上揭著作中之內容擅自重製、切割拼湊，並擅自改作，再加以抄襲自其他醫療院所或醫生之著作而成，且被告未於該網頁上標示原告之姓名，反而擅自記載「Copyright (C)，被告醫院 All rights reserved」等字樣，並將附設被告醫院之名稱置於網頁明顯處，故主張被告侵害其著作財產權及姓名表示權。

三、法院之認定

(一)被告利用原告之文章成立合理使用 ⑫

　　第一、二審法院審理後，均認為原告確實享有著作權，且被告確實有使用

原告之著作，惟被告之使用符合合理使用之範疇。

㈡被告未標明著作出處是否侵害姓名表示權

然而，就被告未標明使用之著作出處是否構成對著作權人姓名表示權之侵害，一審法院認為，依著作權法第 65 條第 1 項、第 66 條等規定，被告雖為合理使用而不構成著作財產權之侵害，但合理使用並不能當然阻卻著作人格權之侵害，而被告未合理表示其參考使用部分係由原告創作，有使他人誤認均係由被告醫院創作之可能，因此，認定被告仍侵害原告之姓名表示權。

二審法院則持不同意見，認為被告雖未依著作權法第 64 條之規定明示出處，然而，只要符合著作權法第 65 條之合理使用要件，即可同時阻卻著作財產權及姓名表示權之侵害❸。

就此歧異見解，最高法院認為，著作權法第 64 條已規定利用他人著作者，應明示其出處，且就著作人之姓名或名稱，除不具名著作或著作人不明者外，應以合理之方式為之，同法並於第 96 條規定違反者科處新台幣 5 萬元以下罰金，則被告未依著作權法規定明示出處，能否謂其不構成系爭著作之著作財產權或姓名表示權之侵害，即不無研求之餘地，因而廢棄二審判決，發回智慧財

❷ 惟本件發回更審後，經智慧財產法院於 106 年 11 月 16 日 106 年度民著上更㈠字第 1 號民事判決認為被告醫院所刊載之文章無使用原告之著作後另有創作之精神可言，而無法成立合理使用。

❸ 智慧財產法院 103 年度民著上字第 26 號民事判決：「㈡被上訴人未侵害系爭著作之姓名表示權：1.系爭文章合理使用系爭著作部分內容，具有自己之創作程度存在，其為事實型之文字著作，自得行使系爭文章之著作人格權之姓名表示權。職是，被上訴人丁○○依被上訴人戊○○指示撰寫系爭文章，並於撰寫完成後交由被上訴人丙○○上傳至系爭醫院網站。被上訴人有權利記載『Copyright (C)，臺北仁濟院 All rights reserved. 本網頁各連結標題及連結內容歸原權利人所有』等文字，並得將被上訴人附設仁濟醫院之名稱置於網頁明顯處。2.被上訴人行使系爭文章之姓名表示權，並未於系爭著作之原件、系爭著作重製物或於系爭著作公開發表時，表示被上訴人之本名或別名，抑是於系爭文章冒用上訴人。準此，被上訴人利用系爭著作，雖未依著作權法第 64 條之規定，明示出處者，然僅符合著作權法第 65 條之合理使用要件，不會因未註明出處，構成侵害系爭著作之著作財產權或系爭著作之姓名表示權。」

產法院更為審理。

四、討　論

　　最高法院上開意見雖未明確指出標明使用之著作出處究屬「著作財產權」或「姓名表示權」，惟其結論認為合理使用不當然阻卻著作財產權或姓名表示權之侵害，則比較著作權法第 65 條第 1 項之規定可知，最高法院應係認為「標明使用之著作出處」屬著作人格權，且未標明使用之著作出處是否構成侵權應視是否致使人誤解為匿名著作或屬他人之著作之具體情形而定，而較偏向一審判決之見解❶❹。

　　其他案例中，如智慧財產法院 103 年度民著訴字第 57 號民事判決 （判決日：103 年 12 月 19 日） 亦較偏向本件一審法院之見解，其認為合理使用不當然阻卻姓名表示權之侵害，而應視是否致使人誤解為匿名著作或屬他人之著作之具體情形而定❶❺。

---

❶❹　最高法院 106 年度台上字第 215 號民事判決：「次查依第 52 條規定利用他人著作者，應明示其出處；前項明示出處，就著作人之姓名或名稱，除不具名著作或著作人不明者外，應以合理之方式為之，著作權法第 64 條第 1 項、第 2 項規定甚明。同法第 16 條第 4 項則規定，依著作利用之目的及方法，於著作人之利益無損害之虞，且不違反社會使用慣例者，得省略著作人之姓名或名稱。原審係認系爭文章使用上訴人系爭著作之部分內容，符合著作權法第 52 條所定之引用行為；系爭文章於系爭醫院網站公開傳輸時，未明示該部分內容之出處。乃未敘明其何以得省略上訴人姓名之依據，遽為不利上訴人之認定，亦有未合。」

❶❺　智慧財產法院 103 年度民著訴字第 57 號民事判決：「原告另主張美麗島電子報於系爭報導使用系爭照片，並未註明出處云云。惟查，美麗島電子報在系爭報導使用系爭照片行為，係屬非營利使用，業如上述，且該報導內容我國棒球選手蔣〇〇在美國小聯盟出賽之最新動態，依一般社會通念，應不致使瀏覽系爭報導之讀者誤認系爭照片係美麗島電子報記者自行前往於美國拍攝之攝影著作，且其利用結果亦未對原告攝影著作之潛在市場與現在價值造成影響，故美麗島電子報於系爭報導中使用系爭照片雖未註明出處，尚不致使人誤解為匿名著作或使真正著作人即原告之著作遭受誤解為他人之著作，自難認有損於原告權益之虞，應屬著作權法第 16 條第 4 項姓名表示權之限制範圍，而未侵害原告著作人格權之姓名表示權，是原告此部分主張，亦無可採。」

著作權法上姓名表示權之爭議

■智慧財產法院 106 年度民公上更㈠字第 1 號民事判決

林芝余

一、法律問題

　　智慧財產法院於 107 年 1 月 25 日作成 106 年度民公上更㈠字第 1 號民事判決，係關於著作權侵權民事案件。此判決認若著作人已於著作上清楚標示著作人之名稱，而侵權人於使用該著作時未以合理方式明示著作人之名稱，則為侵害著作人之姓名表示權。

二、本件事實

　　原告 A 為葡萄酒代理進口商及零售商，原告 A 之負責人為原告 A 所進口及出售之葡萄酒產品撰擬相關文案，原告 A 主張因國人對葡萄酒不熟悉，故選購時多仰賴文案之推薦，系爭文案對於葡萄酒之銷售深具重要性。惟原告 A 竟發現被告 B 以遠低於成本低價方式傾銷原告 A 之葡萄酒，並於被告 B 經營之社群網站等處抄襲系爭文案、透過網路流傳散布。原告 A 主張被告 B 未經同意抄襲系爭文案，並刪除原告 A 著作權標示字樣，已侵害原告 A 之姓名表示權。

三、法院之認定

㈠智慧財產法院（一審、二審）

　　智慧財產法院第一審判決認定被告 B 非完全抄襲系爭文案全部內容，其亦刪除系爭文案部分內容，並加上被告公司銷售酒類之文義，是被告 B 尚無侵害原告 A 之姓名表示權。

　　於上訴至智慧財產法院第二審後，智慧財產法院認為是否侵害著作人之姓名表示權，應視被控侵害人實際使用著作之情形，是否會使公眾誤認系爭著作之著作人並非真正之著作權人，況著作權法第 16 條第 4 項規定，著作人尚可選擇省略姓名之標示，則縱使被控侵權人未標示著作人之姓名亦不一定屬侵害著作人格權。被告 B 所使用之文案，雖未標示原告 A 之名稱，但縱觀其全文內

容，並未使閱讀者誤認被告 B 為各該文案之著作人，且原告 A 已於著作之原件或公開發表時，表示其姓名，並未因被告 B 之使用情形而受有任何影響，故原告 A 主張被告 B 侵害其著作人格權並非可採。

㈡最高法院

最高法院民事庭認為系爭文案係刊登於原告 A 網站，並於標題處有標示姓名，是以，能否謂無關於著作人姓名之標示，即非無疑，倘是，則被告 B 之文案未標示其出處，有無使公眾誤認系爭文案之著作人並非原告 A 之虞，非無探究餘地。原審以著作人得依著作權法第 16 條第 4 項規定選擇省略姓名之標示為由，逕認被告 B 未標示著作人之姓名，不能謂係侵害著作人格權，已有可議。

㈢智慧財產法院（更審）

經最高法院將案件發回智慧財產法院，該法院作成 106 年度民公上更㈠字第 1 號民事判決，認定系爭文案刊載於原告 A 網站時，已積極表示名稱，故被告 B 利用原告 A 之系爭文案時，應尊重原告 A 之著作人格權，以合理方式明示著作人之名稱。惟被告 B 未經原告 A 之授權或同意，上網搜尋並重製系爭文案作為被告 B 之文案，故意抄襲系爭文案全部內容，略未標示系爭文案之著作權人姓名，並刪除原告 A 之著作權標示字樣，嗣於被告 B 之臉書與網站上張貼，將致相關公眾或消費者有混淆系爭文案為被告 B 所著之虞。被告 B 故意不為或刪除著作權標示文字之行為，有侵害原告 A 之姓名表示權之情事。

# 著作權訴訟——著作權授權

電腦伴唱機音樂授權單一窗口化

黃紫旻

一、電腦伴唱機音樂授權單一窗口化

　　智慧財產局與國內各音樂著作權集體管理團體歷經多次協調，依法於 103年 11 月 21 日，指定由「社團法人中華音樂著作權協會」(MÜST) 擔任各大音樂著作權集體管理團體之單一窗口，並擬定共同使用報酬率❶。因此，自 104年 1 月 1 日起，於營業場所利用電腦伴唱機進行音樂著作公開演出（即演唱歌曲）之業者，即可直接向該單一窗口洽商授權並支付共同使用報酬，即可一次取得各大音樂著作權集體管理團體之完整授權，毋庸另外取得個別授權。

二、背景說明

　　台灣業者於營業場所以電腦伴唱機提供音樂予消費者唱歌之行為甚為普遍，該行為實係利用著作財產權人之公開演出權。由於電腦伴唱機中所灌錄之歌曲甚多，通常會包括各大音樂著作權集體管理團體所管理之著作，因此業者必須向各大音樂著作權集體管理團體事先取得授權，以避免法律糾紛。

　　然而，由於業者不諳法律，常發生其等認為與其中一家集體管理團體簽約授權後，即可同時取得其餘集體管理團體之全部授權之誤解，導致業者於向其中一家集體管理團體取得授權後，仍須面對其餘集體管理團體主張權利之情形，使得業者產生極大之困擾。

---

❶　當時管理音樂著作之集體管理團體有「社團法人中華音樂著作權協會」(MÜST)、「社團法人台灣音樂著作權人聯合總會」(MCAT) 及「社團法人台灣音樂著作權會」(TMCS) 等共三大著作權集體管理團體，惟後兩者已分別於 105 年 2 月 24 日、106年 10 月 27 日廢止許可並命令解散。台灣目前管理音樂著作之集體管理團體為「社團法人中華音樂著作權協會」(MÜST) 及「社團法人亞太音樂集體管理協會」(ACMA)。

　　因此，智慧財產局與當時各大音樂著作權集體管理團體多次協調後，自 104 年 1 月 1 日起，業者即可直接向前述「單一窗口」之機制，向社團法人中華音樂著作權協會 (MÜST) 洽商授權，並支付「共同使用報酬率」每年每台新台幣 9,000 元，一次同時取得各大集體管理團體之完整授權，以合法利用相關音樂著作，解決多年來收費多頭馬車的問題❼。此一方式相較於過去採取個別授權之方式，亦可享有授權價格上之優惠。

---

❼　智慧財產局於 108 年 6 月 26 日依 MÜST 及 ACMA 之申請，決定並公告自 108 年 7 月 1 日起「共同使用報酬率」為每年每台新台幣 7,000 元。

著作權法上之獨家授權

🔖 最高法院 106 年度台上字第 31 號刑事判決

林芝余

一、獨家授權與專屬授權不同

　　最高法院於 106 年 1 月 5 日作成 106 年度台上字第 31 號刑事判決，係關於著作權侵權案件。此最高法院判決認為，契約上所約定之「獨家授權」並非專屬授權，僅係著作財產權人於授權他人後，同時負有不得再行授權第三人之義務，並未排除著作財產權人自行行使權利。

二、本件事實

　　被告甲為 A 公司之負責人，A 公司以經營出租電腦伴唱機並提供相關服務為業，甲應負責取得伴唱機內之歌曲授權；其明知系爭歌曲之詞或曲均為 B 公司享有著作財產權之音樂著作，未經 B 公司之同意或授權，將含有上開音樂著作之伴唱機出租予一餐廳，侵害 B 公司之著作財產權。

　　被告甲經台灣新北地方法院 103 年度智訴字第 3 號刑事判決有罪，認定其意圖出租而擅自以重製之方法侵害 B 公司之著作財產權，被告甲雖提起上訴，但經智慧財產法院以 104 年度刑智上訴字第 27 號刑事判決駁回其上訴。被告甲復又向最高法院提起上訴，於此次上訴中，被告甲主張原審未調查 B 公司是否專屬授權另一間 C 公司，致未查明 B 公司是否仍有合法告訴權，有調查職責未盡之違法云云；最高法院以 106 年度台上字第 31 號刑事判決駁回被告甲之上訴。

三、最高法院之認定

㈠著作財產權授權利用類型

　　上開最高法院判決揭示，著作財產權之授權利用，有專屬授權與非專屬授權之分。「**非專屬授權**」，係著作財產權人就同一內容之著作財產權得授權多人，不受限制，並不禁止授權人本身或再授權第三人利用同一權利；而「**專屬授**

權」，則係獨占之許諾，著作財產權人不得再就同一權利內容更授權第三人使用，甚至授權人自己亦不得使用該權利。而是否為專屬授權則依當事人之約定，其約定不明者，推定為未約定專屬授權，即非專屬授權。最高法院於此判決中，於專屬授權及非專屬授權之外，基於當事人之約定，另肯認所謂的「**獨家授權**」類型。

㈡**本件非專屬授權，授權人就著作財產權侵害行為仍有告訴權**

於原審中所提出之 B 公司授權予 C 公司之契約顯示，B 公司雖授予 C 公司重製系爭歌曲於營業用伴唱電腦 MIDI 產品並予以發行、出租之權，然該授權合約中載明係由 B 公司「獨家」授權 C 公司重製為影音產品，並由 C 公司進行散佈、出租等情；雙方亦約定於合約期間內，若有第三人未經 C 公司同意而擅自將系爭著作重製或未經 C 公司同意而擅自散布、銷售等情，C 公司應立即通知 B 公司，並由 B 公司就侵害著作權之第三人進行相關法律救濟程序。最高法院認為基於上開約款足見 B 公司與 C 公司間簽立之授權合約書，並無專屬授權之約定，亦未排除 B 公司行使著作財產權之權利或以自己名義行使訴訟上權利排除他人之侵害，與專屬授權係指著作財產權人於授權範圍內不僅不得再行授權第三人，其亦不得自行行使授權及著作財產權之權利有別，是以，B 公司就系爭歌曲之重製及出租權既僅非專屬授權予 C 公司，B 公司就被告甲侵害其著作財產權之行為即有告訴權。

営業秘密

於文件標示「機密」字樣是否即屬「合理保密措施」？

- 智慧財產法院 102 年度民營上字第 4 號民事判決
- 最高法院 106 年度台上字第 350 號民事判決

簡秀如／曾鈺珺

一、法律問題

　　依營業秘密法第 2 條之規範，「營業秘密」之要件包括「非一般涉及該類資訊之人所知者」（秘密性）、「因其秘密性而具有實際或潛在之經濟價值者」（經濟性）與「所有人已採取合理之保密措施者」（合理保密措施）三者，缺一不可。於營業秘密受侵害時，權利人必須證明其主張之資訊符合上述三項要件，始得受營業秘密法之保護。其中，營業秘密所有人應採取何等保密措施方屬合理，向為重要議題。實務上常見在載有機密資訊之文件上標示「機密」等字眼，惟如此是否即可滿足「合理保密措施」之要件，法院亦有不同見解。

二、智慧財產法院：非合理保密措施

　　智慧財產法院於 105 年 2 月 5 日作成之 102 年度民營上字第 4 號二審民事判決中，對此問題採取較為嚴格之立場，其認為，雖該案原告已於其主張為營業秘密之文件上以紅筆手寫「商業機密」，惟因營業秘密之種類及內容不同，故應依業務需要分類、分級，且針對不同之授權職務等級予以適當之管制措施，對各種技術或營業上資訊為秘密性管理。智慧財產法院並指出，原告與資訊接收者並未簽署任何保密協議，亦未指明其有何法律上保密義務，且未採取分類、分級之群組管制措施，且未交由特定人保管、限制相關人員取得、告知承辦人保密內容及保密方法等，故原告僅以「商業機密」、「機密」之記載，難認已為合理保密措施，不符合營業秘密之要件。

三、最高法院：屬合理保密措施

　　但最高法院似對該案持不同立場，其在 106 年 6 月 3 日作成之 106 年度台上字第 350 號民事判決中指出，營業秘密所有人於交付其主張為營業秘密之文

件時，已以警語方式標示「商業機密」，可認為其主觀有管理秘密之意思，又其亦載明不得將其內容公告於產品包裝盒，亦證明營業秘密所有人不欲使可接收該等訊息特定人以外之人得知其內容，堪認已採取合理保密措施。

最高法院就營業秘密保護案件之舉證程度予以闡明

■最高法院 106 年度台上字第 55 號民事判決

莊郁沁

一、本件事實及最高法院之認定

最高法院於 106 年 1 月 4 日 106 年度台上字第 55 號民事判決中，釐清其就營業秘密保護案件之舉證認定相關見解，以下謹概述最高法院於該案中所闡釋之法律判準。

㈠於該案中，原告／上訴人奇景光電股份有限公司於前員工（即該案被告／被上訴人）離職後，發現該等員工於申請離職後至離職前之期間，曾將公司機密檔案寄送至其等之電子信箱，造成相關營業秘密外洩，乃依據前與被上訴人所簽署之員工保密義務暨智財權移轉同意書（下稱「同意書」）的相關約定，請求支付違約金及損害賠償。

㈡原審判決原告／上訴人敗訴，其認定：

1.雖被上訴人離職前曾將系爭檔案寄至渠等使用之外部帳號，但其否認有洩漏營業秘密行為，宣稱係供在家加班使用。就此，應由上訴人舉證被上訴人係為本人或任何第三人之利益，或非基於業務需要，而將系爭檔案外寄，但上訴人並未為相關舉證，而僅係質疑被上訴人非供加班使用該檔案，僅以主觀推論，難認有理。

2.原審法院並認為存取檔案之時間、是否將資料回傳、附加檔案是否變更名稱、加密等，均依加班之性質或內容、離職時對負責業務之完成度及個人工作習慣，而有多種可能，故被上訴人主張係為加班而外寄資料，非不可採。另，被上訴人宣稱資料已不存在等，亦非不可採。

3.而針對上訴人所提出之電子郵件資料、跨部門調查報告書、向第三人伺服器服務廠商調取郵件所獲函覆等，均無法確認營業秘密內容，更難認定是否具有實際經濟價值及有無合理保密措施，而上訴人所聲請傳喚證人，縱令證人到庭亦無法確知營業秘密為何，故不傳喚證人，並認定相關損害賠償或刪除營業秘密等請求，均無理由。

㈢就此,最高法院廢棄原判決,並再予釐清之營業秘密案件中就舉證程度之法律判準:

1.按智慧財產案件審理法第 10 條之 1 第 1 項、第 2 項規定,「營業秘密侵害之事件,如當事人就其主張營業秘密受侵害或有受侵害之虞之事實已釋明者,他造否認其主張時,法院應定期命他造就其否認之理由為具體答辯」;「前項他造無正當理由,逾期未答辯或答辯非具體者,法院得審酌情形認當事人已釋明之內容為真實」。其立法理由為營業秘密侵害之民事事件,就侵害事實及其損害範圍之證據,往往存在當事人一方而蒐證困難,如未能促使他造將證據提出於法院,而要求主張營業秘密受侵害或有受侵害之虞之事實者,應就侵害事實及損害範圍負全部之舉證責任,將使被害人難以獲得應有之救濟。故一方面降低主張者舉證之證明度,另方面課他造對主張者之釋明負具體答辯之義務。

2.於本案情形,前開調查報告書中,系爭檔案 6 封已復原,其餘 12 封無法復原,為原審認定之事實。而被上訴人申請離職後,何以尚須外寄郵件,又倘係加班,亦應將工作結果回傳,始合常情。且上訴人所提調查報告書既已復原 6 封,指明係營業秘密,並請求傳喚證人證明復原過程。似此情形,能否謂上訴人就其主張被上訴人侵害營業秘密之事實未盡釋明義務,尚非無疑。倘認上訴人已盡釋明義務,被上訴人否認時,自應命其解密檔案,並敘明加班處理情形,以盡具體答辯義務。

3.此外,系爭檔案外寄後,被上訴人是否業已刪除,屬積極事實,應由其負舉證責任。原審未經被上訴人就此舉證,即認被上訴人抗辯系爭檔案已不存在等語為可採,亦嫌速斷。

4.最後,當事人聲明之證據,除認為不必要者外,法院應為調查,為民事訴訟法第 286 條所明定。所謂不必要者,係指當事人聲明之證據,與應證事實無關,或即令屬實,亦不足以影響法院心證裁判基礎而言。苟依當事人聲明之意旨,某證據方法與待證之事項有關聯性者,不得預斷為難得結果,認無必要而不予調查。上訴人聲請傳喚證人陳述已復原 6 封郵件之內容,及依民事訴訟法第 367 條之 1 規定,命被上訴人到庭具結訊問郵件內容,係與被上訴人是否侵害營業秘密有關聯性。原審自行判斷縱證人到庭亦無法確知營業秘密為何,而不傳喚證人,且就不傳喚被上訴人部分,忽視被控侵權人之具體答辯義務。

二、討　論

　　由上述案件內容可知，於營業秘密受侵害之案件中，權利人常有蒐證困難之情形，故智慧財產案件審理法第 10 條之 1 第 1 項、第 2 項之規定業已降低權利人舉證之證明度，而課與他造具體答辯之義務，以充分落實營業秘密之保護。此項見解之闡釋，對於日後權利人之主張，具有相當之援引及參考價值。

營業秘密受侵害時損害之認定

▪最高法院 105 年度台上字第 1501 號民事判決

莊郁沁

一、營業秘密損害賠償額之計算

依據營業秘密法第 12 條❶第 1 項之規定：「因故意或過失不法侵害他人之營業秘密者，負損害賠償責任。數人共同不法侵害者，連帶負賠償責任。」其立法理由並明揭：「……營業秘密之侵害，常使營業秘密之所有人等遭受損害，基於損害賠償之法理，在侵害人故意或過失不法侵害營業秘密之情況下，應賦予被害人得行使損害賠償請求權，以彌補其損害。」而「因營業秘密損害賠償額之計算與認定較有體財產為難」（如立法理由所載），故於同法第 13 條❷第 1 項規定二款損害賠償之計算方式，供被害人擇一請求。其中，如立法理由所載，該條項第 1 款「係以民法第 216 條之一般規定計算損害賠償額，而以填補被害人所受損害及所失利益為限。惟本款但書則例外規定被害人在無法依民法第 216 條規定證明其損害時，得以其預期利益減除實際所得利益之差額為損害賠償額，以避免因無法證明實際損害而無法求償」。而第 2 款則「規定被害人得以侵害所得利益為損害賠償額；而但書規定，則為舉證責任之轉換，課以侵害人負舉證責任，以減少其損害賠償額」。

準此，被害人在無法依民法第 216 條規定證明其所受損害及所失利益時，仍得以其他方式證明計算損害。

---

❶ 營業秘密法第 12 條第 1 項：「因故意或過失不法侵害他人之營業秘密者，負損害賠償責任。數人共同不法侵害者，連帶負賠償責任。」

❷ 營業秘密法第 13 條第 1 項：「依前條請求損害賠償時，被害人得依左列各款規定擇一請求：一、依民法第 216 條之規定請求。但被害人不能證明其損害時，得以其使用時依通常情形可得預期之利益，減除被侵害後使用同一營業秘密所得利益之差額，為其所受損害。二、請求侵害人因侵害行為所得之利益。但侵害人不能證明其成本或必要費用時，以其侵害行為所得之全部收入，為其所得利益。」

二、縱損害難以證明，法院仍應依據經驗法則及論理法則認定其可能受有之損害

　　就此，最高法院於 105 年 8 月 31 日所作成之 105 年度台上字第 1501 號民事判決中，就原審判決因被害人未能證明受有損害，即駁回損害賠償請求乙點，再予釐清：「復查系爭營業秘密均具經濟價值，倘遭不法侵害，上訴人可能受有相當於其財產價值之損害，為社會通常之觀念。原審徒以上訴人不能證明受有損害，遽為其不利之判斷，並有未合。」亦即於營業秘密遭侵害之場合，縱被害人因難以證明受有損害，法院仍應依據經驗法則及論理法則認定其可能受有之損害，而不得逕予駁回，否則將使營業秘密法前開為保障被害人而設之特別規定形同具文。

　　日後於營業秘密受侵害之案件中，被害人於難以舉證受有損害時，應得援引此項判決之見解，以爭取法院依據經驗法則及論理法則認定受有損害，且依營業秘密法第 13 條第 1 項之規定計算損害賠償金額。

智慧財產法院就營業秘密保護案件裁准定暫時狀態處分聲請之案例介紹

▪︎智慧財產法院 104 年度民暫抗字第 7 號民事裁定

莊郁沁

一、本件事實及智慧財產法院之認定

智慧財產法院於 104 年 10 月 2 日做出裁准暫時狀態處分之 104 年度民暫抗字第 7 號民事裁定，以下謹概述智慧財產法院於該案中所採之法律判準。

㈠於該案中，聲請人新世紀光電股份有限公司因發現於前員工（即該案相對人）離職後，有多位員工陸續離職，且疑似係至相對人所成立之公司任職，乃依據前與相對人所簽署之服務契約書中所約定之離職後保密義務，向法院聲請禁止相對人不得利用或洩漏先前任職期間所取得之公司營業秘密。法院首先肯定相對人依約應遵守保密義務。

㈡聲請人就可能被相對人利用或洩漏之「營業秘密」，提出附表 A 將相關內容具體化，雖相對人主張該等內容均為業界習知技術，聲請人提出細部之結構設計及製程方式等資訊，經法院認定該等資訊有助於提供產品效率，且可減少不必要之錯誤實驗，且其另提出專利佈局及業務與生產資訊之相關報告及資料，故法院認為該等事證已足使法院大致相信其主張該等資訊為其所欲保護之營業秘密事實之存在，而大致認為此等聲請為正當之心證。

㈢此外，該案中相對人所設立之公司其股東及董事為聲請人之競爭公司，故法院認為相對人於先前任職期間所知悉之前述營業秘密，有可能揭露予他人，而此為聲請人所欲防止之危險，故認為該案確實有保全之必要性。

㈣該案聲請人另針對相對人挖角其員工離職乙事，依據服務契約書中之禁止挖角義務條款，聲請禁止相對人為挖角行為。法院亦肯定相對人依約應遵守該禁止挖角義務。而針對其他員工於短期內之陸續離職，法院認為雖離職為個人選擇，但其等均於相對人離職後相繼離職，且半年即有多人加入相對人所設立之公司，故可推認該等離職與相對人有關，故認定聲請人就該等爭議亦已釋明。且為避免再有員工繼續離職加入該相對人設立之公司，故就此部分亦准聲

請人之請求。

　　㈤最後，法院衡量聲請人與相對人之權益，洩漏營業秘密將對聲請人產生損害，但禁止相對人洩漏營業秘密及不得挖角，僅係請其遵守不作為義務，不致有所損害，故不對聲請人命供擔保。

二、討　論

　　由上述案件內容可知，可能遭受侵害營業秘密之權利人，若能向法院提出與其員工間針對離職後之保密義務有所約定，其所欲保護之資訊具備一定程度之經濟價值及秘密性，即足使法院認定該等營業秘密存在，且有保全之必要性。另外，針對禁止挖角義務之違反，法院亦可能依據經驗法則，針對短期內大量離職而任職至競爭公司之事實，即推認該等離職與挖角有相關性。因此，應可看出智慧財產法院考量營業秘密保護相關案件具有緊急性及難以進一步舉證之特性，故相較於其他智慧財產假處分案件而言，就聲請人應為釋明之程度為一定程度之放寬，以達即時保障權利人之制度目的。

管轄權

智慧財產法院是否就智慧財產第二審民事案件有專屬管轄權？

■ 最高法院 108 年度台抗字第 381 號民事裁定

簡秀如／黃柏維

一、法律問題

　　智慧財產法院組織法第 3 條第 1 款、第 4 款及智慧財產案件審理法第 7 條規定，專利法、商標法等智慧財產相關民事案件之第一審及第二審，由智慧財產法院管轄。法文並未明訂是否為「專屬管轄」，智慧財產案件審理細則第 9 條對此則指明：「智慧財產民事、行政訴訟事件非專屬智慧財產法院管轄，其他民事、行政法院就實質上應屬智慧財產民事、行政訴訟事件而實體裁判者，上級法院不得以管轄錯誤為由廢棄原裁判。」其立法理由亦謂：「關於智慧財產民事事件之法院管轄，組織法採取優先管轄原則，智慧財產民事事件非專屬智慧財產法院管轄。」基此，實務上多數見解認為智慧財產法院對第一審民事、行政訴訟事件僅具有優先管轄，並非專屬管轄；於當事人向普通法院起訴且兩造均未請求移送智慧財產法院時，若普通法院仍裁定移轉管轄至智慧財產法院，該裁定將有被廢棄之風險。智慧財產法院甫於 109 年 2 月 25 日作成之 109 年度民著抗字第 2 號民事裁定即採此解；同法院較早之 100 年度民著抗字第 2 號民事裁定甚至台灣台中地方法院 97 年度訴字第 2897 號民事判決等，亦同此旨。

　　惟固然司法實務對於智慧財產法院就第一審民事訴訟僅有優先管轄權似已有共識，針對第二審案件則似有不同立場。特別是若訴訟當事人已合意由普通法院進行二審，則普通法院是否得將案件移送智慧財產法院？

二、早期實務見解：智慧財產法院僅具有優先管轄，尊重當事人之管轄合意

　　智慧財產案件審理法第 19 條規定：「對於智慧財產事件之第一審裁判不服而上訴或抗告者，向管轄之智慧財產法院為之。」法文中亦未明示智慧財產法

院就智慧財產事件之二審享有專屬管轄，而在該法甫施行之初，則似多採否定見解。例如，司法院 98 年 6 月 22 日舉行智慧財產法律座談會之民事訴訟類第 2 號研討結果指出：「智慧財產訴訟並非專屬智慧財產法院管轄，因而一般地方法院及高等法院對於智慧財產民事訴訟為實體裁判，並非違法。而審理法施行後就智慧財產民事訴訟仍由地方法院審理者，通常係當事人合意由地方法院管轄或有擬制合意之情形，則基於當事人為程序主體之地位，其意思應受尊重。」又，司法院於 97 年 6 月印頒《智慧財產案件審理法新制問答彙編》第 10 則，針對「普通法院為第一審管轄法院」之情形有謂：「當事人如合意或經擬制合意由第一審普通法院管轄（民事訴訟法第 24 條、第 25 條），由該法院獨任法官裁判，不服其裁判，應向第二審普通法院上訴或抗告；此因當事人原意由第一審普通法院管轄，第二審亦由普通法院管轄。例如：兩造當事人均居住於屏東縣，為避免北上至智慧財產法院開庭，而合意由台灣屏東地方法院管轄，經地方法院判決後，第二審即由台灣高等法院高雄分院管轄，以符合兩造當事人之原意。」再由判決實務觀察，高等法院過往就智慧財產事件，如員工任職公司時盜取業務秘密違反僱傭契約（台灣高等法院 102 年度重勞上字第 52 號民事判決參照），亦不認為屬智慧財產法院專屬管轄，而自為判決。綜上，針對智慧財產案件之二審，特別是在當事人已有合意之情況，似應認智慧財產法院僅具有優先管轄，方屬對當事人程序主體權之保障。

三、最高法院 108 年度台抗字第 381 號民事裁定：第二審由智慧財產法院專屬管轄，無合意或應訴管轄之適用

惟最高法院於 108 年 5 月 22 日所作成之 108 年度台抗字第 381 號民事裁定（前審為台灣高等法院 106 年度重上字第 55 號民事裁定），其以智慧財產案件審理法第 19 條立法理由所稱「目前智慧財產第一審民事事件並非由智慧財產法院專屬管轄，倘由普通法院管轄，亦係由各地方法院之智慧財產專股受理，為統一法律見解，其上訴或抗告自『應』由專業之智慧財產法院受理。惟現行條文第 2 項對於普通法院所為智慧財產第一審民事裁判之上訴或抗告管轄法院，未臻明確，爰酌修第 2 項之文字，以杜爭議」等語，而認為：該條法文雖無「專屬」之用語，仍足認智慧財產事件之第一審民事裁判經提起上訴或抗告

之管轄法院，僅智慧財產法院實質上有專屬管轄之權，俾達統一法律見解之功。此參稽智慧財產案件審理法施行細則第 5 條第 1 項關於「智慧財產案件審理法施行前已繫屬於最高法院之智慧財產民事訴訟事件，或本法施行後不服高等法院裁判之智慧財產民事訴訟事件，經最高法院廢棄者，除由終審法院自為裁判者外，『應』發交智慧財產法院」之規定尤明。是以此項第二審專屬管轄法院，即無合意或應訴管轄之適用。

就此，近來法院似乎傾向認為智慧財產案件審理法第 19 條雖無明文，然實質上屬於專屬管轄規定，故無論智慧財產民事案件第一審為普通法院或智慧財產法院審理，亦無論當事人有無交由普通法院管轄之合意，智慧財產民事案件之二審應由智慧財產法院管轄，若繫屬於普通法院者，應移送予智慧財產法院，程序上方無違誤。是否將成為通論，仍可觀察。

工程與法律的對話

李家慶／主編

　　本書係理律法律事務所公共工程專業小組多年來於工程法律專業領域中之相關論文集，針對工程法律於程序面及實體面之相關議題，彙整國內外相關之法制、學說與國際常見工程契約範本，並援引國內之調解、仲裁和訴訟實務見解，從工程理論與實務及業主與承商等不同之觀點，並嘗試從工程師與法律人不同之角度與面向，深入探討各議題中之核心問題和爭點，使工程與法律得以相互對話。

　　本書具體呈現出理律工程法律專業團隊豐富之辦案經驗與研究心得，內容深入專業、提綱挈領，可供工程法律實務工作者參考，並可作為高等院校工程管理及法律等之專業教材。

訴訟外紛爭解決機制

理律法律事務所／著　李念祖、李家慶／主編

　　本書係理律法律事務所爭端解決團隊累積多年來的實務經驗，而彙整出版之論文集，就各種訴訟外紛爭解決機制，包括調解、仲裁、工程爭議審議委員會等，均有詳細之介紹及分析；內容亦廣及各種紛爭類型，例如：工程、金融、證券、海事、勞資、智慧財產等。

　　本書內容深入淺出，兼具實務觀點及學說理論，徵以國內外可資參考之文獻資料，並就我國現行制度提出建言，故除足以作為法律實務工作者處理案件之參考外，亦得為大專院校教授訴訟外紛爭解決機制之專業教材。

關於律師文書——新進律師寫作入門

吳至格／著

　　在律師生涯中，雖然撰擬文書占去相當大比例的時間，但國內迄今鮮有專門參考著作，以致新進律師須耗費相當時間摸索。

　　為了讓新進律師可儘快掌握律師文書的撰寫要領，本書詳細說明律師文書的特性及基本架構。並由三段論法的架構，分別說明勾勒思考、言必有據、簡要慎重等基本原則。

靠智慧變富有的祕密

理律法律事務所／著

　　人類的智慧是無形的，透過思考力與創造力的蘊育，將無形的智慧轉化為有形的商品，不管是可口可樂所擁有的營業秘密、iPhone 觸控式螢幕的專利發明、星巴克的美人魚商標，或是 J.K. 羅琳的著作《哈利波特》，這些都是人類智慧的結晶，也為擁有者帶來龐大的商機與財富。

　　本書除了介紹智慧財產的 4 大領域，包括營業秘密、專利、商標與著作權外，還要告訴你為什麼智慧能夠變財富，並教你如何保護自身的智慧財富，避免他人的侵害。只要懂得運用「智慧」，你也會是下一個億萬富翁！

商事法

吳博文／著

　　本書內容涵蓋最新修法資料、實務見解及學者意見，以及商事法中重要法律概念之名詞釋義，如公司法之「黃金表決權」、「複數表決權」、「累積投票制」、「深石原則」或報載所稱之「肥貓條款」、「大同條款」、「SOGO 條款」等，方便讀者瞭解商事法特有之名詞。本書於編排方式上，特色如下：

一、公司法：公司法於 107 年大幅修正，本書對於該次修正條文及內容均予以標示，有助於讀者於閱讀內文時即可詳悉修法內容。

二、票據法：為幫助讀者釐清票據各種關係及票據概念，多有例示說明，並以圖表解說，使讀者易於瞭解、準備與記憶。

三、保險法：保險法於 100 年至 109 年多次修正，故針對近年重要修法依年份就修正條文及內容予以標示，俾利讀者學習。

四、海商法：對於重要觀念採比較論述，並闡明立法理由及精神。109 年 7 月最高法院大法庭 108 年度台上大字第 980 號裁定亦收錄在內，掌握最新實務見解。

民法概要

劉宗榮／著

　　本書為保持內容的新穎性，乃配合我國民法關於行為能力、保證、所有權、用益物權、擔保物權、占有、結婚、離婚、夫妻財產制、父母子女、監護、限定繼承及拋棄繼承等的修正，內容大幅更新。全書具有下列特色：

一、配合最新民法的修正而撰寫，內容完備，資料最新。

二、闡釋重要理論，吸納重要裁判，理論與實務兼備。

三、附有多幅法律關係圖，增進理解，便利記憶。

四、各章附有習題，自修、考試兩相宜。

公司法實例研習

曾淑瑜／著

　　本書不採傳統教科書模式，而以實例導引出各章、節重點。除仍保留系統化之特色外，亦增加思考問題之空間。本書共設計了 123 個問題，每一個問題之後還有 2 個練習題，可以讓對國家考試實例題頭痛之學子於課後練習。本書亦將題目列舉於目錄上，讓實務從業者在遇到相關問題時，可迅速從目錄中找到爭議問題之所在，翻閱解答。

　　修訂五版的內容除將上一版次後 104 年、102 年、101 年及 100 年的修法納入外，更納入 107 年 8 月 1 日大幅修正公司法的資料，資料新穎，配合例題演練，更收綜效之功。

證券交易法導論

廖大穎／著

　　本書係配合最新修正證券交易法條文的修訂版，前後共分三篇，即證券市場的緒論、本論及財經犯罪三大部門所構成。緒論與本論部分，就證券發行市場、流通（交易）市場的規制、證券法制與企業秩序、證券交易機關之構造及相關證券投資人保護法等主軸，依照現行法典所規範的內容撰寫而成；財經犯罪部分，乃證券交易法制實務上最具爭議的問題之一，本書特別邀請交通大學林志潔教授執筆，針對現行證券交易法上的各種犯罪類型，乃至於刑事政策與犯罪所得的議題，作刑法系統性的專業解析，期待這是一本淺顯易懂、引領入門的參考書籍。

三民網路書店　會員

獨享好康
大放送

通關密碼：A6390

憑通關密碼
登入就送 100 元 e-coupon。
（使用方式請參閱三民網路書店之公告）

生日快樂
生日當月送購書禮金 200 元。
（使用方式請參閱三民網路書店之公告）

好康多多
購書享 3% ～ 6% 紅利積點。
消費滿 350 元超商取書免運費。
電子報通知優惠及新書訊息。

書種最齊全　服務最迅速

超過百萬種繁、簡體書、原文書 5 折起　三民網路書店 www.sanmin.com.tw

國家圖書館出版品預行編目資料

理律智財案例報導選輯／理律法律事務所著.－－初
版一刷.－－臺北市: 三民, 2021
　　面;　　公分.－－（理律法律叢書）

　ISBN 978-957-14-6990-4　（平裝）
　1. 智慧財產權 2. 個案研究

553.4　　　　　　　　　　　　　　　109016453

理律法律叢書

理律智財案例報導選輯

主　　　編	陳長文
副 主 編	簡秀如
作　　　者	理律法律事務所
責任編輯	鍾馨儀
美術編輯	江佳炘

發 行 人	劉振強
出 版 者	三民書局股份有限公司
地　　　址	臺北市復興北路 386 號 (復北門市)
	臺北市重慶南路一段 61 號 (重南門市)
電　　　話	(02)25006600
網　　　址	三民網路書店 https://www.sanmin.com.tw

出版日期	初版一刷 2021 年 1 月
書籍編號	S586470
I S B N	978-957-14-6990-4

著作權所有，侵害必究
※ 本書如有缺頁、破損或裝訂錯誤，請寄回敝局更換。

三民書局